MORRENDO POR UM
$alário

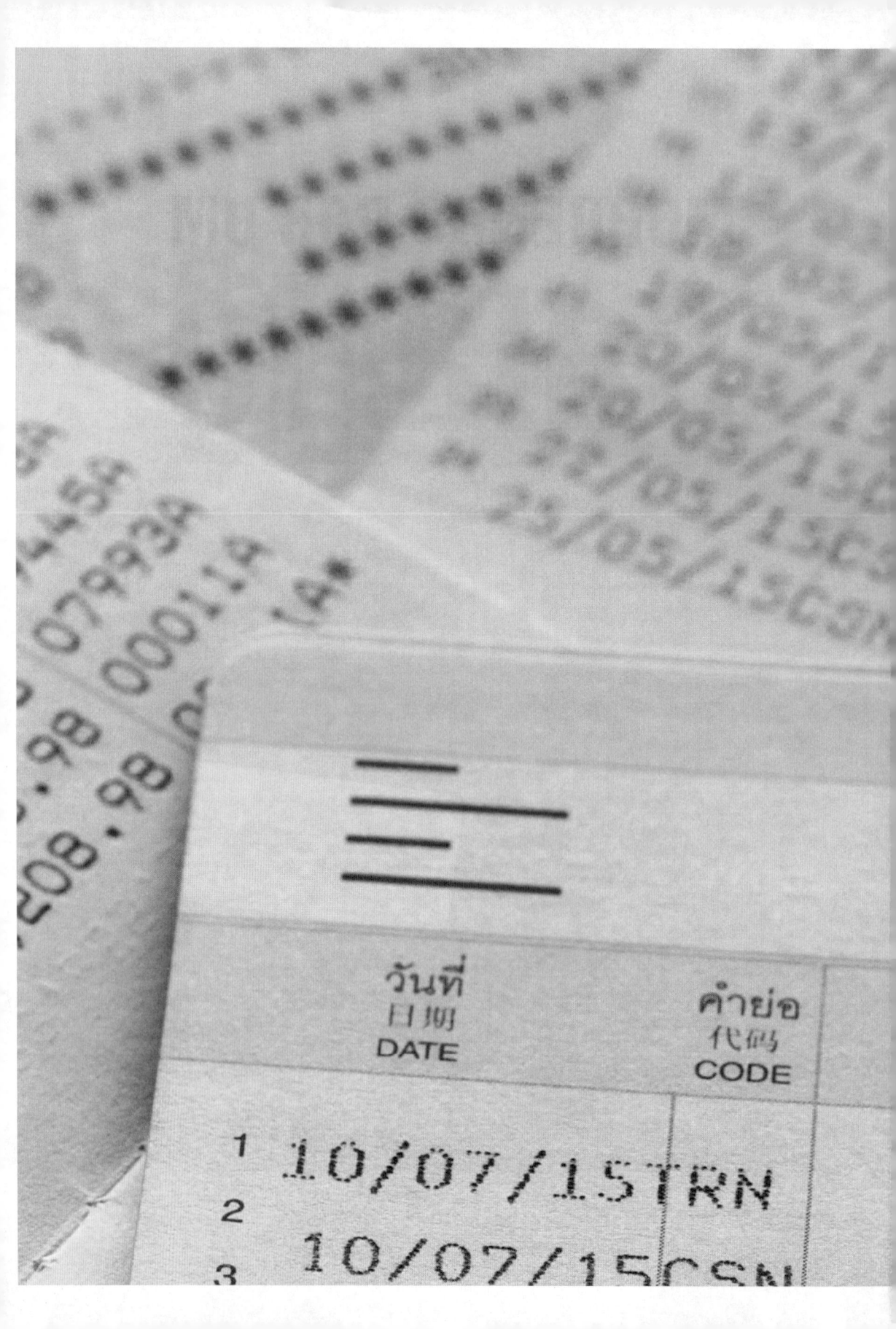

วันที่ 日期 DATE	คำย่อ 代码 CODE
1 10/07/15	TRN
2 10/07/15	
3 10/07/15	CSN

MORRENDO POR UM $alário

Como as Práticas Modernas de Gerenciamento Prejudicam a Saúde dos Trabalhadores e o Desempenho da Empresa — E o que Podemos Fazer a Respeito

JEFFREY PFEFFER

ALTA BOOKS
EDITORA
Rio de Janeiro, 2019

Morrendo Por Um Salário
Copyright © 2019 da Starlin Alta Editora e Consultoria Eireli. ISBN: 978-85-508-0760-7

Translated from original Dying for a Paycheck. Copyright © 2018 by Jeffrey Pfeffer. All rights reserved. ISBN 978-0-06-280092-3. This translation is published and sold by permission of HarperCollins Publishers, the owner of all rights to publish and sell the same. PORTUGUESE language edition published by Starlin Alta Editora e Consultoria Eireli, Copyright © 2019 by Starlin Alta Editora e Consultoria Eireli.

Todos os direitos estão reservados e protegidos por Lei. Nenhuma parte deste livro, sem autorização prévia por escrito da editora, poderá ser reproduzida ou transmitida. A violação dos Direitos Autorais é crime estabelecido na Lei nº 9.610/98 e com punição de acordo com o artigo 184 do Código Penal.

A editora não se responsabiliza pelo conteúdo da obra, formulada exclusivamente pelo(s) autor(es).

Marcas Registradas: Todos os termos mencionados e reconhecidos como Marca Registrada e/ou Comercial são de responsabilidade de seus proprietários. A editora informa não estar associada a nenhum produto e/ou fornecedor apresentado no livro.

Impresso no Brasil — 2019 — Edição revisada conforme o Acordo Ortográfico da Língua Portuguesa de 2009.

Publique seu livro com a Alta Books. Para mais informações envie um e-mail para autoria@altabooks.com.br

Obra disponível para venda corporativa e/ou personalizada. Para mais informações, fale com projetos@altabooks.com.br

Produção Editorial Editora Alta Books **Gerência Editorial** Anderson Vieira	**Produtor Editorial** Juliana de Oliveira Thiê Alves **Assistente Editorial** Adriano Barros	**Marketing Editorial** marketing@altabooks.com.br **Editor de Aquisição** José Rugeri j.rugeri@altabooks.com.br	**Vendas Atacado e Varejo** Daniele Fonseca Viviane Paiva comercial@altabooks.com.br	**Ouvidoria** ouvidoria@altabooks.com.br
Equipe Editorial	Bianca Teodoro Ian Verçosa Illysabelle Trajano	Kelry Oliveira Keyciane Botelho Larissa Lima	Leandro Lacerda Maria de Lourdes Borges Paulo Gomes	Thales Silva Thauan Gomes
Tradução Leonardo Ventura	**Copidesque** Tailine Vendramini	**Revisão Gramatical** Flávio Rodrigues Hellen Suzuki	**Revisão Técnica** Carlos Bacci Economista e empresário do setor de serviços	**Diagramação** Luisa Maria Gomes **Capa** Bianca Teodoro

Erratas e arquivos de apoio: No site da editora relatamos, com a devida correção, qualquer erro encontrado em nossos livros, bem como disponibilizamos arquivos de apoio se aplicáveis à obra em questão.

Acesse o site www.altabooks.com.br e procure pelo título do livro desejado para ter acesso às erratas, aos arquivos de apoio e/ou a outros conteúdos aplicáveis à obra.

Suporte Técnico: A obra é comercializada na forma em que está, sem direito a suporte técnico ou orientação pessoal/exclusiva ao leitor.

A editora não se responsabiliza pela manutenção, atualização e idioma dos sites referidos pelos autores nesta obra.

Dados Internacionais de Catalogação na Publicação (CIP) de acordo com ISBD

P524m	Pfeffer, Jeffrey
	Morrendo Por Um Salário: Como as Práticas Modernas de Gerenciamento Prejudicam a Saúde dos Trabalhadores e o Desempenho da Empresa - E o Que Podemos Fazer a Respeito / Jeffrey Pfeffer ; traduzido por Leonardo Ventura. - Rio de Janeiro : Alta Books, 2019. 272 p. ; 17cm x 24cm.
	Tradução de: Dying For a Paycheck Inclui índice. ISBN: 978-85-508-0760-7
	1. Administração. 2. Gerenciamento. 3. Trabalho. 4. Saúde. 5. Desempenho. 6. Empresa. I. Ventura, Leonardo. III. Título.
2019-425	CDD 658.401 CDU 658.011.2

Elaborado por Vagner Rodolfo da Silva - CRB-8/9410

Rua Viúva Cláudio, 291 — Bairro Industrial do Jacaré
CEP: 20970-031 — Rio de Janeiro - RJ
Tels.: (21) 3278-8069 / 3278-8419
www.altabooks.com.br — altabooks@altabooks.com.br
www.facebook.com/altabooks

ASSOCIADO
Câmara Brasileira do Livro

*Para a maravilhosa Kathleen,
que foi, é e sempre será
o amor da minha vida.*

Agradecimentos

Várias pessoas contribuíram para o desenvolvimento deste livro. Sou grato a todas pelo apoio demonstrado.

Nuria Chinchilla, professora na IESE Business School em Barcelona, inspirou meu interesse pela poluição social (termo bastante apropriado cunhado por ela) e os muitos efeitos dos ambientes de trabalho sobre as pessoas. Seu convite para que eu participasse de uma conferência (nunca realizada) levou-me a escrever minha primeira redação sobre sustentabilidade humana. Valorizo nossas conversas e sua hospitalidade e gentileza durante visitas à escola. Ao longo dos anos, tornou-se uma boa amiga e incentivadora deste projeto.

Eu nunca teria conhecido e interagido com Nuria se não fosse pelo agora ex-reitor da IESE, Jordi Canals, com quem fiz amizade durante uma visita sabática. Jordi é uma pessoa extraordinária a quem respeito profundamente. Conversamos bastante sobre sustentabilidade, as responsabilidades mais amplas de líderes de negócios e a escola liderada por ele, cujas operações inspiraram-se em valores.

E nunca teria conhecido Jordi, ou visitado a IESE, em primeiro lugar, se não fosse pelo meu maravilhoso amigo e colega Fabrizio Ferraro. Fabrizio iniciou o programa de curta duração Getting Things Done em 2006, durante seu segundo ano na IESE. Todos os anos tenho o privilégio de trabalhar com ele e seus colegas neste programa. Fiz muitos amigos na IESE. Fabrizio era doutorando no Departamento de Ciência e Engenharia de Gerenciamento em Stanford e colaborou com Bob Sutton e comigo em um projeto. De certo modo, conheci Fabrizio através de Bob, que também desempenhou um papel na evolução deste projeto de pesquisa. Agradeço a Bob pela amizade e por ser um ótimo colega. Essa história mostra como pequenos começos e encontros se transformam de maneiras que ninguém poderia prever!

Durante vários anos, depois que me interessei pelo tema dos efeitos causados pelo ambiente de trabalho na saúde humana, quis obter uma estimativa dos danos agregados advindos de práticas trabalhistas prejudiciais e dos custos com saúde. Eu sabia que não tinha as habilidades matemáticas e os modelos necessários. Então, um colega recomendou que eu falasse com Stefanos Zenios, do nosso grupo de Tecnologia de Operações e Informações da Graduate School of Business (GSB) de Stanford. Stefanos, por sua vez, disse-me que um doutorando com quem colaborava, Joel Goh, poderia interessar-se em nos ajudar. Assim, começou uma colaboração que resultou em vários artigos publicados. Descrever o trabalho com Joel e Stefanos como um privilégio e prazer seria um eufemismo. Orgulho-me do trabalho que fizemos juntos tanto quanto de qualquer outro projeto ao longo de 40 anos de carreira profissional. Joel e Stefanos são pessoas fantásticas e incomparáveis, e conhecê-los enriqueceu minha vida e meu modo de pensar.

Muitas pessoas se dispuseram a compartilhar as histórias sobre os problemas de saúde causados pelo trabalho. Agradeço pelo tempo, franqueza e disposição em revelar aspectos tão pessoais de suas vidas. Por razões óbvias, tais como o fato de muitos terem assinado contratos com cláusulas de não depreciação de seus empregadores, seus nomes não foram divulgados. Duas pessoas me ajudaram a encontrar e fazer contato com muitos dos meus entrevistados. Um agradecimento especial a Amanda Enayati e Christy Johnson. Seu apoio inabalável, ajuda essencial e entusiasmo por este projeto, em muitos aspectos, tornaram possível o produto final.

Vários indivíduos conversaram comigo sobre os projetos de suas empresas para cultivar ambientes de trabalho saudáveis, nos quais as pessoas pudessem prosperar. Dean Carter, Robert Chapman, Andrew Halpert, Corina Kolbe, Lauren Miller, Ben Stewart e Heather Wasielewski, obrigado pelo tempo e sabedoria compartilhados.

Os recursos, incluindo tempo e apoio financeiro, fornecidos pela minha empregadora, a Graduate School of Business da Universidade de Stanford, foram fundamentais para que eu pudesse realizar as muitas entrevistas e tivesse tempo para escrever este livro. Reconheço todo o apoio dado a mim e aprecio o ambiente único em que trabalho.

Meus agentes, Christy Fletcher e Don Lamm, ajudaram-me a posicionar adequadamente o livro e pensar nas perdas e ganhos envolvidos em tal decisão. Don deu bons conselhos e muitas sugestões úteis sobre um dos rascunhos do manuscrito. Um editor inveterado e bom amigo, agradeço a sabedoria de Don e seu apoio a este projeto.

Minha editora, Hollis Heimbouch, da HarperCollins, é, em uma palavra, perfeita. Ela "captou" o sentido deste projeto e não tentou transformar o livro ou a mim em algo que não éramos, mesmo quando ofereceu o suporte editorial que tornou o texto final melhor e mais acessível. Sou abençoado por ter trabalhado com Hollis em meus dois últimos livros. Ela é demais — inteligente, perspicaz e o equilíbrio perfeito entre apoio e incentivo.

E, claro, Kathleen. Ninguém, muito menos nós dois, poderia prever as consequências de nosso encontro casual em uma festa em São Francisco, aproximadamente às 10h da noite do dia 19 de janeiro de 1985. Em nossos 31 anos de casamento, passamos por muitas coisas, dos problemas de saúde que aparecem com a idade até as viagens para mais de 40 países. Ela é minha musa. Até onde sei, tenho apenas uma vida. E tenho a sorte de compartilhá-la com a pessoa que alguns amigos, anos atrás, apelidaram de "a Maravilhosa Kathleen". Ela foi, é e sempre será maravilhosa para mim.

Jeffrey Pfeffer, agosto de 2017

Sobre o Autor

JEFFREY PFEFFER é professor titular da cadeira de Thomas D. Dee II de Comportamento Organizacional na Graduate School of Business da Universidade de Stanford, onde leciona desde 1979. Ele é autor e coautor de 15 livros, incluindo *Leadership B.S.* [Mitos sobre Liderança, em tradução livre], *Power* [Poder, em tradução livre], *The Human Equation* [A Equação Humana, em tradução livre], *Managing with Power* [Gestão com Poder, em tradução livre], *Hidden Value* [O Valor Oculto, em tradução livre], *A Verdade dos Fatos – Gerenciamento Baseado em Evidências* e *The Knowing-Doing Gap* [A Distância entre Saber e Fazer, em tradução livre]. De 2003 a 2007, Pfeffer escreveu uma coluna mensal, "The Human Factor", para a revista *Business 2.0*. Pfeffer apresentou seminários em 39 países e oferece consultoria e educação executiva para várias empresas, associações e universidades nos Estados Unidos. Premiado com o Richard D. Irwin Award por suas contribuições acadêmicas na área da administração, foi listado entre os 25 principais pensadores sobre gestão pela Thinkers50 e como um dos Pensadores Mais Influentes de RH pela *HR Magazine*. Em 2011, Pfeffer recebeu um doutorado honorário da Universidade de Tilburg, na Holanda.

Sumário

Agradecimentos	vii
Sobre o Autor	xi
Introdução	1

Capítulo 1. Decisões de Gestão e Sustentabilidade Humana — 9

Capítulo 2. As Graves Consequências de Ambientes de Trabalho Tóxicos — 37

Capítulo 3. Demissões e Insegurança Econômica: Uma Proposta em que Ninguém Ganha — 65

Capítulo 4. Sem Plano de Saúde, Sem Saúde — 93

Capítulo 5. Efeitos de Longas Jornadas na Saúde e Conflitos Trabalho-Família — 119

Capítulo 6. Dois Elementos Fundamentais de um Local de Trabalho Saudável — 149

Capítulo 7. Por que as Pessoas Permanecem em Locais de Trabalho Tóxicos? — 173

Capítulo 8. O que Pode — e Deve — Ser Diferente — 195

Notas — 219

Índice — 253

MORRENDO POR UM $alário

Introdução

Não é preciso trabalhar em uma mina de carvão, plataforma de petróleo, fábrica de produtos químicos ou em uma construção para encarar um local de trabalho tóxico e prejudicial à saúde. No mundo de hoje, as funções administrativas muitas vezes são tão estressantes e insalubres quanto o trabalho manual — frequentemente, até mais estressantes. Isso porque os perigos físicos foram, em grande parte, eliminados pela Administração de Segurança e Saúde Ocupacional (OSHA, na sigla em inglês) nos Estados Unidos e por agências semelhantes em outros países. Ao aprenderem a lição de que tudo o que é inspecionado — medido e relatado — pode ser afetado, os países passaram a monitorar fatalidades e incidentes de trabalho, como quedas ou vazamentos químicos, nos quais os ferimentos corporais podem ser facilmente verificados. O resultado: a taxa de mortalidade por acidentes de trabalho nos Estados Unidos diminuiu 65% entre 1970 e 2015, enquanto a taxa de acidentes de trabalho caiu cerca de 72% no mesmo período.[1]

Enquanto isso, o estresse no trabalho, que não está sujeito a relatórios ou intervenções da OSHA e é invisível e aceito como parte inevitável da vida profissional contemporânea, continua piorando em quase todas as áreas, resultando em um impacto físico e psicológico cada vez maior. Por exemplo, o site de saúde WebMD relatou que o trabalho era a fonte número um de estresse.[2] Na mesma linha, em 2015, o relatório Stress in America,[3] da Associação Americana de Psicologia, observou que as duas principais fontes de estresse eram dinheiro e trabalho, com quase um quarto de todos os adultos relatando níveis extremos de estresse. Em outra pesquisa, com três mil pessoas, observou-se que quase metade dos funcionários afirmou ter perdido dias de trabalho devido ao estresse ocupacional; 61% disseram que o estresse no trabalho os deixou fisicamente doentes; e 7% relataram ter sido hospitalizados devido à condição do ambiente de trabalho e seus efeitos fisiológicos.[4]

Se as estatísticas agregadas são perturbadoras, as histórias individuais são horripilantes. Converse com a executiva financeira sênior em um provedor de serviços médicos em rápido crescimento. Ao confrontar-se com demandas quase impossíveis, que exigiam frequentemente noites inteiras de trabalho, ela começou a tomar estimulantes, passou para a cocaína, tão facilmente disponível, e, por fim, entorpeceu o estresse constante do trabalho com álcool. Seu (bem-sucedido) processo de desintoxicação do álcool e drogas, vícios induzidos pelo estresse ocupacional, consumiu enormes recursos psicológicos e financeiros — e, claro, exigiu que ela deixasse seu tóxico ambiente de trabalho.

Ou entreviste o produtor de notícias de televisão que demonstrou lealdade e compromisso organizacional por estar sempre disposto a ir a qualquer lugar do mundo, a qualquer momento, quase sem aviso prévio, para conseguir uma história. Essa pessoa ganhou 27 quilos em um curto período, pois não tinha tempo para comer adequadamente, muito menos se exercitar. O trabalho exigente colocou em risco seu casamento e relacionamento com os filhos, bem como sua saúde física e mental.

Ou converse com a pessoa afastada por invalidez após ser diagnosticada com transtorno de estresse pós-traumático causado por seu trabalho na concessionária de energia elétrica Southern California Edison. O TEPT se deu por conta das demandas excessivas — muito trabalho, poucos funcionários e a pressão implacável dos supervisores para completar metas impossíveis.

As histórias são quase infinitas, e os custos para as pessoas, seus empregadores e a sociedade em geral, enormes. Por exemplo, o Instituto Americano de Estresse afirma que o estresse ocupacional custa aos empregadores dos EUA mais de US$300 bilhões anualmente.[5] Os problemas de saúde ocasionados por estresse no trabalho afetam negativamente a produtividade e aumentam a rotatividade voluntária. Uma pesquisa descobriu que quase 50% dos entrevistados relataram "mudar de emprego para escapar do estresse".[6] Como veremos no Capítulo 2, o prejuízo causado por práticas trabalhistas insalubres custa ao sistema de saúde dos EUA aproximadamente US$200 bilhões ao ano e pode aumentar.

Infelizmente, os problemas causados pela *poluição social*, termo tão apropriado cunhado pela professora da IESE Business School, Nuria Chinchilla, parecem piorar. Possivelmente essa é a parte mais triste da história: embora organizações de todos os tipos permitam, e até encorajem, práticas de gestão que adoecem e matam seus funcionários, esses mesmos empregadores *também* sofrem, já que a lucratividade ou o desempenho organizacionais *não* melhoram. Pelo contrário, locais de trabalho nocivos diminuem o engajamento dos funcionários, aumentam a rotatividade e reduzem o desempenho profissional, ao mesmo tempo em que aumentam os custos com planos de saúde e assistência médica. Apesar de amplamente adotadas, tais práticas de gestão não atendem *nem* aos interesses dos funcionários, *nem* aos dos seus empregadores.

Enquanto as pessoas sofrem sem necessidade, as empresas promovem suas credenciais ambientais. Ironicamente, desenvolvem medidas elaboradas para acompanhar seus progressos em sustentabilidade ambiental, mas ignoram os efeitos na sustentabilidade *humana*. Embora a primeira seja essencial, a segunda também é importante — criar locais de trabalho onde as pessoas possam prosperar e gozar de saúde física e mental; onde possam trabalhar durante anos sem enfrentar desgaste ou doenças resultantes das práticas de gestão empresarial. Quando pensamos sobre o impacto da atividade corporativa no ambiente, devemos nos preocupar com as pessoas também, não apenas com espécies ameaçadas ou fotogênicos ursos polares. Já que as empresas estão tão obcecadas com suas pegadas de carbono, fariam bem em considerar seus efeitos — suas pegadas — nos seres humanos, a forma de vida à base de carbono que trabalha para elas.

Como veremos nas páginas seguintes, para que as coisas mudem em relação ao bem-estar profissional e à saúde física e mental dos funcionários, é necessário que ocorram algumas situações ou uma combinação delas. Em primeiro lugar, os funcionários atuais e futuros devem entender o que constitui risco à saúde em seus ambientes de trabalho, e isso inclui os riscos psicossociais que são hoje mais onipresentes e perigosos do que as possibilidades de acidentes físicos. Em posse dessas informações, devem então selecionar seus empregadores, ao menos parcialmente, com base nas dimensões do trabalho relacionadas ao estresse, fator que influencia profundamente a saúde física e mental.

Em segundo lugar, os empregadores precisam entender e medir o quanto as práticas tóxicas de gerenciamento estão custando-lhes, tanto em custos médicos diretos quanto indiretos, devido à queda de produtividade e aumento de rotatividade. Compreender e quantificar os custos dos ambientes de trabalho tóxicos parece ser o primeiro passo para a mudança.

Terceiro, governos em todos os níveis devem primeiro reconhecer — e mensurar — e então agir sobre as externalidades criadas à medida que os empregadores sobrecarregam as várias partes do sistema público de saúde e de bem-estar social com as vítimas de males físicos ou psicológicos devido ao trabalho. Os custos públicos com estresse ocupacional e ambientes profissionais nocivos, criados pelo setor privado, resultaram em ações políticas no Reino Unido e em muitos países escandinavos. Como seus sistemas de saúde são financiados pelo governo, é de interesse econômico dos órgãos públicos desses países reduzir gastos desnecessários com saúde, tais como gastos com estresse ocupacional, que pode ser evitado.

E, quarto, as sociedades precisarão de vários movimentos sociais que tornem a sustentabilidade humana e os ambientes de trabalho tão importantes quanto a sustentabilidade ambiental e o ambiente físico. Décadas atrás, as empresas despejavam regularmente poluentes no ar, na água e no solo. Então as pessoas decidiram que preservar o meio ambiente e fazer com que as empresas pagassem pelos danos externos que estavam causando eram ótimas metas sociais. Graças ao movimento ambiental, publicidade e pressão política, governos de todo o mundo aprovaram leis e criaram normas que restringiram muitas das ações que resultavam na poluição do meio ambiente. Da mesma forma, as sociedades se beneficiariam de movimentos que levassem a sério a importância e a sacralidade da vida humana e o bem-estar físico e psicológico das pessoas — não apenas no início ou no final de suas vidas, mas ao longo delas, incluindo em suas vidas profissionais.

OUTRA VERDADE INCONVENIENTE

Enquanto realizava a pesquisa que resultou neste livro, diversos eventos distintos, mas interrelacionados, levaram-me a me aprofundar no tema das organizações de trabalho e seus efeitos na saúde humana.

Em primeiro lugar, muitas décadas de pesquisa e ensino — minhas e de vários colegas — sobre o efeito causado por práticas empresariais com foco no alto comprometimento ou elevada produtividade e em outras dimensões do desempenho organizacional[7] resultaram em pouca ou nenhuma mudança positiva. Apesar da publicação de vários livros, incluindo alguns dos meus,[8] sobre este assunto, os locais de trabalho iam de mal a pior. Os funcionários estavam menos engajados, insatisfeitos e perdendo a confiança na liderança institucional.[9] Livros, artigos e palestras sobre as conexões entre pessoas e lucro aparentemente não mudariam as decisões administrativas ou práticas organizacionais. O que, então, poderia mudá-las?

Durante minhas participações nas reuniões do Conselho de Administração da Hewitt Human Capital Leader (antes da fusão da Hewitt com a Aon), um grupo de líderes de recursos humanos de grandes corporações, e no Comitê de Recursos Humanos do Corpo Docente e dos Funcionários de Stanford, notei algo que me chamou a atenção. As conversas geralmente se concentravam nos custos com saúde. Os empregadores pareciam obcecados e extremamente voltados à redução desses gastos. Passou pela minha cabeça que muitas das práticas gerenciais que produzem níveis mais altos de lealdade, engajamento e desempenho dos funcionários — tais como estabilidade profissional e poder de decisão — também produzem locais de trabalho mais saudáveis. Sendo assim, talvez a saúde dos funcionários e os gastos com assistência médica pudessem se tornar os motivos pelos quais as empresas adotariam modelos de trabalho visando alto comprometimento.

Tais práticas de gerenciamento são defendidas há muito tempo, porém, são raramente aceitas e rapidamente abandonadas em tempos de rigor econômico. Se as empresas e os países quiserem, por assim dizer, "diminuir a curva de custos" com saúde, concentrar os esforços e atenções na melhoria dos ambientes de trabalho pode ser uma opção.

Em segundo lugar, enquanto participava dos vários comitês mencionados, fiquei impressionado como tudo era visto em termos de "custos" e "recursos", particularmente quando se tratava de pessoas. Para citar apenas um exemplo, por causa da recessão que começou em 2007 e 2008, a Universidade de Stanford dispensou entre 400 e 500 pessoas.[10] Anos antes, já havia congelado os salários em face de um deficit orçamentário,[11] apesar das grandes doações que a universidade recebera. Certo dia, nessa época, dirigindo pelo campus, notei enormes árvores ornamentais em caixas esperando o plantio. Cerca de dez anos antes, houvera muita publicidade sobre a remoção de um grande carvalho histórico de 300 anos localizado perto do Mausoléu da Família Stanford no campus. Essa árvore havia sido "objeto de muito carinho e afeto" e de esforços heroicos para que sua vida fosse salva.[12] Alguns anos depois, um jornal de Palo Alto publicou o fato, aparentemente digno de notícia, de que um carvalho próximo ao estádio de futebol não poderia ser salvo e teria que ser derrubado — mas que seria substituído por seis novas árvores.[13] Observando tudo isso, comentei com várias pessoas que, em Stanford, era melhor ser uma árvore do que um empregado. Em muitos locais de trabalho, as árvores — ou mesmo o paisagismo — valem mais que as pessoas.

A linguagem, os termos que as pessoas usam para descrever o mundo, diz muito. Quando falamos de pessoas no mundo dos negócios, muitas vezes usamos termos como *recursos humanos* e *capital humano*. Quando as pessoas descrevem salários e benefícios para a saúde, as palavras *empregado* ou *plano de saúde* geralmente são seguidas pela palavra *custos*. Anos atrás, Dennis Bakke, cofundador da AES, empresa independente fornecedora de energia, disse-me que se opunha ao subtítulo de um de meus livros, que dizia "gerar lucros colocando as pessoas em primeiro lugar".[14] Bakke disse que colocar as pessoas em primeiro lugar não deveria ser feito visando lucros ou custos. Em vez disso, argumentou Bakke, as pessoas, como seres humanos, como criaturas vivas, mereciam que seu bem-estar fosse uma das prioridades dos gestores nas tomadas de decisão, independentemente do efeito dessa prioridade sobre os custos ou lucros.

Precisamos mudar a linguagem usada rotineiramente nos negócios. Bem-estar e saúde física e mental precisam se tornar o foco de conversas e políticas. Como Bob Chapman, CEO da Barry-Wehmiller, empresa privada de manufatura avaliada em US$2,5 bilhões, gosta de dizer, os líderes corporativos têm em suas mãos a responsabilidade de administrar as vidas dos funcionários. As pessoas que trabalham são maridos, esposas, filhos e filhas de familiares que os amam. Os líderes devem garantir que, no final do dia, seus funcionários voltem para casa em boa forma, preparados para viver vidas pessoais realizadas.

Em terceiro lugar, no discurso político nos Estados Unidos e em alguns outros países, há uma discussão vigorosa em andamento sobre as políticas "pró-vida". Mas tais debates e as leis, apropriações e regulamentos que os acompanham raramente consideram o que acontece com as pessoas durante a maior parte de suas vidas, quando estão trabalhando. Se levarmos a sério a sacralidade e a importância da vida e do bem-estar humanos, concluo que há uma razão ética e moral para me preocupar com a saúde e o bem-estar no local de trabalho. E se eu me preocupo com o bem-estar das pessoas e como elas são afetadas pelos ambientes de trabalho, então eu deveria entender a magnitude e as dimensões dessa questão.

Eu já tinha essas ideias em mente quando a professora da IESE, Nuria Chinchilla, convidou-me para participar de uma conferência que ela estava organizando sobre trabalho e família. Chinchilla já havia conversado comigo sobre poluição social e comentado que a "verdade inconveniente"[15] não era apenas a destruição do ambiente físico, mas também a degradação do ambiente social, em parte pela maneira como os empregadores operavam. A conferência nunca ocorreu, mas aquele artigo, que começou minha exploração da questão do ambiente de trabalho e saúde humana, apareceu em uma revista referência no assunto e expôs algumas das primeiras ideias sobre sustentabilidade humana.[16] A partir desse ponto, coletei informações de entrevistas e dados epidemiológicos e obtive a colaboração de excelentes colegas de pesquisa operacional para estimar os efeitos agregados das exposições a ambientes de trabalho prejudiciais. Este livro representa o que aprendi com esses esforços.

Posso resumir esse aprendizado a algumas frases curtas. O ambiente de trabalho afeta profundamente a saúde e a mortalidade humana e muitos deles são prejudiciais à saúde — pessoas estão literalmente morrendo por um salário. E mais, a situação é pior do que eu imaginava, afetando profissionais em inúmeras ocupações, setores de atividade e geografias, de várias idades e níveis de educação. O que aprendi e as pessoas que encontrei durante minha pesquisa alimentaram minha paixão e compromisso de trazer esses dados e histórias à tona. Faço isso na esperança de que essas informações estimulem as mudanças necessárias para impedir as carnificinas psicológica e física desnecessárias que ocorrem nos ambientes de trabalho em todo o mundo.

Em termos simples, os ambientes de trabalho são importantes. Sabemos que são importantes para o engajamento, a satisfação, as intenções de rotatividade e o desempenho dos funcionários — achados que constituem uma vasta literatura de pesquisa no domínio do comportamento organizacional. Também são importantes para a saúde física e mental e para o bem-estar das pessoas. Com isso, fica claro que a preocupação com a vida e a sustentabilidade humana deve incluir também, ao lado dos custos e da produtividade, o ambiente de trabalho e seus efeitos.

Capítulo 1

Decisões de Gestão e Sustentabilidade Humana

"De acordo com a Clínica Mayo, seu supervisor no trabalho é mais importante para sua saúde do que o médico."

— BOB CHAPMAN, CEO da Barry-Wehmiller
e autor de *Everybody Matters*

As MANCHETES — E OS DADOS — CONTAM a história. Joseph Thomas, engenheiro de software da Uber que ganhava US$170 mil por ano, cometeu suicídio em agosto de 2016, atirando em si mesmo. Seu pai e sua esposa culparam o estresse ocupacional. "Ele trabalhava longas horas... sentia-se pressionado e estressado e tinha medo de perder o emprego... tornou-se alguém com pouquíssima autoconfiança... dizia que não conseguia fazer nada direito."[1] Thomas não foi um caso isolado, já que vários funcionários da Uber [nos EUA] atribuem "ataques de pânico, abuso de substâncias, depressão e hospitalizações" ao estresse ocupacional.[2]

O estresse no trabalho e suas consequências para a saúde afetam pessoas em todos os lugares. Entre janeiro de 2008 e março de 2010, ao menos 46 funcionários da France Telecom se suicidaram, com observadores apontando os cortes de custos e reorganizações como a principal causa.[3] Em apenas quatro meses, entre janeiro e maio de 2010, nove funcionários da Foxconn, a grande fabricante de eletrônicos chinesa fornecedora da Apple e da HP, entre outras empresas, cometeram suicídio, e dois outros trabalhadores ficaram feridos em tentativas de tirar a própria vida.[4] As prováveis causas, segundo funcionários, foram as condições de trabalho na Foxconn.

Moritz Erhardt, de 21 anos, estagiário da Merrill Lynch (divisão do Bank of America) em Londres, desmaiou e morreu depois de trabalhar por 72 horas — três dias — seguidas. O relatório do legista disse que Erhardt morreu "devido a um ataque epiléptico que pode ter sido desencadeado por estresse e fadiga".[5] A Watami Food Service no Japão foi "acusada de levar uma funcionária ao suicídio apenas dois meses depois dela se juntar à empresa. As horas extras mensais da mulher excederam 140 horas".[6] Problemas econômicos graves na agroindústria da Índia resultaram no suicídio de quase 200 mil agricultores entre 2007 e 2009, em decorrência do "aumento do endividamento e do desespero econômico e existencial resultantes".[7]

As consequências do estresse ocupacional afetam pessoas em todos os países, profissões e níveis organizacionais. Um diretor de uma empresa de trens de Chicago que estava sendo investigado por um pagamento de férias não autorizado se jogou na frente de um trem e se matou. Um advogado de Maryland, que descobriu estar prestes a perder o emprego, morreu em decorrência de um ferimento a bala autoinfligido. Em 2008, com o aumento da insegurança econômica e do estresse devido à severa recessão, os suicídios relacionados ao trabalho atingiram o nível mais alto de todos os tempos nos EUA.[8]

Alguns dos aspectos mais problemáticos e causadores de estresse na vida profissional são os salários baixos, trabalho por turnos e ausência de controle sobre a própria função. Por exemplo, os baixos salários produzem estresse porque a pessoa deve sobreviver com pouca renda, o que por sua vez prejudica o acesso aos serviços de saúde. Não surpreende que vários estudos associem os baixos salários com obesidade, ansiedade, depressão, baixo peso em recém-nascidos e hipertensão.[9]

Esses problemas afetam, principalmente, funcionários em cargos inferiores. No entanto, profissionais e executivos do alto escalão não estão imunes aos efeitos das más condições de trabalho em sua saúde e bem-estar. Por exemplo, "o CEO da Swisscom, Carsten Schloter, 49 anos, teve problemas com a necessidade de estar disponível 24 horas por dia, todos os dias da semana. Pierre Wauthier, 53 anos, CFO da Zurich Insurance Group, estava em um conflito terrível com seu CEO". Ambos cometeram suicídio em 2013.[10]

Algumas pessoas, ao enfrentar condições profissionais difíceis, adoecem ou morrem. Outras, ao se encontrarem em ambientes de trabalho tóxicos, cometem suicídio. Alguns indivíduos que passam por estresse ocupacional intolerável matam outras pessoas. Em junho de 2017, uma pessoa que havia sido demitida da Fiamma, uma empresa que fabrica toldos e outros acessórios para veículos recreativos, chegou à sua antiga empregadora e matou cinco funcionários antes de cometer suicídio. Posturas como essa são muito comuns. Em 1986, um carteiro assassinou 14 colegas de trabalho e feriu outros seis — dando origem à expressão em inglês *going postal* [trocadilho com a palavra postal significando "louco"].[12]

Em 2013, 397 pessoas foram assassinadas no local de trabalho nos Estados Unidos. A suposta boa notícia: esse número caiu em relação aos 475 homicídios relacionados ao trabalho relatados em 2012. Entre 1992 e 2010, foram registradas quase *14 mil* vítimas de homicídio no local de trabalho.[13] O número de pessoas mortas devido à violência relacionada ao trabalho é "maior do que o número de mortos por incêndios e explosões, acidentes com equipamentos ou máquinas e exposição a substâncias nocivas *somados*".[14] É claro que os assassinatos são a forma mais grave e dramática de violência. A Administração de Segurança e Saúde Ocupacional [dos EUA] estima que cerca de *dois milhões* de funcionários por ano são vítimas de violência no local de trabalho, com muitos casos não sendo relatados. Claramente, esse é um sério risco para a saúde.

Muitas vezes as pessoas se surpreendem com suas reações a ambientes de trabalho estressantes, particularmente pessoas qualificadas e educadas. Um autodenominado "banqueiro em recuperação" sul-africano me escreveu para contar como ele "caiu da roda de hamster corporativa" e entrou em grave depressão, algo para o qual dois diplomas em administração e inúmeros programas de treinamento de liderança não o prepararam. A experiência o pegou de surpresa:

> Eu, errônea e arrogantemente, pensei que pessoas "bem-sucedidas", que têm um bom trabalho, casas em ótimos bairros, carros

de luxo e assim por diante não sofriam de depressão. Não retornei ao trabalho depois do meu colapso nervoso, mas como parte do meu processo de recuperação comecei um mestrado em psicologia aplicada, desenvolvi um questionário de pesquisa sobre sintomas de estresse e escrevi um livro sobre minha experiência. Dados coletados de cerca de 2.500 funcionários do setor administrativo informaram que todas as organizações que pesquisamos mostram níveis preocupantes de sintomatologia que está impactando todas as principais áreas comerciais.

Da mesma forma, uma funcionária da Salesforce.com em São Francisco, alguém com um diploma em administração por uma universidade de prestígio, disse-me que, quando se juntou à organização em uma função gerencial, quase que imediatamente precisou fazer uso de antidepressivos para lidar com o ambiente de trabalho. Ao longo dos anos, ela contou com psicoterapia, um *coach* de carreira, viagens nos fins de semana, o apoio do cônjuge e massagens, entre outras coisas, para ajudá-la a lidar com um local de trabalho onde encara vários chefes exigentes, longas jornadas e a ameaça de ser demitida a qualquer momento por qualquer escorregão de desempenho ou erro político.

Como muitas pessoas "bem-sucedidas" que trabalham com alta tecnologia, ela não tem muito controle sobre seu trabalho e sua vida. Durante a gravidez de seu primeiro filho, foi informada em uma quinta-feira que precisaria perder um compromisso social naquele sábado porque teria que estar em um voo rumo a Paris. Ela chegaria à cidade no domingo para uma reunião na segunda-feira. Este é apenas um exemplo de um cronograma em constante mudança e demandas que a deixam sem controle de seu ambiente. Suas estratégias de enfrentamento são caras — os gastos totais com terapeutas, *personal trainer* e outros métodos sem dúvida excedem US$2.000 por mês — e só são possíveis porque ela e seu marido possuem excelente formação e bons empregos. Como a maioria dos trabalhadores, cujos salários não estão entre os mais altos, lidam com estresse semelhante no trabalho?

A experiência dela não é exclusiva, mesmo dentro da Salesforce, uma empresa atualmente na lista de "Melhores Lugares para Trabalhar" da revista *Fortune*. Uma colega dela, que havia dado à luz recentemente e estava de licença-maternidade, sentiu-se pressionada a retornar ao trabalho menos de duas semanas após o parto para que pudesse discursar em um grande evento da empresa. Naturalmente, o pedido para voltar ao trabalho foi apresentado como um elogio: "Você tem esse grande papel nessa reunião importante, de alta visibilidade, então você deve sentir-se lisonjeada por ser convidada e certamente não perderá a oportunidade de brilhar na frente da equipe de vendas da Salesforce e dos muitos participantes." A mensagem nada implícita: o que há de errado com você que seu trabalho não vem antes, nem mesmo de seu recém-nascido?

Ambas pensaram em deixar seus empregos. Esse fato demonstra que chefes difíceis e ambientes de trabalho estressantes prejudicam não apenas a saúde das pessoas: locais de trabalho tóxicos também são uma causa importante de rotatividade, insatisfação e outras formas de perda de produtividade para as organizações.

Dados sistemáticos reforçam as dezenas de casos que descobri em minha pesquisa. Há a chamada síndrome da segunda-feira: mais pessoas têm ataques cardíacos na manhã de segunda-feira do que em outras ocasiões durante a semana, talvez porque estejam de volta ao trabalho depois do fim de semana. A prevalência de ataques cardíacos nas manhãs de segunda-feira fez com que os hospitais aumentassem o pessoal nos prontos-socorros nesse dia para corresponder ao aumento do risco.[15]

O apropriadamente chamado American Institute of Stress [Instituto de Estresse Americano, em tradução livre] reuniu vários estudos sobre estresse. Eis alguns destaques desses dados:

- "O estresse ocupacional é, de longe, a principal fonte de estresse para adultos norte-americanos e... aumentou progressivamente nas últimas décadas".

- Oitenta por cento dos trabalhadores participantes da pesquisa *Attitudes in the American Workplace* [Atitudes no Ambiente de Trabalho Norte-americano, em tradução livre] relataram sentir-se estressados com o trabalho.
- Dois estudos diferentes reportaram que cerca de 10% dos funcionários participantes disseram que já havia ocorrido casos de violência física no local de trabalho devido ao estresse ocupacional.[16]

Um relatório do Instituto Nacional de Segurança e Saúde Ocupacional [EUA] "incluiu dados mostrando que 25% dos funcionários veem seus trabalhos como o principal fator de estresse em suas vidas, e que os problemas profissionais estão mais fortemente associados a queixas de saúde do que qualquer outro fator, incluindo problemas financeiros ou familiares".[17]

Os ambientes de trabalho são, em sua maioria, os mesmos em todos os países — frequentemente causam estresse. Uma pesquisa anual que mede o estresse na Austrália constatou que, em 2014, 45% dos australianos "relataram estar estressados com o trabalho"; em 2013, o estresse causava algum impacto na saúde física de 75% dos australianos; e que as queixas de estresse ocupacional haviam subido nos últimos dois anos.[18] Uma pesquisa de 2012 da Statistics Canada mostrou que 28,4% dos canadenses consideravam a maioria dos dias de trabalho um pouco ou extremamente estressantes.[19] E um relatório do Reino Unido concluiu: "Há evidências esmagadoras de que distúrbios de saúde mental relacionados ao trabalho são um grande problema em nossa sociedade, com custos econômicos, comerciais e humanos substanciais."[20]

"Gig Economy" e Estresse no Ambiente de Trabalho

As evidências sugerem que os efeitos adversos dos ambientes de trabalho sobre a saúde das pessoas estão piorando. Uma das razões é a natureza inconstante do trabalho e, especificamente, a crescente prevalência do emprego precário — o trabalho temporário e autônomo da chamada *gig economy* [economia sob demanda, em tradução livre; mais sobre esse assunto no Capítulo 3]. Existem previsões de que, até 2020, "40% da força de trabalho dos EUA seja formada pelos chamados trabalhadores contingentes".[21] Em 2015, a Freelancers Union constatou que um terço dos trabalhadores norte-americanos realizou algum trabalho como autônomo no ano anterior.

Trabalhadores com contratos de curto prazo enfrentam mais incertezas e insegurança econômica e raramente recebem folgas remuneradas ou outros benefícios, incluindo treinamento. Enquanto muitas pessoas realizam "bicos" para complementar sua renda, dados sugerem que esses trabalhadores não ganham muito dinheiro. Um gráfico na revista *Fortune* informou a renda média mensal de autônomos que prestam serviços sob demanda para algumas empresas. Quem trabalhou para a DoorDash ganhou uma média de US$229; para a Uber, US$364; Lyft, US$377; e TaskRabbit, US$380. Na Fiverr, *freelancers* receberam, em média, apenas US$103 por mês e na Getaround o valor foi de US$98.[22]

Um artigo da revista *New Yorker* citou sites e blogs das próprias empresas de plataformas digitais para mostrar o quão estressantes e difíceis são as condições de trabalho. Uma motorista da Lyft, em Chicago, foi elogiada por pegar um passageiro enquanto estava grávida de nove meses e terminar a viagem momentos antes de entrar em trabalho de parto. Os motoristas da Lyft ganham cerca de US$11 por viagem, então, "talvez Mary tenha continuado aceitando corridas porque a *gig economy* transformou em normais as circunstâncias em que ganhar US$11 parece mais importante do que procurar o atendimento médico urgente que esses semipatrões não cobrem". A Fiverr, que se afirma como o mercado *freelancer* para o empreendedor enxuto, aparentemente tinha uma campanha publicitária em vagões do metrô da cidade de Nova York que defendia tomar apenas um café no almoço e que "a privação do sono é sua droga de escolha" se você é um "trabalhador". Um vídeo da empresa recomendava responder "ligações de clientes até durante o sexo".[23]

Além das histórias horríveis, existem vastas e sistemáticas evidências que mostram os efeitos adversos do emprego inseguro, muitas vezes contingente, na saúde e no bem-estar das pessoas. Por exemplo, uma revisão de 93 estudos sobre empregos precários em países industrializados "descobriu que estes estavam associados à deterioração da saúde e segurança ocupacional em termos de taxas de acidentes, riscos de doenças, exposição a riscos ou conhecimento do trabalhador (e do gerente) sobre as responsabilidades regulatórias de saúde e segurança ocupacional".[24]

Gestão e Negligência Governamental do Estresse no Trabalho e Seus Custos

Apesar da prevalência de estresse no ambiente de trabalho e a documentação sobre os prejuízos para a saúde física e mental, estranhamente — e infelizmente — esses fatos e seus efeitos na sustentabilidade social e na saúde permanecem ignorados. Apesar da vasta literatura epidemiológica sobre os efeitos das condições de trabalho na saúde física e mental,[25] o estresse ocupacional é menosprezado pelos empregadores, governos e pelas escolas de administração, gerando enorme impacto nos custos de saúde e na mortalidade populacional, descrito no Capítulo 2. Chris Till, antigo executivo-chefe do Instituto de Recursos Humanos da Nova Zelândia, disse que, quando conversou com o governo neozelandês sobre a conexão entre as condições de trabalho e a saúde da população, a resposta foi: "Estresse é algo inerente ao trabalho." Ficou subentendido que nada poderia ou seria feito a respeito. Till afirma que o governo ainda não entendeu que acidentes de trabalho consistem em mais do que apenas lesões físicas ou acidentes dramáticos — que o estresse crônico e a exposição a práticas administrativas que afetam negativamente a saúde causam problemas de saúde física e mental e impõem custos às empresas e à sociedade.

A diretora do Newnham College da Universidade de Cambridge, Carol Black, contou-me que, em 2011, ela e o professor Cary Cooper, um respeitado psicólogo organizacional, conduziram uma pesquisa rápida com mais de 100 escolas de administração no Reino Unido, no intuito de avaliar se elas incluíam disciplinas sobre saúde, engajamento dos funcionários e bem-estar em *qualquer um* de seus cursos. Eles descobriram que a resposta para essa pergunta era "um sonoro não".[26] A situação também não é muito diferente dentro das empresas empregadoras, com uma fração muito pequena de organizações medindo o estresse no trabalho e uma proporção ainda menor tentando resolver o problema.

Christy Johnson, MBA pela Stanford e fundadora e CEO da Artemis Connection, empresa de consultoria e estratégia, interessou-se pelo aspecto humano na implementação de estratégias. Ela comentou comigo sobre "a impressionante resistência das pessoas em serem honestas sobre o que acontece com seus funcionários". Quando retomei esse comentário e perguntei a ela sobre as atividades dos departamentos de RH e as pesquisas com funcionários que muitas empresas realizavam, a resposta dela foi que essas atividades preocupavam-se principalmente com a conformidade com as regras e regulamentações legais e gerenciamento de riscos — para evitar processos legais — e que muitos lugares não tiravam proveito dos dados que coletavam.

Uma notável exceção à negligência em medir sistematicamente a influência do ambiente de trabalho na saúde e no bem-estar são os levantamentos nacionais de bem-estar da Gallup-Healthways, dados estes que, juntamente com a especialização em pesquisa da Gallup, chamaram a atenção para o bem-estar, a saúde dos funcionários e o desempenho empresarial. Mas observe que os resultados da Gallup são relatados por área geográfica, não por empresa específica, portanto, não há holofotes nos empregadores que estejam se saindo particularmente bem ou mal. Além disso, a Gallup informou que "apenas 12% dos funcionários concordam fortemente que seu bem-estar geral é substancialmente maior graças a seu empregador".[27]

Não Precisa Ser Assim

Claro que existem exceções, embora sejam poucas. Algumas empresas demonstram que é ao mesmo tempo possível e lucrativo cuidar da saúde física e mental e do bem-estar geral das pessoas.

Em 2004, Mark Bertolini, atualmente CEO da companhia de seguros de saúde Aetna, sofreu um grave acidente de esqui que quase o matou, deixando-o com dores constantes e agonizantes em seu braço esquerdo. Isso, aliado ao fato de que seu filho lidava com um raro tipo de câncer, fez com que ele se interessasse mais por saúde, assim como por terapias alternativas. A Aetna tornou a saúde de seus funcionários uma prioridade, com foco na saúde física, mental, social e financeira.[28] Em 2015, a Aetna aumentou seu salário mínimo interno para US$16 por hora, o que representou um aumento de 33% para os empregados com os salários mais baixos da empresa. Cerca de 5.700 pessoas viram seus salários aumentar. A empresa também passou a cobrir mais benefícios de saúde para reduzir os gastos dos funcionários com serviços não cobertos pelo plano. Também oferece aulas gratuitas de yoga e meditação, frequentadas por cerca de um terço dos funcionários. As pessoas que participaram de pelo menos uma aula "relatam, em média, uma redução de 28% em seus níveis de estresse; melhora de 20% na qualidade do sono e redução de 19% na dor. Elas também se tornaram mais eficientes no trabalho".[29] A empresa também proporciona um programa de emagrecimento e exames de rotina. Em 2016, a companhia lançou um programa de pagamento de empréstimos estudantis através do qual fará contribuições equivalentes até um limite de US$2.000 por ano. Os custos com saúde caíram ou, em alguns anos, cresceram menos que a média nacional — possivelmente devido à atenção especial da empresa com o bem-estar dos funcionários.

Bob Chapman é o CEO da Barry-Wehmiller, uma empresa avaliada em US$2,5 bilhões que possui cerca de 12 mil funcionários em suas fábricas em todo o mundo. Alguns anos atrás, Chapman teve um *insight* que me explicou: "Nós nos conscientizamos de que todas as 12 mil pessoas que trabalham para nós são filhos amados de alguém, e sabemos que o modo como as tratamos terá um impacto significativo em suas vidas." Chapman decidiu que o objetivo da empresa deveria ser o de enviar pessoas realizadas para casa no final do expediente. Quando a empresa começou a enxergar os funcionários não como objetos, mas como pessoas que são importantes para outras, construiu uma cultura na qual uns se importavam com os outros. Uma consequência: um nível elevado de altruísmo, "em que as pessoas genuinamente se ofereciam para ajudar as outras sem esperar nada em troca". A empresa obteve bastante sucesso financeiro, com uma taxa anual composta de crescimento de 16%, apesar de operar em segmentos muito difíceis da indústria manufatureira.

Chapman é agora um disseminador desse modo de pensar. Escreveu o livro *Everybody Matters*[30] e dá palestras sobre a abordagem da Barry-Wehmiller e sua jornada para construir uma cultura centrada no bem-estar dos funcionários. Ele comentou: "Oitenta e oito por cento das pessoas deste país sentem que trabalham para uma organização que não se importa com elas. Três em cada quatro pessoas estão desmotivadas. Sabemos, de fato, que quando as pessoas não se sentem valorizadas, quando não sentem que trabalham em um bom ambiente, há consequências. Acho que há uma redução de cerca de 40% dos problemas relacionados à saúde quando as pessoas se sentem felizes em seu trabalho, em comparação com quando se sentem estressadas."

Neste livro, conheceremos algumas das empresas que se importam com o bem-estar de seus funcionários e revisaremos várias pesquisas (e livros) sobre as razões econômicas e sociais para cuidar deles.[31] É possível fazer o bem e lucrar ao mesmo tempo. Porém, os dados sobre o estresse no trabalho, a saúde e o engajamento dos funcionários sugerem que muitos líderes de empresas precisam receber — e ficarem atentos — à essa mensagem.

ONDE ESTÃO AS PESSOAS NO MOVIMENTO DE SUSTENTABILIDADE?

Às vezes, até mesmo as ações e decisões mais banais revelam muito sobre os valores e prioridades sociais existentes. Por isso, embora o desenvolvimento econômico e as decisões sobre o uso do terreno tenham muitos requisitos para preservar o ambiente físico — que alguns argumentam serem muitos e bastante onerosos — , essa supervisão regulatória ignora o bem-estar dos funcionários que possam ser afetados.

Darei um exemplo simples. Em 2010, quando a Safeway, uma grande rede de supermercados, expandiu sua loja em Burlingame, Califórnia, perto de onde moro, a empresa apresentou um relatório de impacto ambiental aberto ao público. Os RIMAs [Relatório de Impacto Ambiental] são, obviamente, necessários para qualquer projeto de construção ou renovação significativo. O relatório detalhava os efeitos da expansão e construção do prédio nos padrões de tráfego e congestionamentos, delineava os planos de paisagismo e sinalização para preservar o máximo de estética possível e destacava as muitas coisas que a empresa e seus empreiteiros fariam, como a reciclagem de resíduos provenientes da demolição da estrutura antiga, para minimizar o impacto ambiental do projeto.

Não havia, é claro, nada de incomum nesse relatório — era apenas um entre as centenas de milhares registrados a cada ano. A premissa fundamental por trás de tais avaliações ambientais é simples: construir qualquer coisa inevitavelmente perturba aspectos do meio ambiente, e uma boa administração exige que as empresas tenham o cuidado de minimizar os transtornos físicos e conservar e preservar o máximo possível do ambiente natural, ao mesmo tempo em que permite progresso econômico e desenvolvimento. Se tal construção ou remodelação implicar a modificação ou destruição significativa de estruturas consideradas históricas, os encargos impostos sobre o projeto são mais elevados e os requisitos de preservação, mais rigorosos. Além disso, submeter tais relatórios e passar por avaliações ambientais *antes* da construção é reconhecer que é mais fácil evitar danos do que remediá-los caso ocorram no meio ambiente ou em prédios ou jardins históricos [no Brasil, há a questão do tombamento histórico, cujas regras são bastante restritivas quanto a modificações descaracterizadoras].

É comum preocupar-se com a sustentabilidade e a degradação ambiental. Leis e regulamentos previnem e punem atividades que poluem o ar ou a água. Muitas empresas divulgam suas credenciais "verdes" em seus anúncios, relatórios anuais e outras mensagens. Elas detalham suas ações para compensar as emissões de carbono e mitigar outras formas de perigo ambiental. Essas práticas tornaram-se tão cotidianas que as pessoas frequentemente esquecem que até pouco tempo as regulamentações ambientais eram vigorosamente contestadas e pouquíssimas empresas tinham a sustentabilidade ambiental como uma parte importante de suas marcas, direcionadas tanto a seus clientes quanto a funcionários.

Em face do escopo limitado do projeto — substituição de alguns edifícios existentes em uma área comercial já desenvolvida —, o RIMA da Safeway é bem chato de ler. À primeira vista, parece estar tudo em ordem no relatório. Mas algo *não* foi considerado no impacto causado pela remodelação do prédio. A loja ficaria fechada por pouco mais de um ano durante sua reforma. Contudo, ela tinha dezenas de funcionários. O fechamento ocorreu em 2010, durante um período de rigor econômico, enquanto o mercado de trabalho dos EUA se recuperava lentamente de uma grave recessão. Portanto, enquanto a Safeway removeria árvores e interromperia temporariamente o tráfego e o estacionamento na área durante a construção, fatores estes abordados em seu RIMA, as ações da empresa também afetariam o bem-estar econômico e as vidas de seus funcionários, algo não discutido em nenhuma parte de seu relatório de impacto ambiental. Embora, como se viu, a Safeway oferecesse transferências para lojas próximas a pelo menos alguns de seus funcionários, não havia nenhuma menção desse fato no RIMA, nenhuma referência ao que aconteceria com os outros funcionários, nenhum registro sobre o impacto *humano* desse ato rotineiro de desenvolvimento econômico.

Casos assim não são incomuns. A União Europeia arriscou uma guerra comercial com os Estados Unidos ao tentar forçar as companhias aéreas, mesmo aquelas de países fora da UE, a pagar pela poluição causada pelos voos dentro do continente.[32] Contudo, a União Europeia não parecia preocupada se essas mesmas companhias aéreas, como United, Delta e American, continuavam a reduzir e cortar salários, empregos e aposentadorias, afetando negativamente o ambiente humano e o bem-estar físico e psicológico de seus empregados.

Quer mais evidências da negligência do fator humano nos relatórios do movimento de sustentabilidade? Se você for ao site da fabricante de automóveis General Motors, no qual ela apresenta suas credenciais de empresa sustentável, aprenderá que a GM é a número um em patentes de energia limpa; está entre as cinco maiores do mundo em número de painéis solares instalados; possui 11 aterros sanitários e opera em 26 plantas certificadas pelo Wildlife Habitat Council [Conselho de Habitat de Animais Silvestres, em tradução livre].[33] O que você não descobrirá é o número de empregos que a empresa cortou na última década, o que a GM fez para reduzir os salários e benefícios de funcionários novos e experientes e como a empresa gerencia os ambientes de trabalho, tanto nos escritórios quanto nas fábricas, de maneiras que afetam o bem-estar das pessoas. Tampouco a General Motors inclui em seus relatórios de sustentabilidade dados sobre a saúde física e mental agregada de seus funcionários atuais ou antigos.

Da mesma forma, o Walmart, o maior empregador nos Estados Unidos, com mais de um milhão de funcionários, tem três metas de sustentabilidade ambiental que cobrem energia, resíduos e produtos.[34] O relatório de responsabilidade global da empresa enfatiza o uso de energia renovável e preparação para emergências, entre outras coisas. Quando o relatório fala sobre medidas relativas a pessoas, o foco está no número de associados promovidos, na quantidade de mulheres e pessoas negras contratadas e no histórico de contratação de veteranos de guerra pela empresa.[35] Nenhuma menção sobre oferecer salários com os quais as pessoas possam viver melhor, planos de saúde para que possam ter acesso a cuidados básicos ou políticas familiares, tais como horários regulares de trabalho para que os associados possam cumprir com as obrigações pessoais.

Apesar de todos os avanços louváveis nos relatórios sobre e para os vários acionistas e terceiros interessados, quando se trata de informar e promover a sustentabilidade humana, ainda precisam evoluir. Ainda permanece a situação em que "os estudos e relatos sobre direitos humanos e questões trabalhistas vinculados a riscos de sustentabilidade são muito menos avançados do que os ambientais e governamentais".[36]

Esses exemplos não são para destacar a Safeway, a GM, o Walmart ou qualquer outra empresa específica por considerarem ou não as consequências humanas de suas práticas de gerenciamento. Relatar as iniciativas para reduzir o desperdício, conservar energia, reciclar e proteger o meio ambiente está rapidamente se tornando a norma entre um número crescente de empresas, particularmente as grandes corporações, que estão adotando relatórios cada vez mais abrangentes sobre sustentabilidade. A comunicação sobre o bem-estar dos funcionários, quando ocorre nos relatórios, é restrita a dados sobre os dias de trabalho perdidos devido a acidentes e outros indicadores muito limitados, que não avaliam adequadamente a sustentabilidade social.

É claro que existem exceções. Algumas empresas adotaram uma perspectiva mais abrangente sobre o bem-estar de seus funcionários. Outras poderiam aprender com esses casos. Por exemplo, em 2012, a BT (British Telecom) revisou sua política de saúde e segurança para incluir a saúde e o bem-estar dos funcionários como componentes-chave da estratégia de recursos humanos da empresa. Seus relatórios informam sobre o tempo de trabalho perdido devido a doenças, além de acidentes. Promover a boa saúde é o primeiro item na lista de estratégia de saúde e bem-estar da BT. A empresa oferece suporte a pessoas adoecidas ou incapacitadas, para que sejam transferidas para diferentes cargos e não precisem parar de trabalhar. A BT desenvolveu um "kit de ferramentas para a saúde mental" e uma "ferramenta de avaliação e gerenciamento de risco de estresse" e ofereceu treinamento "em apoio à saúde mental para quase 5 mil gestores de pessoas desde 2008". Mais importante que isso, o sistema de gestão e filosofia da BT começa com a seguinte afirmação: "O princípio mais importante de qualquer organização deve ser evitar causar danos a seu pessoal."[37] Se mais empresas levassem a saúde dos funcionários tão a sério, ambos se beneficiariam.

O simples fato de que, como sociedade, estamos profundamente preocupados com o meio ambiente e praticamente indiferentes ao que as empresas fazem ao ambiente social, aos seres humanos que trabalham para elas, tem importantes conotações para a compreensão do mundo contemporâneo. Isso ajuda a explicar por que empregos, particularmente bons empregos, estão desaparecendo e por que muitos funcionários, em vários países, relatam níveis crescentes de estresse e sofrimento psicológico e físico. O mundo trabalhista fornece uma manifestação diária do ditado: "O que os olhos não veem, o coração não sente"; ou de seu corolário do movimento de qualidade: "O que é inspecionado, é afetado; o que não é medido, não muda nem degrada." Sem mensurações, relatórios, nem requisitos que considerem as consequências da poluição social, que é distinta da ambiental, as organizações continuam a se valer da lógica em suas decisões, o que as mantêm, — talvez até intencionalmente — ignorantes do que estão causando a seus empregados.

Políticas Públicas Também Ignoram Pessoas

A ênfase no ambiente físico acima do social não se aplica apenas às empresas e seus relatórios, mas também às políticas públicas. Tanto em nível local quanto nacional, as regulamentações ambientais, por exemplo, limitam as descargas de resíduos e as emissões de dióxido de carbono e ditam os padrões de quilometragem dos automóveis. Existem boas práticas, políticas e regulamentações para a governança corporativa, como a exigência de diretores externos para determinados conselhos de administração e esforços para medir, divulgar e limitar os riscos ambientais e governamentais. Essas atividades são muito mais extensas do que os esforços voltados para o bem-estar dos funcionários. O monitoramento dos aspectos mais básicos da segurança física, como acidentes e mortes no local de trabalho, reduziu substancialmente o número de mortos e feridos no trabalho, e alguns aspectos sobre exposição a produtos químicos foram regulamentados. Porém, as empregadoras nos Estados Unidos e em outros lugares do mundo são, em geral, livres para impor demissões sem justa causa, exigir horários flexíveis e trabalho por turnos, além de infligir outras dificuldades que têm consequências sérias para a saúde humana, sem considerar os efeitos dessas decisões.

É verdade que existem algumas políticas, ainda que limitadas, voltadas para os efeitos das condições de trabalho na saúde e no bem-estar dos funcionários. E a ênfase no assunto está crescendo. A Organização Mundial da

Saúde, ao afirmar que a saúde é um direito humano e que uma população saudável confere muitos benefícios, reconheceu as causas psicossociais das doenças, incluindo as causas originadas no ambiente de trabalho.[38]

Nos Estados Unidos, o Instituto Nacional de Segurança e Saúde Ocupacional [NIOSH, em inglês] reconhece há décadas que o ambiente de trabalho pode ser uma ameaça ou um fator de risco para a saúde física e mental das pessoas. A agência procura avaliar a magnitude dos riscos à saúde no ambiente de trabalho e fazer com que os empregadores corrijam condições de trabalho insalubres para, assim, reduzir o número de vítimas humanas.[39] No entanto, foi somente em junho de 2011 que "o NIOSH lançou o Programa de Saúde do Trabalhador (...) como estratégia de integração da segurança ocupacional e proteção da saúde, com programas de prevenção de lesões e doenças".[40] Aproximadamente na mesma época, o Departamento de Saúde e Serviços Humanos dos EUA [o Ministério da Saúde norte-americano] anunciou o programa Healthy People 2020 [População Saudável 2020, em tradução livre], com o objetivo de aumentar o acesso a programas de redução de estresse dos trabalhadores. Contudo, a ênfase continua sendo a prevenção de acidentes ocupacionais, exposição a condições físicas perigosas e programas de promoção da saúde, com foco comparativamente limitado na mudança dos aspectos psicossociais do trabalho, que têm efeitos profundos sobre a saúde.

No Reino Unido, existe maior atenção à conexão entre trabalho e saúde. O governo criou algumas políticas públicas voltadas para essa questão, possivelmente por causa de maior e melhor mensuração de tais aspectos, e, em parte, porque os custos com saúde gerados por práticas ocupacionais nocivas afetam os orçamentos governamentais. Em uma mensagem pessoal para mim, Carol Black, diretora na Universidade de Cambridge, observou que "o governo britânico (de qualquer orientação política) tem se interessado cada vez mais sobre o assunto desde 2005, quando divulgou o relatório *The Health, Work and Well-Being Strategy — the Vision*' [Estratégia de Saúde, Trabalho e Bem-Estar — Uma Visão, em tradução livre]... Ainda temos um longo caminho pela frente, mas os efeitos causados por trabalho precário, ambientes de trabalho ruins, lideranças fracas e gerentes inadequados e mal treinados estão sob maior atenção agora".[42]

As políticas e relatórios sobre o assunto permitem que as entidades públicas estimem os custos gerados por ambientes de trabalho prejudiciais, e esses números, por sua vez, estimulam ações. Assim, no Reino Unido, "entre 2007 e 2008, as ausências em decorrência de estresse levaram a cerca de 13,5 milhões de dias de trabalho perdidos".[43] E "estima-se que 1,1 milhão de pessoas que trabalharam de 2011 a 2012 sofriam de alguma doença relacionada ao trabalho".[44] Por causa dos enormes custos econômicos provocados por estresse induzido pelo ambiente de trabalho, a Agência de Saúde e Segurança Executiva do Reino Unido [Health and Safety Executive em inglês; órgão análogo à OSHA, dos EUA] promulgou padrões de gerenciamento para tentar reduzir a incidência — e, portanto, os custos — de problemas de saúde relacionados ao trabalho. Entretanto, as diretrizes do Reino Unido e as iniciativas do NIOSH dependem mais da implementação voluntária pelas empresas do que de políticas comparáveis instituídas por outras agências cujo foco é o meio ambiente e que têm o respaldo de multas mais pesadas e recursos para impor as regulamentações.

A implicação: se realmente nos importamos com os seres humanos e suas vidas, incluindo suas expectativas de vida — se nos preocupamos com a sustentabilidade social e não apenas com a sustentabilidade ambiental —, precisamos primeiro entender e depois alterar as condições de trabalho que adoecem e matam pessoas.

SAÚDE COMO MEDIDA DE BEM-ESTAR E EFICÁCIA DO SISTEMA SOCIAL

Devemos nos preocupar com a mortalidade e o bem-estar humano por vários motivos. Em primeiro lugar, as leis e convenções internacionais de direitos humanos, como a Declaração Universal dos Direitos Humanos e o Pacto Internacional sobre Direitos Econômicos, Sociais e Culturais, consideram as questões de saúde e segurança no trabalho como direitos humanos fundamentais.[45] São inúmeros os fundamentos de justiça moral e social que valorizam a saúde.

Em segundo lugar, o estado de saúde é um indicador importante do desempenho organizacional ou de qualquer outro sistema social. Como escreveu o epidemiologista britânico e especialista em política de saúde Michael Marmot: "A saúde funciona como uma espécie de contador social. Se a saúde sofre, ela nos diz que as necessidades humanas não estão sendo atendidas."[46] Ele citou o economista e vencedor do Prêmio Nobel Amartya Sen: "O sucesso de uma economia e de uma sociedade não pode ser separado dos estilos de vidas que seus membros podem levar."[47] O estado de saúde e bem-estar — saúde mental e física autoavaliadas — e outros indicadores, como a taxa de mortalidade infantil e a expectativa de vida das pessoas, são bons indícios de quão bem qualquer sistema social, seja um país, cidade ou organização de trabalho está funcionando.

Em sistemas com bom funcionamento, as pessoas vivem bem e por muito tempo. Quando os sistemas quebram ou sofrem disfunção, as pessoas adoecem e morrem. Esse princípio geral é bem ilustrado pelas análises da Rússia e da Europa Oriental. A dissolução da União Soviética e a libertação dos países dominados ou ocupados pelos soviéticos levaria ao crescimento econômico e à melhoria da saúde. Mas, no período de transição, o acesso a serviços de saúde anteriormente fornecidos pelo Estado diminuiu; o desemprego, a desigualdade econômica e a insegurança aumentaram, assim como os problemas sociais, como o abuso de álcool. Durante essa época turbulenta, houve um declínio drástico na expectativa de vida em grande parte da Europa Oriental e uma diminuição média de sete anos na longevidade masculina na Rússia após 1989.[48] Em outras palavras, "na década seguinte ao colapso do comunismo... houve um número estimado de 4 milhões de mortes excedentes... muito além do que seria esperado a partir de tendências históricas".[49] O declínio da saúde e o aumento da mortalidade refletiram a insegurança econômica e o colapso dos sistemas de apoio social conforme os países do Leste Europeu faziam a transição para novos governos e ordenamentos sociais.

Outro indicador muito difundido do funcionamento de um sistema social é a satisfação subjetiva com a vida ou o bem-estar. Economistas e outros cientistas sociais estão cada vez mais interessados em compreender o que determina a felicidade e qual a melhor forma de mensurar esse estado.[50] Não é de surpreender que felicidade e estado de saúde estejam relacionados positivamente. Um estudo com 151 pré-adolescentes relatou uma correlação positiva entre saúde e felicidade.[51] Um resultado similar foi observado em uma amostra de 383 idosos.[52] Um estudo sobre a relação entre felicidade e saúde em 46 países encontrou uma forte relação entre os dois[53] e o World Database of Happiness [Banco de Dados Mundial da Felicidade, em tradução livre] resumiu inúmeros estudos de vários países evidenciando fortes correlações entre estado de saúde e felicidade.[54] Esses resultados fazem sentido, porque é mais difícil ser feliz quando se está doente. A relação entre o estado de saúde e a mensuração de bem-estar subjetivo torna ainda mais claro que a saúde dos funcionários de uma organização é uma medida útil e importante de um aspecto da eficácia organizacional.

Além da importância moral da vida humana e do papel da saúde como um indicador do funcionamento do sistema, há também uma forte lógica econômica para se concentrar maior atenção nos efeitos do ambiente profissional no bem-estar dos funcionários. Não é novidade que os gastos com cuidados de saúde estão aumentando em todo o mundo, em parte devido ao envelhecimento da população — as taxas de natalidade diminuíram, o que significa que a idade média da população aumentou —, mas também em função de circunstâncias de emprego cada vez piores. Um estudo ligando as condições de trabalho à saúde mental observou que "as evidências disponíveis apoiam a ideia de que a qualidade dos empregos na maioria dos países europeus está se deteriorando progressivamente".[55] O mesmo acontece nos Estados Unidos, com sua abordagem *laissez-faire* em relação às proteções do mercado de trabalho.

Talvez a maior parte do aumento nos gastos com cuidados de saúde ao redor do mundo se deva a doenças crônicas (que poderiam ser prevenidas), como doenças cardiovasculares e diabetes. Um relatório do Fórum Econômico Mundial (FEM) observou que, nos Estados Unidos, 75% dos mais de 2 trilhões de dólares gastos com saúde foram destinados ao tratamento de doenças crônicas. Tais condições crônicas, como diabetes e problemas vasculares, estão se espalhando por todo o mundo, incluindo em países como China, Rússia, Índia e Brasil.[56] Problemas de saúde causam grande prejuízo para a produtividade, seja na análise da sociedade como um todo ou na análise individual de uma empresa. Esse mesmo relatório do FEM afirmou que as perdas de produtividade devido a funcionários com doenças crônicas eram *quatro vezes* maiores que os gastos diretos com o tratamento.

COMPORTAMENTOS PESSOAIS SAUDÁVEIS VÊM DE AMBIENTES DE TRABALHO SAUDÁVEIS

Devido aos custos crescentes com saúde, à perda de produtividade decorrente de doenças e aos custos para substituir empregados doentes demais para exercer suas funções, empregadores e governos em todo o mundo instituíram programas para melhorar a saúde e o bem-estar dos funcionários. Tais iniciativas, no entanto, concentram-se quase exclusivamente em influenciar as decisões *individuais*, como dieta, prática de exercícios, tabagismo e abuso de álcool e substâncias químicas, ignorando o contexto — o ambiente de trabalho — que afeta os níveis de estresse das pessoas e, consequentemente, seus comportamentos.

Tais programas de melhoria da saúde são particularmente comuns nos Estados Unidos, onde os empregadores são, tradicionalmente, diretamente responsáveis pelo pagamento do plano de saúde dos empregados e, portanto, indiretamente responsáveis pelos custos de saúde. Um relatório da RAND Corporation, que avaliou programas voltados para o bem-estar dos funcionários, observou que quase 50% dos empregadores norte-americanos com mais de 50 funcionários e 92% com mais de 200 funcionários ofereceram algum tipo de programa de promoção do bem-estar em 2009.[57] Esses programas encorajavam funcionários e suas famílias a se exercitarem, deixarem de fumar, terem uma dieta mais saudável, restringirem o consumo de álcool e monitorarem vários biomarcadores, como pressão arterial e colesterol, para mantê-los em níveis saudáveis. Uma pesquisa da empresa de consultoria Aon Hewitt com cerca de 800 empresas de grande e médio porte relatou que 79% delas ofereciam recompensas, como valores de prêmios de seguros mais baixos, para incentivar as pessoas a cuidarem da saúde. No entanto, a Aon Hewitt descobriu que cada vez mais as empresas estavam impondo penalidades aos funcionários que não melhorassem as várias medidas biométricas e de estilo de vida.[58]

Embora os empregadores se mostrem preocupados com os custos com cuidados de saúde e também com as ausências, rotatividade e produtividade dos funcionários e tentem mitigar esses resultados, já que eles são afetados pela saúde dos indivíduos, o foco da maioria dos programas de bem-estar é muito limitado para conseguir um bom resultado. As intervenções do empregador, como aconselhamento nutricional e de estresse, aulas de ginástica, os modestos incentivos financeiros oferecidos aos trabalhadores para induzi-los a realizar exames de saúde, e até mesmo as intervenções de políticas públicas, como impostos sobre o cigarro, concentram-se quase que exclusivamente em fazer com que os indivíduos mudem seus estilos de vida.

A título de exemplo, a grande rede de supermercados Safeway recebeu muita atenção pelo seu programa Medidas Saudáveis. O CEO teve a ideia de oferecer reduções nas contribuições do valor do seguro-saúde se os funcionários permanecessem dentro de limites predeterminados referentes a tabagismo, obesidade, pressão arterial e colesterol.[59] A suposição desse e de outros programas semelhantes é que, ao melhorar o conhecimento das pessoas sobre nutrição e exercícios, oferecer-lhes oportunidades de se exercitarem e de redução de estresse, verificar seus estados de saúde e, possivelmente, oferecer incentivos financeiros para que participem desses programas, essas intervenções serão suficientes para obter mudanças comportamentais. O problema é que os empregadores raramente consideram o próprio ambiente de trabalho e o que ocorre nele como importantes fatores causais que afetam o comportamento individual.

Tal negligência é lamentável, pois pesquisas extensivas mostram que as decisões dos indivíduos relevantes à saúde, como beber, fumar, abusar de medicamentos ou drogas ilícitas e comer demais, são profundamente influenciadas por condições relacionadas ao trabalho.[60] Por exemplo, sabemos que muitos escritórios de advocacia são caracterizados por longas jornadas de trabalho e culturas interpessoais bastante competitivas. De acordo com um artigo do *The New York Times,* "21% dos advogados têm problemas com bebidas, enquanto 28% lutam contra depressão leve ou mais grave e 19%, contra a ansiedade".[61] Além disso, como esse artigo observou, muitos advogados sofrem com a dependência química, que começou com o uso de estimulantes para ajudá-los a manter seus exigentes calendários.

O ambiente profissional afeta a forma como as pessoas pensam sobre suas vidas e também seus níveis de bem-estar psicológico. Obviamente, as pessoas que não gostam de suas vidas são menos propensas a cuidar bem de si mesmas. O psiquiatra Richard Friedman explica o abuso de substâncias:

> Ninguém se choca ao saber que o estresse torna as pessoas mais propensas a procurar consolo em drogas ou alimentos (não por nada chama-se *"comfort food"* — "comida de conforto", em tradução livre)... Agora, dispomos de um corpo de pesquisa que torna definitiva a conexão entre estresse e dependência. Mais surpreendente, mostra que podemos mudar o caminho para o vício alterando nosso meio ambiente.[62]

As empresas estão cientes dos efeitos nocivos do ambiente de trabalho, no entanto, não agem para eliminá-los. Por exemplo, um estudo de 2008 da Watson Wyatt (agora Towers Watson) constatou que 48% das organizações disseram que o estresse relacionado ao trabalho, causado por longas jornadas e equipes enxutas, que resultaram em menos pessoas fazendo mais trabalho, prejudicou o desempenho dos negócios. No entanto, apenas 5% dos empregadores disseram tomar medidas relacionadas a essa relação entre saúde e desempenho.[63]

Como as condições de trabalho que afetam a saúde não são o foco principal da maioria das intervenções do empregador em bem-estar, não é de se estranhar que esses programas não funcionem muito bem, embora as evidências sobre seu sucesso sejam mistas. O primeiro fato importante sobre os programas de bem-estar é que apenas uma pequena fração dessas intervenções foi avaliada. Em segundo lugar, outra questão importante nesses programas é a adesão dos funcionários. Por exemplo, a rede de supermercados HEB descobriu que gastava US$1.500 a menos com assistência médica para os participantes de seu programa de bem-estar no ambiente profissional.[64] Mas um estudo da RAND relatou que as taxas de adesão de funcionários não eram altas, com menos da metade deles envolvidos. Segundo uma pesquisa da Gallup, "apenas 24% dos funcionários de empresas que oferecem um programa de bem-estar participam deles ativamente". [65] Mesmo na Universidade de Stanford, que tem um programa do tipo há muitos anos, bem administrado e abrangente e que oferece incentivos financeiros para estimular a participação, uma parte significativa dos funcionários — mais de 35% — não recorre ao programa.

Uma metanálise de 32 estudos publicados concluiu que "os custos médicos diminuem cerca de US$3,27 para cada dólar gasto com programas de bem-estar, e os custos com o absenteísmo caem cerca de US$2,73 para cada dólar gasto".[66] Contudo, uma análise mais recente e abrangente concluiu que "tais programas produzem um retorno de investimento... de menos que 1 para 1 entre economia e gastos".[67] Um estudo sobre o programa de bem-estar da PepsiCo, o Healthy Living [Vida Saudável, em tradução livre], constatou que "sete anos de participação contínua em um ou ambos os componentes (do programa) foram associados a uma redução média de US$30 mensais no custo com assistência médica por participante", com o componente de gerenciamento de doenças representando os custos mais baixos, enquanto o componente de alteração do estilo de vida não teve efeito. O relatório da RAND informou que os programas de bem-estar afetaram alguns aspectos do estilo de vida dos participantes, como dieta e prática de exercícios físicos, mas uma análise com mais de 360 mil funcionários de cinco empregadoras observou que a diferença nos custos com saúde entre pessoas que participaram de programas de bem-estar e aquelas que não participaram era de apenas US$157 por ano, uma quantia irrisória e insignificante estatisticamente.⁶⁹ Não se pode esperar que as pessoas adotem estilos de vida saudáveis quando seus ambientes de trabalho reforçam ou até mesmo causam maus hábitos.

Além dos debates sobre a *eficácia* dos programas de bem-estar oferecidos pelo empregador, é interessante pensar nos *critérios* mais usados para avaliar essas intervenções em bem-estar. As avaliações concentram-se quase exclusivamente nos *custos* com saúde. Os custos obviamente são importantes. Talvez as avaliações dos programas de *bem-estar* dos funcionários também devam concentrar-se no *bem-estar* deles — em sua saúde física e mental e até mesmo sua mortalidade e morbidade. O estado de saúde não está perfeitamente correlacionado aos custos. Afinal, se uma pessoa cai morta, os gastos com a sua saúde cessam. Privilegiar os custos econômicos em detrimento do bem-estar humano não deve ocorrer de maneira tão impensada, e os custos, certamente, não deveriam ser o único critério usado para avaliar se os programas de bem-estar funcionam ou não.

ESCOLHAS DO EMPREGADOR E DESEMPENHO DO SISTEMA DE SAÚDE

As discussões sobre os custos com saúde e assistência médica geralmente se concentram, como observei, nas escolhas individuais. Uma análise estimou que as más decisões individuais relativas à dieta, prática de exercícios físicos e abuso de substâncias contribuíram para mais de 1 milhão das 2,4 milhões de mortes anuais nos Estados Unidos.

Além das decisões individuais, muitas discussões sobre políticas públicas e pesquisas empíricas se concentram em duas outras possíveis causas para o mau desempenho do sistema de saúde dos EUA, em que desempenho inferior significa gastar uma grande quantia de dinheiro sem obter melhoras de saúde. Para ser claro, os Estados Unidos, apesar de serem líderes em inovação de medicamentos e dispositivos médicos e dos grandes investimentos em tecnologia e infraestrutura de saúde, apresentam desempenho inferior. Segundo a Organização para a Cooperação e o Desenvolvimento Econômico [OCDE], os Estados Unidos gastam US$7.662 por pessoa (ajustado para a paridade do poder de compra) em assistência médica, que é 2,6 vezes a média da OCDE e a maior quantia do mundo. O país dedica 16,9% de seu PIB a cuidados de saúde, 1,8 vezes a média da OCDE, novamente a maior proporção do mundo. No entanto, os Estados Unidos ocupam apenas o 27º lugar em expectativa de vida ao nascer, o 53º lugar em mortes por mil nascidos vivos — uma medida de mortalidade infantil — e o 23º lugar em expectativa de vida para homens com 65 anos.

Um dos focos para reduzir os custos e melhorar o desempenho do sistema de saúde são as escolhas no âmbito social, como a organização e o custeio do sistema de saúde e a carga de custos administrativos resultantes.[72] A administração de parte dos reembolsos de assistência médica nos Estados Unidos fica a cargo de seguradoras, o que sugere que o país enfrenta uma sobrecarga de cerca de 30% nas despesas administrativas. Essas despesas são resultado da relação dos provedores de assistência médica com muitas seguradoras e vice-versa. Uma questão relacionada no nível macro é a cobertura que o seguro deve ou não oferecer (por exemplo, condições preexistentes, controle de natalidade e terapias alternativas). Um outro foco no nível macro são os custos médicos devido ao envelhecimento da população, um problema que os países industrializados mais avançados enfrentam; em particular, como tais custos devem ser compartilhados entre os indivíduos e a sociedade em geral.

Um segundo foco nos determinantes de desempenho do sistema de saúde está na dinâmica administrativa interna das organizações de saúde que prestam assistência, cuidando para que os provedores de incentivos garantam um atendimento eficaz em relação aos custos. Por exemplo, existem estudos sobre a eficácia do pagamento de incentivos e análises de práticas que estimulam o aprendizado e o aprimoramento contínuos nas organizações de saúde.[73]

Esses são fatores importantes a serem considerados, é claro, mas ignorar os efeitos das ações do empregador, que determinam as condições do ambiente de trabalho, parece imprudente. Observar o que os empregadores fazem diariamente para criar ambientes profissionais saudáveis ou prejudiciais é uma parte essencial da história do bem-estar humano, da saúde e dos custos com saúde.

Considere como exemplo os efeitos das decisões do empregador sobre os salários. Embora os salários sejam em parte determinados pelas condições do mercado de trabalho, há empregadores no mesmo setor de atividade que pagam salários mais baixos ou mais altos — Costco e Walmart são um exemplo de tais diferenças. E a evidência é clara: os salários afetam a saúde. Por exemplo, um estudo com mais de 17 mil pessoas, usando dados do Panel Study of Income Dynamics [Estudo em Painel da Dinâmica de Renda, em tradução livre], relatou uma correlação negativa e significativa entre os salários e a incidência de relatos de hipertensão (com base em diagnósticos médicos). Os dados mostram que quanto maior o salário, menor a probabilidade de uma pessoa relatar pressão alta. O efeito dos salários na saúde foi maior entre mulheres e pessoas entre 25 e 44 anos. Este foi um estudo prospectivo e longitudinal, de modo que os salários em uma sessão anterior do estudo foram utilizados para prever novos diagnósticos de hipertensão, contribuindo assim para estabelecer a direção da relação causal. Os indícios mostraram que um aumento de duas vezes nos salários estava relacionado a uma diminuição de 25% a 30% no risco de hipertensão.[74] Outras decisões do empregador sobre jornadas de trabalho e o conflito entre trabalho e família também afetam a saúde, como veremos ao longo deste livro.

Minha mensagem principal é simples: os empregadores têm uma escolha. Eles podem implementar práticas que melhoram o bem-estar humano — saúde física e mental —, reduzindo seus próprios custos com despesas médicas, absenteísmo, custos com seguro de acidentes de trabalho e perda de produtividade por funcionários que estão fisicamente no trabalho, mas "com a cabeça longe dali" (um problema chamado *presentismo* na literatura de pesquisa). Tais atitudes por parte do empregador também reduzirão os custos para a sociedade advindos de problemas de saúde física e mental e danos causados aos indivíduos. Simplificando, os empregadores podem tomar decisões para melhorar a vida das pessoas de maneiras importantes. Ou então podem, intencionalmente ou por ignorância e negligência, criar ambientes de trabalho que literalmente adoecem e matam pessoas.

Se quisermos construir uma sociedade mais saudável, desenvolver políticas que promovam a sustentabilidade social e ambientes profissionais sadios, reduzir custos desnecessários com saúde, doenças e mortes, um ponto importante a se considerar são intervenções específicas que melhorem a saúde das pessoas e a sustentabilidade social das organizações de trabalho.

Capítulo 2
As Graves Consequências de Ambientes de Trabalho Tóxicos

AMBIENTES DE TRABALHO PODEM SER PERIGOSOS para a saúde, mesmo para a de médicos que trabalham em clínicas particulares. Uma ex-funcionária, que vamos chamar de Susan, descreveu o impacto negativo que o excesso de trabalho e um CEO que "pirava se as coisas não saíssem de seu jeito" causaram na vida dela e de alguns de seus colegas:

> Eu estava conversando com uma das nossas vice-presidentes outro dia. Ela estava enlouquecendo por causa do estresse... No ano passado tive um ataque de pânico, e isso nunca havia acontecido comigo. Cheguei a um ponto em que chorava todos os dias, de tão infeliz. Odiava meu trabalho... Eu estava fazendo o serviço que deveria ser feito por duas pessoas, se não duas e meia, sendo apenas gerente de escritório.

Em minha pesquisa, ouvi uma infinidade de histórias e situações e me deparei com muitos artigos e dados sobre o estresse ocupacional e suas consequências. O desafio: encontrar os dados e fazer as análises que, com precisão razoável, estimassem as consequências econômicas e humanas de práticas administrativas prejudiciais. Esse é o assunto deste capítulo.

Faz quase uma década que digo que ambientes de trabalho prejudiciais afetam adversamente a saúde física e mental e têm um tremendo custo econômico e humano. E mais, são as decisões tomadas pela gerência que criam ambientes profissionais tóxicos. São elas as responsáveis por mudar tal tendência, embora poucas vezes o façam. Se as pessoas estão literalmente morrendo por um salário, se as práticas de trabalho prejudiciais têm custos enormes, então as respostas a estas quatro perguntas ajudam a definir o escopo do problema:

- Quão prejudicial e ruim é um determinado conjunto de aspectos identificáveis e relativamente comuns nos ambientes de trabalho contemporâneos?
- Quais os danos agregados, tanto em vidas quanto em dinheiro, causados pela exposição a um ambiente de trabalho nocivo nos Estados Unidos?
- Até que ponto a exposição diferencial a um ambiente prejudicial pode explicar as desigualdades cada vez maiores nos marcadores de saúde, como a expectativa de vida?
- E, o mais importante, quanto dos custos humano e econômico pode ser evitado, considerando-se a competição econômica e as mudanças tecnológicas que tornam praticamente impossível não criar estresse no ambiente profissional?

Abordar essas questões exigiu habilidades analíticas muito além das minhas capacidades. Tive a sorte de convencer Joel Goh, na época doutorando na Stanford Graduate School of Business e agora professor na Universidade Nacional de Cingapura, e Stefanos Zenios, um professor titular em nosso grupo de operações e tecnologia da informação, para me ajudar a respondê-las. Este capítulo descreve o que aprendemos e destaca o trabalho de outros pesquisadores e países que também ajudam a esclarecer esses tópicos, assim como outros aspectos das consequências dos ambientes de trabalho nocivos. Para aqueles que não estão interessados nos detalhes, tais como quais exposições ocupacionais são as mais prejudiciais e como fizemos nossas análises, aqui estão os resumos das respostas a cada uma das perguntas:

- A exposição a dez tipos de ambiente de trabalho identificados e estudados são, quase sem exceção, tão prejudiciais à saúde, incluindo mortalidade e diagnóstico de doenças, quanto a exposição passiva à fumaça de cigarros, um agente cancerígeno conhecido e regulamentado.
- No total, os ambientes de trabalho nos Estados Unidos podem ser responsáveis por 120 mil mortes por ano — o que os tornaria a quinta maior causa de mortes — e por cerca de US$180 bilhões em gastos adicionais com saúde, aproximadamente 8% do total de gastos nessa área.
- A exposição diferencial a ambientes de trabalho nocivos, em grande parte afetada pelo nível de educação das pessoas (e em menor escala por etnia e gênero), representa entre 10% e 38% da desigualdade (crescente) na expectativa de vida.
- Ao comparar os Estados Unidos com um conjunto de 27 países da Europa, estimamos que cerca de 60 mil, ou metade das mortes, e cerca de US$63 bilhões, ou um terço dos custos excedentes, poderiam ser evitados.

Outra pesquisa também aponta para um alto custo humano e econômico. Uma abordagem empírica se concentra na porcentagem de doenças específicas atribuídas às condições de trabalho — chamadas frações atribuíveis [AF, em inglês]. Usando esse método, um pesquisador da Universidade da Califórnia estimou que, em 2007, 5.600 acidentes fatais e 53 mil doenças fatais atribuíveis às condições de trabalho causaram um custo "ao menos tão grande quanto o custo com câncer".[1] Outro estudo empregando a mesma metodologia e analisando dados de 1997 estimou 49 mil mortes, o que tornaria a morte ocupacional a oitava principal causa de morte nos Estados Unidos.[2]

Na Austrália, o estresse ocupacional custa à economia cerca de US$14,8 bilhões por ano, de acordo com uma estimativa. Pressão, assédio e intimidação correspondem a cerca de 75% das alegações de danos psicológicos.[3] Além disso, o diretor-executivo da Sociedade Australiana de Psicologia informou que uma pesquisa sobre estresse e bem-estar revelou "uma tendência de queda na saúde psicológica e no bem-estar",[4] um padrão também observado nos Estados Unidos. Uma pesquisa cujos métodos foram projetados para medir as perdas de produtividade relacionadas à saúde relatou que, nos Estados Unidos, "aproximadamente US$260 bilhões em produção são perdidos a cada ano... por causa de problemas relacionados à saúde ".[5]

Um estudo publicado em um periódico chinês em 2006, estimou que "pelo menos um milhão de pessoas morrem a cada ano na China por excesso de trabalho". Um relatório da Academia de Ciência e Tecnologia de Xangai informou que "70% dos intelectuais chineses (em sua maioria, professores universitários) enfrentaram, em maior ou menor grau, risco de morte prematura por exaustão".[6] E uma análise utilizando métodos comparativos de avaliação de risco da Organização Mundial da Saúde para calcular o ônus de riscos ocupacionais estimou a ocorrência de 850 mil mortes em todo o mundo e perda de 24 milhões de anos de vida saudável.[7] A Agência Europeia de Segurança e Saúde no Trabalho observou que o estresse foi responsável por 60% de todos os dias de trabalho perdidos.[8] Essas estimativas demonstram que o impacto humano e econômico resultante de ambientes de trabalho prejudiciais é impressionante.

OUTRAS CAUSAS RELACIONADAS À SAÚDE

As pessoas podem se perguntar se outros fatores explicam os custos com assistência médica e mortalidade. Embora o ambiente de trabalho seja um local importante, obviamente não é o único cenário ou a única causa de problemas de saúde. Nessa questão, por exemplo, a situação familiar tem papel de destaque. Como uma análise anterior observou, "a família constitui, talvez, o contexto social mais importante no qual a doença ocorre ou é curada. Consequentemente, serve como uma unidade primária na saúde e no cuidado médico".[9]

Uma grande e crescente literatura de pesquisas também demonstra a importância da comunidade onde se vive para a saúde e bem-estar das pessoas. Um estudo realizado na cidade de Hamilton, em Ontário, Canadá, constatou que a composição socioeconômica dos bairros afetou o estado de saúde e reforçou a relação entre tabagismo e má saúde.[10] Outra pesquisa com dados de Chicago analisou o papel da instabilidade de moradia, concentração de imigrantes e fatores socioeconômicos na saúde.[11] As comunidades são importantes para a saúde por causa dos recursos sociais e materiais, incluindo a disponibilidade de recursos em assistência médica, que variam de acordo com os agrupamentos sociais.

Redes sociais e relações interpessoais também afetam a saúde. Os efeitos das relações sociais resultam de muitas situações, como os efeitos das conexões pessoais sobre os comportamentos individuais. Considere alguns exemplos disso. Um estudo descobriu que o excesso de peso permeia as redes sociais em um processo de contágio social. As chances de um indivíduo se tornar obeso aumentam 57% se esse indivíduo tiver um amigo que se tornou obeso em um determinado período de tempo.[12] Uma revisão da literatura de pesquisa sobre os efeitos sociais do uso de álcool descreveu três mecanismos que ajudaram a explicar a influência do grupo social sobre o consumo de bebidas alcoólicas: o grupo oferece ou fornece o álcool; o grupo exibe comportamento de consumo de álcool; e o comportamento do grupo ajuda a determinar normas sociais e expectativas sobre a quantidade apropriada de álcool consumido.[13] Estudos sobre o uso de drogas concluíram de forma consistente que "o ambiente social desempenha um papel crítico na determinação da probabilidade de um indivíduo usar drogas ou desenvolver dependência".[14] O grupo social influencia as pessoas em importantes aspectos e isso também é verdade para comportamentos relevantes para a saúde.

Esse poder de influência do grupo sobre o comportamento individual é uma razão pela qual os programas de recuperação de abuso de substâncias normalmente atribuem mentores e grupos de apoio social para os quais as pessoas podem recorrer quando precisam de ajuda para modificar seus comportamentos. Esses programas frequentemente encorajam os dependentes a fazer novas amizades, para que se afastem da influência do grupo engajado em comportamentos prejudiciais. Além disso, as relações sociais também podem proporcionar amizade, apoio emocional e pessoas com quem conversar, o que pode reduzir os efeitos nocivos do estresse.

Outros fatores também influenciam a saúde e a longevidade, entre eles a genética e a sorte. Por exemplo, sofrer um acidente de automóvel ou comprar um carro com problemas mecânicos afetam a saúde e a mortalidade. Como um artigo médico observou, "os genes afetam virtualmente todas as características e doenças humanas".[15]

Portanto, nem toda doença ou problema de saúde pode ser controlado pelo comportamento dos indivíduos. Nem todas as doenças e mortes são resultado do que acontece com as pessoas no ambiente de trabalho. No entanto, o ambiente de trabalho tem efeitos muito importantes na saúde.

ESTIMANDO OS EFEITOS NA SAÚDE DA EXPOSIÇÃO OCUPACIONAL

O trabalho é onde os funcionários passam seu tempo, obtêm sua renda e alcançam ou não status social e prestígio. Nos Estados Unidos, os empregadores decidem — pelo menos antes da aprovação da Affordable Care Act [Lei de Proteção ao Paciente e Serviços de Saúde Acessíveis, em tradução livre] e, até certo ponto, depois que a lei foi aprovada — qual tipo de plano de saúde e, portanto, qual tipo de acesso à assistência médica os funcionários terão. Ambientes de trabalho podem ou não ser estressantes. Pesquisas extensas, publicadas ao longo de décadas, são consistentes ao mostrar os efeitos adversos do estresse sobre a saúde[16] e, até mesmo, algumas das vias causais, como, por exemplo, indução a escolhas individuais prejudiciais.[17]

Qualquer prática do ambiente de trabalho que aumente o estresse piora o bem-estar humano e aumenta os custos com saúde. Em contrapartida, qualquer prática de gestão que mitigue diretamente o estresse ou forneça maneiras de enfrentá-lo melhora o bem-estar e reduz os custos com saúde. E como a saúde e a longevidade estão diretamente relacionadas ao acesso a serviços de saúde, políticas ocupacionais, como a oferta de plano de saúde e o custo do acesso a serviços de saúde através desse plano, também têm consequências para o bem-estar físico e psicológico e para segurança econômica das pessoas.

Deveria ser simples estimar os efeitos das práticas administrativas na saúde e os custos associados. Porém, nenhum dado longitudinal fornece medidas dos ambientes de trabalho e da saúde dos funcionários ao longo de um período de tempo. Por isso, Goh, Zenios e eu tivemos que usar métodos indiretos de estimativa e dados de várias fontes em um modelo de cálculo dos custos físicos e econômicos de práticas de gerenciamento prejudiciais. Os leitores interessados nos métodos e nas análises de sensibilidade que utilizamos para garantir que os números fossem confiáveis podem consultar os detalhes técnicos disponíveis em artigos publicados e revisados por alguns de nossos pares.[18]

Nosso processo analítico foi direto e lógico. Primeiro, avaliamos a prevalência de práticas de empregadores e condições de trabalho (que chamamos de exposições que afetam de maneira positiva ou negativa a saúde dos funcionários. Utilizamos dados de várias etapas do General Social Survey [Questionário Social Geral, em tradução livre], uma amostra nacional randomizada que mensura as atitudes e condições vivenciadas pelas pessoas, para avaliar até que ponto a população foi exposta a várias condições de trabalho.

Em seguida, realizamos uma metanálise — um procedimento para combinar os resultados de vários estudos — com o intuito de avaliar a magnitude dos efeitos da exposição ocupacional sobre a mortalidade e a morbidade acima do que seria esperado para as pessoas que não enfrentaram as mesmas circunstâncias.[19] Por fim, estimamos os custos desses resultados adversos de saúde confrontando-os com dados nacionais sobre os custos médicos de pessoas em diferentes estados de saúde. Durante esse processo, empregamos várias técnicas para prevenir duplicação na contagem dos efeitos de múltiplas exposições a ambientes de trabalho ou mesmo dos vários resultados de saúde possíveis.

Nossa revisão da literatura epidemiológica revelou dez exposições ocupacionais relacionadas a decisões do empregador que afetam a saúde e a longevidade:

1. Desemprego (às vezes, embora não unicamente, como consequência de demissão).
2. Não ter plano de saúde.

3. Turnos de trabalho (em oposição aos turnos diurnos habituais) e expedientes mais longos, como turnos de dez ou doze horas, em contraste com as oito horas tradicionais.
4. Jornadas semanais mais longas (por exemplo, mais de 40 horas).
5. Instabilidade no emprego (por exemplo, devido à demissão de colegas).
6. Problemas para equilibrar trabalho e família.
7. Pouco controle sobre o ambiente de trabalho e o emprego, incluindo pouca liberdade de decisão.
8. Expectativas ocupacionais exageradas, como pressão para trabalhar rápido.
9. Ambiente de trabalho com baixos níveis de apoio social (por exemplo, não ter relações próximas com colegas de trabalho que oferecem apoio social para mitigar os efeitos do estresse ocupacional).
10. Ambiente no qual as decisões de trabalho e contratações parecem injustas.

Para a maioria dessas medidas, usamos os dados mais recentes do General Social Survey para avaliar a frequência da ocorrência dessas condições nos locais de trabalho nos EUA.

Em seguida, pesquisamos no banco de dados online MEDLINE por artigos que incluíssem termos correspondentes a essas condições de trabalho e estados de saúde. Nossa busca inicial revelou quase três mil artigos. Esse grande número de estudos sugere que: a) existe uma vasta literatura epidemiológica relacionando elementos do ambiente de trabalho à saúde; e b) os aspectos do ambiente de trabalho que selecionamos eram um bom começo para estimar os efeitos das circunstâncias do trabalho na saúde. Para viabilizar a metanálise, usamos apenas os artigos que analisaram amostras relativamente grandes (mais de mil pessoas) e utilizaram os métodos estatísticos mais avançados e apropriados. No final, incorporamos os resultados de mais de 200 estudos em nossas metanálises da mortalidade ocupacional. Usamos esses estudos para obter estimativas da magnitude dos efeitos na saúde das exposições ocupacionais, que, naturalmente, variam na gravidade de suas consequências para o bem-estar das pessoas.

Embora existam outras revisões e metanálises prévias sobre os efeitos das condições de trabalho na saúde, muitas delas focaram fatores de estresse ocupacional isolados, como insegurança no emprego,[20] horas trabalhadas,[21] ausência de apoio social no ambiente profissional,[22] demandas psicológicas e poder de decisão.[23] O que nossas estimativas empíricas acrescentam à literatura de pesquisa existente é que nossos resultados incorporam as descobertas empíricas mais recentes e empregam métodos e critérios comuns para investigar os efeitos de *dez* aspectos ocupacionais em *quatro* resultados de saúde.

Os quatro resultados de saúde que consideramos são: mortalidade; presença de uma doença ou condição diagnosticada por um médico, autorrelato do estado de saúde mental e autorrelato de saúde física. A literatura de pesquisa tipicamente identifica problemas de saúde (e mortalidade) como presentes ou ausentes, uma convenção que também seguimos.

É importante notar que o autorrelato de saúde física, seja medida por um único item ou uma escala, tem mostrado-se um preditor significativo de mortalidade e morbidade subsequentes, mesmo após o controle estatístico para outros fatores relevantes para a saúde.[24] Além disso, essa capacidade potencial do autorrelato de saúde para prever doenças e mortes subsequentes se mantém entre diferentes etnias e faixas etárias, de modo que seu valor como indicador é geral.[25]

MUITAS PRÁTICAS LABORAIS SÃO TÃO NOCIVAS QUANTO EXPOSIÇÃO PASSIVA AO FUMO

Na literatura médica, os efeitos na saúde são tipicamente relatados na forma de razão de possibilidades, uma prática que meus colegas e eu seguimos em nossas metanálises. Uma razão de possibilidades de 2, por exemplo, significa que alguém exposto a um fator de estresse ocupacional específico teria duas vezes mais chances de sofrer determinado resultado de saúde, como mortalidade ou uma condição física diagnosticada, do que alguém que não foi exposto.[26] É difícil para leigos interpretarem uma razão de possibilidades — quão importante é o efeito? Portanto, para fornecer um contexto que auxilie na averiguação da importância prática dos resultados de nossas análises, comparamos o tamanho de nossos efeitos com os efeitos da exposição passiva à fumaça de tabaco na saúde. Sabe-se que o tabagismo passivo é um fator carcinogênico ambiental. Devido aos conhecidos efeitos adversos à saúde da exposição passiva ao fumo, cada vez mais as políticas públicas nos Estados Unidos e no mundo se concentram na implementação de regulamentações que reduzem as chances de exposição a esse risco. Consequentemente, o tabagismo não é mais permitido nos transportes coletivos, como aviões, trens ou ônibus, nem em escritórios, restaurantes, teatros e muitos outros locais públicos.

A Figura 1, de *A* até *D*, apresenta graficamente as razões de possibilidades de nossas metanálises para os efeitos de várias exposições ocupacionais sobre os quatro resultados de saúde relatadas em um artigo publicado em um periódico revisado por pares,[27] juntamente com o tamanho dos efeitos na saúde do fumo passivo sobre esses mesmos resultados relatados na literatura médica. Conclusão inescapável: a maioria das exposições ocupacionais têm efeitos comparáveis ou até maiores do que a exposição passiva à fumaça de tabaco. Esses resultados sugerem que as exposições ocupacionais, se consideradas uma de cada vez, representam riscos significativos para a saúde dos funcionários.

Razões de possibilidades maiores que 1 indicam que as exposições listadas aqui aumentaram as chances de resultados negativos para a saúde. Nenhum plano de saúde, por exemplo, aumentou as probabilidades de diagnóstico de algum problema de saúde em mais de 100%. As razões de possibilidades para exposições marcadas com *a* foram calculadas com base em dois ou menos estudos e podem ser menos confiáveis. Barras de erro são incluídas para indicar erros-padrão e indicam a variação existente entre os dados de cada grupo. Se duas barras de erro estão separadas por, pelo menos, metade da largura das barras, isso indica uma probabilidade menor que 5% de que uma diferença tenha sido observada por acaso (ou seja, significância estatística em $p<0,05$).

FIGURA 1. Comparação dos Efeitos na Saúde dos Fatores de Estresse Ocupacional com a Exposição Passiva à Fumaça de Tabaco

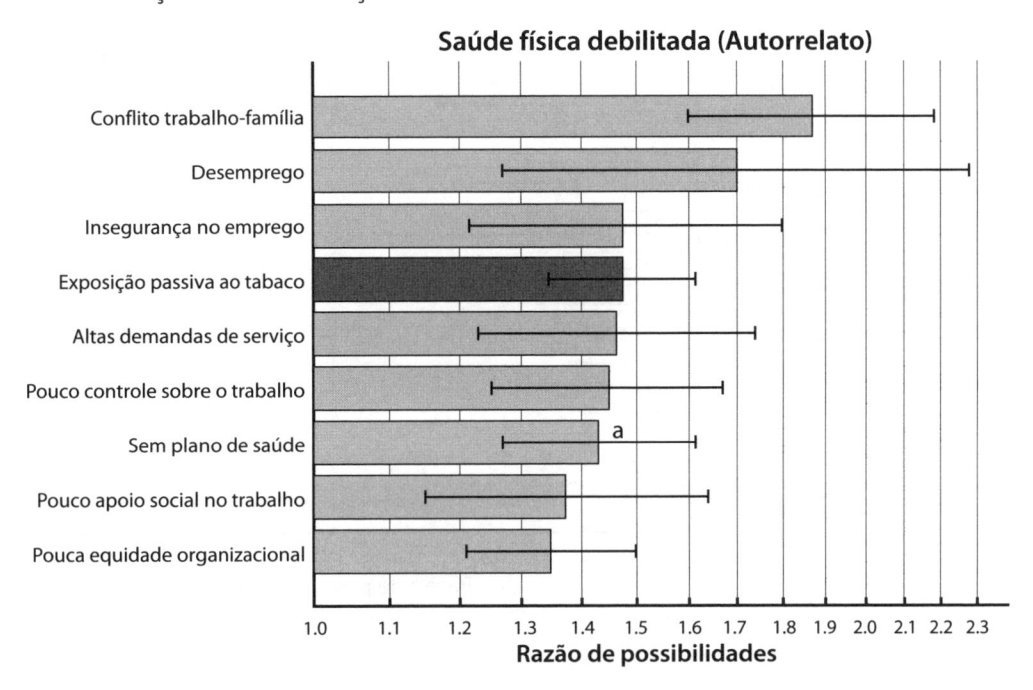

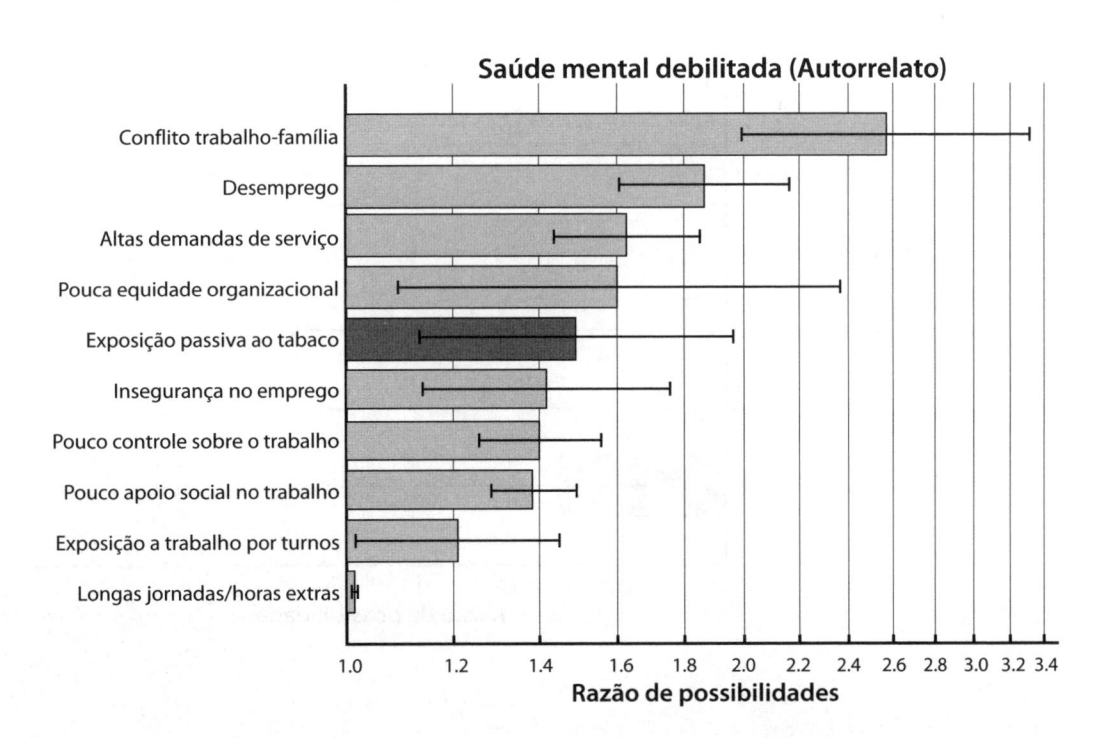

Saúde física debilitada (Autorrelato)

- Conflito trabalho-família
- Desemprego
- Insegurança no emprego
- Exposição passiva ao tabaco
- Altas demandas de serviço
- Pouco controle sobre o trabalho
- Sem plano de saúde ᵃ
- Pouco apoio social no trabalho
- Pouca equidade organizacional

Razão de possibilidades

Saúde mental debilitada (Autorrelato)

- Conflito trabalho-família
- Desemprego
- Altas demandas de serviço
- Pouca equidade organizacional
- Exposição passiva ao tabaco
- Insegurança no emprego
- Pouco controle sobre o trabalho
- Pouco apoio social no trabalho
- Exposição a trabalho por turnos
- Longas jornadas/horas extras

Razão de possibilidades

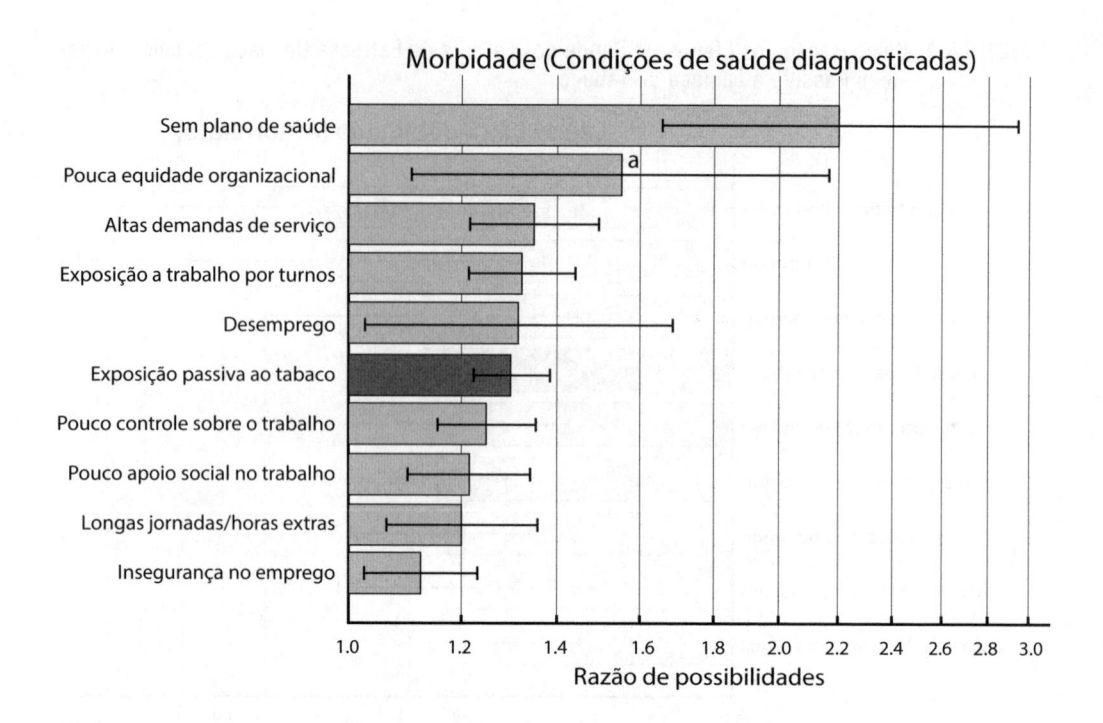

Morbidade (Condições de saúde diagnosticadas)

- Sem plano de saúde
- Pouca equidade organizacional ᵃ
- Altas demandas de serviço
- Exposição a trabalho por turnos
- Desemprego
- Exposição passiva ao tabaco
- Pouco controle sobre o trabalho
- Pouco apoio social no trabalho
- Longas jornadas/horas extras
- Insegurança no emprego

Razão de possibilidades

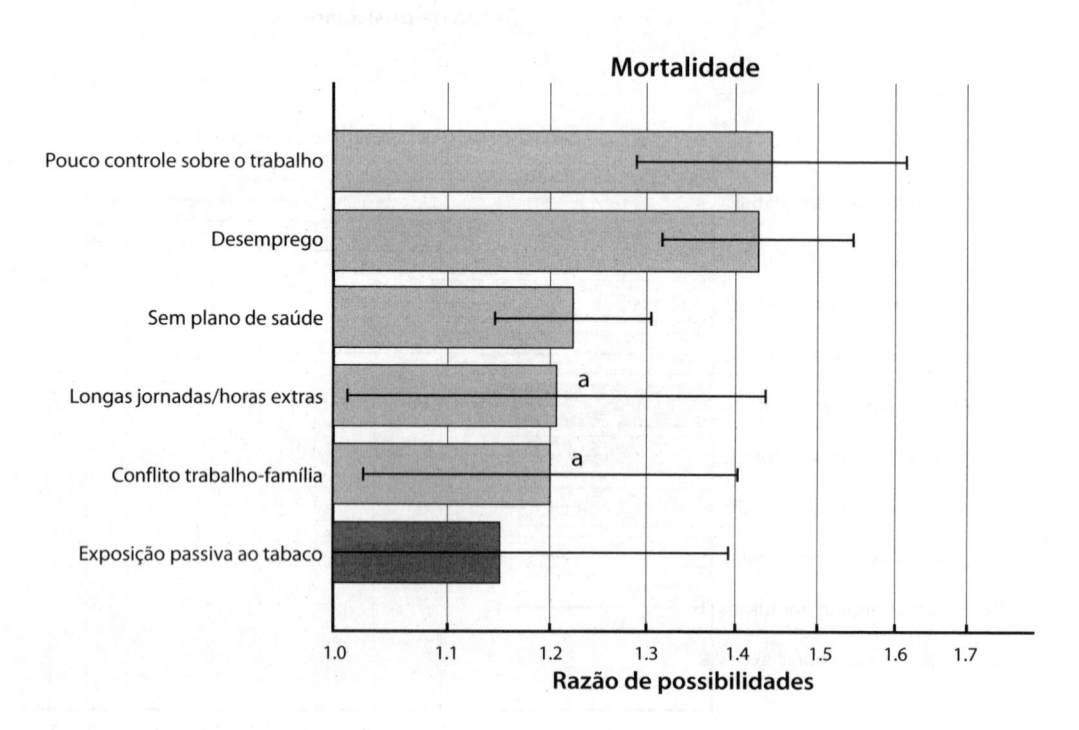

Mortalidade

- Pouco controle sobre o trabalho
- Desemprego
- Sem plano de saúde
- Longas jornadas/horas extras ᵃ
- Conflito trabalho-família ᵃ
- Exposição passiva ao tabaco

Razão de possibilidades

ESTIMANDO EFEITOS AGREGADOS DE SAÚDE POR EXPOSIÇÕES OCUPACIONAIS SOBRE A MORTALIDADE

Um efeito adverso na saúde por uma exposição ocupacional que ocorre com pouca frequência não é algo que leva a intervenções de políticas públicas ou organizacionais. Os resultados de saúde são determinados tanto pelo grau em que uma exposição leva a consequências adversas para a saúde quanto pela prevalência dessa exposição. A tarefa seguinte que meus colegas e eu assumimos foi avaliar os efeitos agregados sobre a saúde de todas as dez exposições em dois resultados de grande interesse: mortalidade e custos com assistência médica. Apresento os resultados da análise da mortalidade primeiro.

Goh, Zenios e eu empregamos um modelo pensado para reduzir a probabilidade de duplicação na contagem. Estimamos que o número total de mortes a cada ano, atribuíveis às dez condições de trabalho, foi de cerca de 120 mil. Para colocar esse número em perspectiva, isso significa que ocorrem mais mortes devido a condições de trabalho ruins, insalubres e estressantes do que por diabetes, Alzheimer, gripe ou doença renal. O mesmo número de mortes foi registrado em 2010 em decorrência de acidentes e derrames. Os dados sobre as causas de mortes vêm do Centers for Disease Control [Centros de Controle e Prevenção de Doenças, em tradução livre].[28]

Também avaliamos a contribuição marginal de cada condição de trabalho para a mortalidade, resultados apresentados na Tabela 1. Note que, por razões estatísticas, os números na tabela não somam o número estimado geral.

TABELA 1. Exposições Ocupacionais e Excesso de Mortalidade

CONDIÇÃO DE TRABALHO	MORTES EXCEDENTES ANUAIS
Desemprego	35.000
Sem plano de saúde	50.000
Trabalho por turnos	13.000
Jornadas de trabalho longas	0
Insegurança no emprego	29.000

CONDIÇÃO DE TRABALHO	MORTES EXCEDENTES ANUAIS
Conflito trabalho-família	0
Pouco controle sobre o trabalho	17.000
Pouco apoio social	3.000
Pouca equidade	–
Altas demandas de serviço	8.000

A falta de plano de saúde é a condição de trabalho que leva ao maior número de mortes excedentes, seguido pelo desemprego e insegurança no emprego. O trabalho por turnos está associado a 13 mil mortes excedentes. A falta de controle sobre o trabalho e o pouco poder de decisão também têm importante papel na mortalidade excedente, causando cerca de 17 mil mortes a cada ano. Pesquisas anteriores identificaram o controle sobre o trabalho como um fator importante que prevê a incidência de doenças cardiovasculares e mortalidade.[29] Os achados de nossa pesquisa são consistentes com os de tais pesquisas e também apoiam estudos prévios que demonstraram o impacto da falta de plano de saúde na mortalidade.[30] Alguns fatores que contribuem para aumentar os custos, como mostrado abaixo, não aumentam a mortalidade, de acordo com nossos dados. Eles adoecem as pessoas, mas não as matam.

É importante notar que os aspectos psicossociais do trabalho, como insegurança, pouco apoio social e falta de controle sobre as próprias condições de trabalho, têm efeitos importantes sobre as mortes excedentes.

Essa estimativa é razoável?

O número de 120 mil mortes por ano faz das más práticas de gestão a quinta maior causa de morte nos Estados Unidos. O ambiente de trabalho é realmente tão importante para a saúde e o bem-estar? Sem entrar em detalhes excessivos, aqui estão algumas razões pelas quais eu acredito que essa estimativa é, como foi planejada para ser, conservadora em sua avaliação do impacto do ambiente de trabalho sobre a mortalidade.

Implicações de um Estudo sobre os Efeitos de Escolhas Individuais na Saúde

Cerca de dez anos atrás, Ralph Keeney, da Fuqua School of Business da Universidade Duke, publicou um artigo no qual argumentou através de um modelo matemático e dados existentes que, das 2,4 milhões de mortes ocorridas em 2000, 1 milhão foi resultado de decisões pessoais. Ele também mostrou que 55% das mortes de pessoas entre 15 e 64 anos eram consequência de decisões pessoais.[31] A conclusão de Keeney: escolhas individuais relativas a comportamentos, tais como fumar, comer (obesidade), praticar ou não exercícios e abuso de álcool estavam entre as principais causas de morte.

Keeney argumentou que essas escolhas pessoais de comportamentos relevantes à saúde poderiam ser alteradas no intuito de reduzir a taxa de mortalidade nos Estados Unidos. O tom da conclusão de Keeney é o mesmo da suposição subjacente aos programas de melhoria da saúde patrocinados pelas organizações: interferir em comportamentos e decisões individuais pode afetar a saúde da população e reduzir os custos com saúde. Mas o que Keeney e muitos desses programas ignoram é que os estudos demonstram a conexão entre estresse, incluindo o estresse ocupacional, e comportamentos individuais prejudiciais, como comer demais.[32] Outra pesquisa empírica demonstra os efeitos do estresse sobre comportamentos como o consumo de álcool,[33] tabagismo[34] e abuso de drogas.[35] Estes são os tipos de decisões pessoais que Keeney implicou em sua análise do impacto das escolhas pessoais sobre a mortalidade.

Não há razão para acreditar que os efeitos do estresse ocupacional sobre esses comportamentos prejudiciais sejam diferentes dos efeitos de qualquer outra fonte de estresse. Os indivíduos respondem ao estresse, como muitos exemplos neste livro ilustram, automedicando-se ou abusando do álcool para atenuar a dor psicológica causada por um ambiente de trabalho insalubre. As pessoas compensam o esgotamento psicológico de energia devido a um ambiente de trabalho estressante comendo em excesso. A análise de Keeney sugeriu que um milhão de mortes excedentes são causadas por escolhas individuais. Sabemos que o estresse afeta essas escolhas individuais como não praticar exercícios, comer demais, usar drogas, abusar do álcool e do cigarro.

Sabemos ainda que o ambiente de trabalho é uma causa importante, se não uma das mais importantes, de estresse. Consequentemente, atribuir apenas 12% do impacto total das escolhas individuais sobre a mortalidade ao estresse ocupacional parece bastante módico, se não conservador.

Os Mecanismos Fisiológicos que Ligam o Estresse à Saúde

Não observamos apenas uma relação empírica entre estresse e os resultados de saúde. Com o tempo, descobrimos mais precisamente como o estresse é prejudicial e as maneiras pelas quais produz respostas fisiológicas adversas. Pesquisas demonstram cada vez mais os efeitos do estresse sobre as doenças, por exemplo: "Para os homens, a exposição prolongada ao estresse ocupacional foi associada a um aumento na incidência de câncer de pulmão, cólon, reto e estômago e a linfoma não Hodgkin."[36] Além disso, entendemos cada vez melhor os mecanismos que vinculam estresse e doenças.

Nossos ancestrais enfrentaram um mundo cheio de ameaças. Quando confrontados com alguma ameaça física, os organismos que podiam superá-la tinham uma vantagem em termos de sobrevivência. Portanto, adaptaram-se e exibiram na presença de um fator de estresse — uma ameaça — frequência cardíaca elevada que transporta o sangue e o oxigênio de forma mais eficiente para os músculos necessários em uma fuga ou conflito, aumentando a consciência e sensibilidade para entender melhor o ambiente e reagir mais rápido. No entanto, o que é adaptação em resposta a ameaças episódicas de curto prazo — uma resposta metabólica que aumenta a pulsação — não é saudável na presença de estresse crônico.

Como observei em um artigo em colaboração com a psicóloga social de Berkeley, Dana Carney:

> Quando uma pessoa percebe que as exigências de uma situação excedem os seus... recursos, a mente associa essa discrepância a uma ameaça... Se a resposta ao estresse for forte o suficiente, o resultado é uma elevação nos níveis de cortisol... O cortisol é um hormônio catabólico (isto é, que quebra a célula) ligado ao

estresse crônico, inflamação sistêmica, morte celular acelerada e saúde geral debilitada.[37]

Evidências mostram que, embora o cortisol elevado seja uma resposta adaptativa frente a uma ameaça imediata de curto prazo, níveis elevados constantes de cortisol e outros hormônios produzidos em resposta ao estresse afetam negativamente a saúde.[38] Esses caminhos fisiológicos que levam do estresse a problemas de saúde fornecem explicações causais de como o estresse ocupacional pode levar a doenças e à morte.

A Importância do Ambiente de Trabalho Como Fonte de Estresse

As evidências disponíveis indicam que o ambiente de trabalho é uma importante fonte de estresse e que praticamente todas as causas do estresse ocupacional estão piorando. Por exemplo, a insegurança econômica aumentou à medida que a frequência de demissões sem justa causa cresceu, e mais pessoas passaram a trabalhar em trabalhos contingentes e cada vez mais transitórios. Menos empresas oferecem plano de saúde como benefício, e muitos dos custos com assistência médica foram transferidos para os empregados, com gastos dedutíveis em folha de pagamento e copagamentos cada vez maiores, um tópico que examino no Capítulo 4. A autonomia no trabalho e o controle sobre ele diminuíram com a crescente disponibilidade e uso do monitoramento dos processos laborais por computador. As horas trabalhadas aumentaram à medida que a competição global intensificou o trabalho, um tópico explorado com mais detalhes no Capítulo 5, em que considero os efeitos das horas de trabalho sobre a saúde. O conflito entre trabalho e família cresceu com a disponibilidade de tecnologias que mantêm as pessoas sempre conectadas e com o aumento das jornadas. O trabalho por turnos e as jornadas irregulares se tornaram mais comuns porque o horário de funcionamento de estabelecimentos, de aeroportos a serviços de alimentação, aumentou para atender às demandas dos consumidores. Menos países exigem que as lojas fechem aos domingos. Para dar um exemplo simples, quando fui a Barcelona pela primeira vez, em 2006, poucas lojas estavam abertas aos domingos. Agora, muitas abrem — uma tendência que ocorre em muitos países, à medida que as horas de funcionamento de todos os tipos de estabelecimentos se expandiram.

Em suma, embora alguns empregadores tenham tomado medidas para melhorar a saúde e o bem-estar dos funcionários, os fatores de estresse ocupacional cresceram em frequência e importância ao longo do tempo. Assim, faz sentido presumir que os efeitos do estresse ocupacional são sérios e crescentes.

OS EFEITOS DAS PRÁTICAS DE TRABALHO SOBRE OS CUSTOS COM ASSISTÊNCIA MÉDICA

Como argumentei no Capítulo 1, os custos com assistência médica atormentam tanto os empregadores quanto os governos, não apenas nos Estados Unidos, mas em todo o mundo. Essa ênfase na redução dos custos com saúde levanta uma questão importante: quanto custam as dez exposições ocupacionais que identificamos, considerando-se apenas custos diretos com assistência médica, sem levar em conta as perdas de produtividade e outros custos que essas práticas de trabalho podem causar?

Goh, Zenios e eu, como parte de nossa pesquisa, obtivemos estimativas para os custos incrementais da exposição a circunstâncias prejudiciais no ambiente de trabalho. Felizmente, o governo dos EUA realiza pesquisas para coletar autorrelatos das pessoas a respeito da saúde mental e física e se elas foram ou não diagnosticadas com qualquer uma das várias categorias de doenças graves. Essa pesquisa, Medical Expenditure Panel Survey — Household Component [Estudo em Painel sobre Despesas Médicas — Componente Doméstico, em tradução livre], foi conduzida pela Agência de Pesquisa e Qualidade em Assistência à Saúde. Uma das perguntas é sobre o total de todos os pagamentos diretos em assistência médica realizados durante o ano, incluindo as despesas custeadas pelo próprio indivíduo e os custos pagos pelo seguro, Medicaid, Medicare e quaisquer outras fontes. Esses dados nos permitem estimar custos através do estado de saúde de um indivíduo.

A combinação das informações sobre os efeitos das condições de trabalho sobre vários indicadores do estado de saúde, as informações sobre os custos médios com condições médicas e autorrelato de saúde e a prevalência das diversas circunstâncias de trabalho que contribuem para uma saúde debilitada permite estimar os custos totais de exposições ocupacionais, bem como os custos extras com assistência médica atribuíveis a cada exposição ocupacional específica.

Meus coautores e eu estimamos que os custos incrementais com assistência médica decorrentes de condições de trabalho estressantes são de cerca de US$190 bilhões anualmente, aproximadamente entre 5% e 8% do orçamento total para a saúde dos EUA. Conclusão: as condições de trabalho contribuem de maneira significativa para os custos com assistência médica nos Estados Unidos.

A Tabela 2 apresenta nossas estimativas de custos ocupacionais incrementais por condição ocupacional específica.

TABELA 2. Custos Incrementais com Assistência Médica por Exposição Ocupacional

CONDIÇÃO DE TRABALHO	EXCESSO ANUAL DE CUSTOS COM SAÚDE
Desemprego	US$15 bilhões
Sem plano de saúde	US$40 bilhões
Trabalho por turnos	US$12 bilhões
Jornadas de trabalho longas	US$13 bilhões
Pouca equidade	US$16 bilhões
Insegurança no emprego	US$16 bilhões
Conflito trabalho-família	US$24 bilhões
Altas demandas de serviço	US$46 bilhões
Pouco controle sobre o trabalho	US$11 bilhões
Pouco apoio social	US$9 bilhões

Os fatores que mais contribuem para os gastos excedentes com assistência médica são falta de plano de saúde, conflitos entre trabalho e família e altas demandas de serviço. Observe que não há correspondência total entre os fatores que elevam os custos com assistência médica e os que resultam em mortes excedentes. Isso se deve em parte porque as doenças crônicas causadas por fatores relacionados ao estresse, como conflitos entre trabalho e família e altas demandas de serviço, criam condições que resultam em um uso intenso do sistema de saúde, mas não em morte. Quando alguém morre, os custos com assistência médica cessam, e é por isso que as doenças crônicas, que podem persistir por um longo período de tempo, custam mais do que, por exemplo, morte súbita causada por ataque cardíaco — um resultado, segundo pesquisas, subsequente à perda de emprego.

Os elementos psicossociais do ambiente profissional, como equidade, conflitos entre trabalho e família, alta demanda de serviço e pouco controle sobre o ambiente, contribuem mais para os custos excedentes com assistência médica do que para a mortalidade. Nossas estimativas de custo são certamente baixas pelas seguintes razões. Primeiro, como já foi observado, a análise considera apenas os custos médicos diretos decorrentes de uma das quatro medidas de saúde — autorrelato da saúde mental e física, diagnóstico de uma condição de saúde ou mortalidade. Nossas análises não consideram quaisquer outros custos, como perda de dias de trabalho ou produtividade diminuída devido a um problema de saúde. Custos indiretos causados por fatores como desmotivação, estar fisicamente presente, mas não se sentir bem o suficiente para fazer o melhor e distração por motivo de estresse são tipicamente estimados em cerca de *cinco vezes* mais do que os custos médicos diretos, um assunto que retomo ao final deste capítulo.

Em segundo lugar, nossas análises avaliam os custos com assistência médica, assim como o aumento da mortalidade, de responsabilidade unicamente do indivíduo que enfrenta diretamente as várias exposições ocupacionais, sem considerar possíveis transbordamentos dos gastos para a família e os amigos. Nos casos em que um indivíduo não tem plano de saúde, de conflitos entre trabalho e família e insegurança econômica, por exemplo, a probabilidade dos efeitos transbordarem para outros membros da família é alta. O acesso ao plano de saúde ocorre, ou não, para todos no núcleo familiar, e o conflito entre trabalho e família afeta os membros da família além do próprio funcionário; bem como o estresse decorrente da insegurança econômica devida à ameaça de demissões ou salários e jornadas de trabalho irregulares afeta toda a família.

A conclusão sobre os custos é a mesma que aquela sobre a mortalidade: as práticas ocupacionais têm um efeito importante sobre os custos com assistência médica que as empresas e a sociedade enfrentam. Isso significa que faz sentido intervir na estruturação dos ambientes de trabalho em um esforço para reduzir tais custos.

OS PREJUÍZOS À SAÚDE PODEM SER PREVENIDOS?

Quando meus colegas e eu submetemos nosso trabalho de pesquisa ao processo de revisão por pares, um revisor anônimo fez uma observação importante: as razões de possibilidades de estudos epidemiológicos e nossas análises necessariamente compararam os efeitos na saúde e os custos de práticas gerenciais variadas com um mundo ideal no qual não havia estresse ocupacional. Mas tal mundo não existe — e nem poderia. Afinal, as empresas enfrentam pressões competitivas e passam parte dessa pressão para a equipe de trabalho, seja na forma de longas jornadas de trabalho, conflitos familiares ou na insegurança econômica que surge naturalmente em economias dinâmicas, nas quais o valor das empresas sobe e despenca e o emprego flutua. Então, procuramos chegar a uma estimativa aproximada de até que ponto os prejuízos à saúde nos Estados Unidos poderiam ser evitados.

Uma forma de abordar essa questão é contrastar os Estados Unidos com outras economias capitalistas industrializadas e avançadas e que também operam no mercado global, mas com diferentes regimes regulatórios e diferentes normas nacionais sobre condições e práticas de trabalho. Ao fazer essa comparação, chegamos a uma constatação crucial: à medida que os países ficam mais ricos, eles gastam mais com saúde e alcançam melhores resultados em termos de graus de saúde populacional. Investir mais em saúde significa que as sociedades tendem a remediar as exposições ambientais que causam doenças, morte e custos excessivos nessa área. Por exemplo, à medida que os países se desenvolvem e ficam mais ricos, eles investem mais em saneamento e tratamento de água para evitar doenças transmitidas através dela; ao reduzir a poluição do ar, evitam várias doenças pulmonares e respiratórias. Também criam programas agressivos de vacinação para prevenir doenças infecciosas, como poliomielite, sarampo, caxumba e pneumonia.

Por esta lógica — que, conforme enriquecem, os países eliminam causas ambientais preveníveis de morte e doenças —, deveríamos esperar uma relação negativa entre renda e mortes per capita de um país (ou custos com assistência médica) atribuíveis a causas ambientais específicas. Coletamos dados de um conjunto de países da Europa Ocidental e dos Estados Unidos sobre a relação entre renda e taxa de mortalidade per capita causada pela poluição do ar e de uma doença infecciosa, a tuberculose. Analisamos somente estas porque outras possíveis causas ambientais de doenças e morte, como as transmitidas pela água ou a poliomielite, ocorrem tão raramente em economias avançadas que os dados sobre suas taxas de mortalidade não estão disponíveis.

Como esperado, houve uma correlação negativa entre renda e mortalidade per capita devido à poluição do ar de –0,62. De maneira semelhante, houve uma forte correlação negativa entre renda e mortalidade per capita por tuberculose, –0,75.

Tendo demonstrado a plausibilidade da relação entre renda e morte por causas ambientais, estendemos a mesma lógica para examinar a relação entre mortalidade e custos com saúde decorrentes do trabalho com renda per capita, sob a suposição de que pelo menos alguns danos ocupacionais podem ser evitados e prevenidos em economias industrializadas avançadas. Novamente encontramos a relação negativa esperada, excluindo os Estados Unidos. Para os custos com assistência médica associados às condições de trabalho, a correlação com a renda per capita foi de –0,75; e para os óbitos associados ao trabalho, –0,80. As Figuras 2 e 3 mostram os gráficos de mortalidade e custos com saúde em comparação com a renda per capita. O que está claro nestes gráficos é que os Estados Unidos estão estatisticamente fora da linha de regressão, em uma direção que sugere que os custos com saúde e a mortalidade são mais altos do que o esperado, dada a riqueza do país — sua alta renda per capita.

Em seguida, estimamos equações relacionando tanto a mortalidade quanto os custos com saúde à renda per capita, omitindo os Estados Unidos da amostra analisada para calcular a equação de regressão. Uma vez que a equação foi computada, simplesmente inserimos a renda per capita dos EUA e pudemos ver qual seria o nível previsto de mortalidade e custos com saúde para os Estados Unidos, caso exibissem a mesma relação entre renda e as consequências para a saúde das práticas ocupacionais que o resto dos países da OCDE estudados. Quando comparamos os valores previstos com os valores reais observados, temos uma estimativa razoável de até que ponto os Estados Unidos poderiam evitar custos e mortes — apenas por ser semelhante a esse conjunto de economias da Europa Ocidental.

FIGURA 2. Mortes por 100.000 Pessoas Atribuídas à Exposição Ocupacional

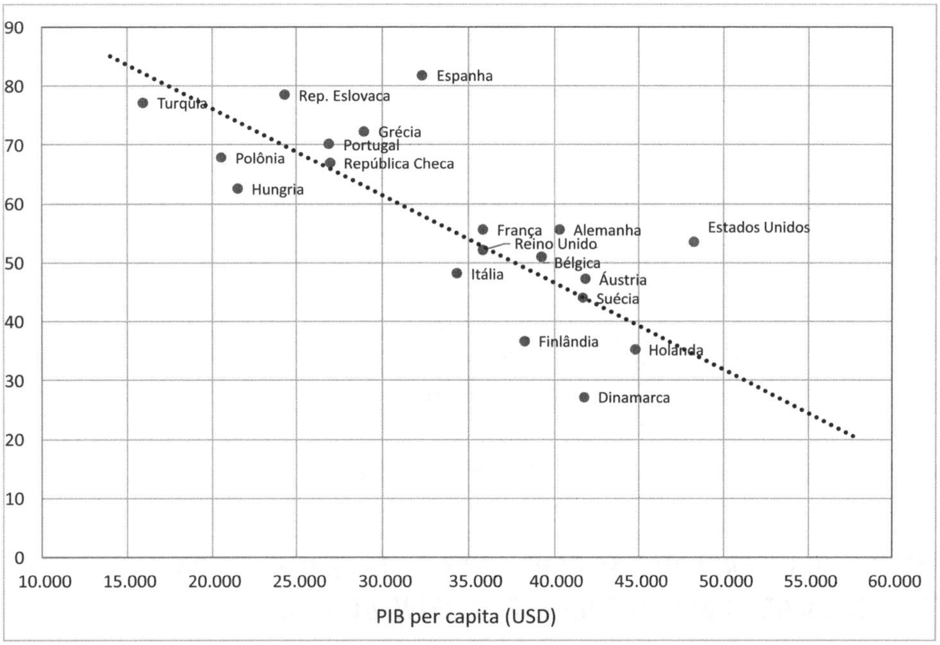

Fonte: Base de dados estatísticos da OCDE, Fifth European Working Conditions Survey [Quinto Questionário sobre Condições de Trabalho Europeias, em tradução livre], análise dos autores
Nota: Linha de regressão exclui os Estados Unidos

Esse cálculo mostrou que os Estados Unidos enfrentam cerca de 59 mil mortes excedentes e US$63 bilhões em custos incrementais anuais em comparação com o que seria previsto levando-se em conta a renda per capita. Considerando o impacto total estimado anteriormente (de cerca de 120 mil mortes excedentes e US$180 bilhões gastos), nossas análises indicam que cerca de metade das mortes e um terço dos custos incrementais originados pelas condições de trabalho poderiam ser evitados se os Estados Unidos fossem mais semelhantes a outras economias industrializadas avançadas.

FIGURA 3. Custos com Assistência Médica (em dólares) por Pessoa Atribuídos a Exposições Ocupacionais

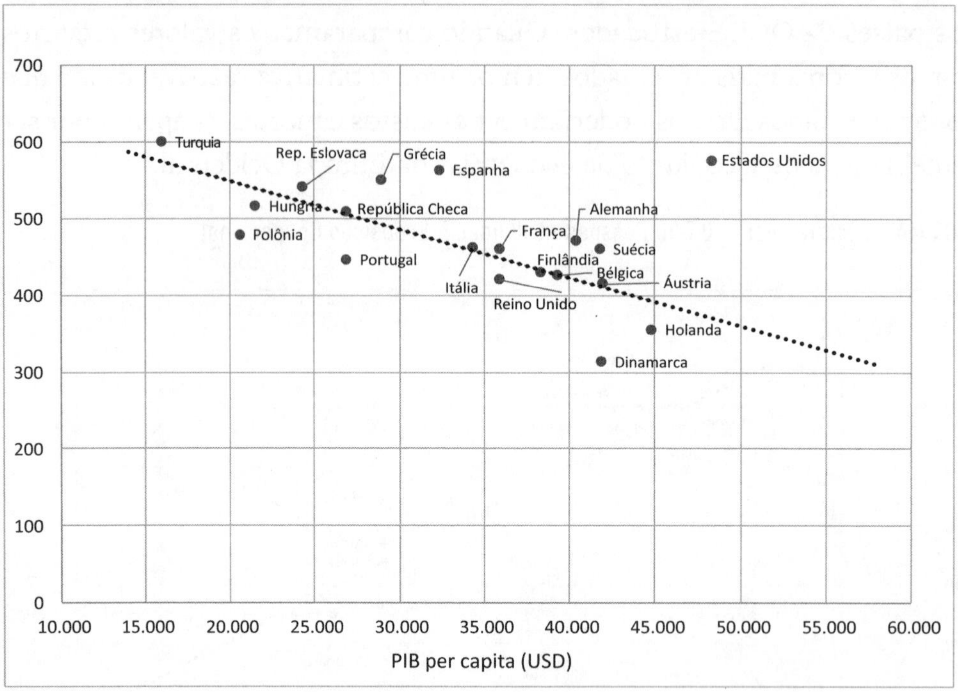

[Gráfico de dispersão com eixo Y de 0 a 700 e eixo X "PIB per capita (USD)" de 10.000 a 60.000. Pontos: Turquia, Rep. Eslovaca, Grécia, Espanha, Estados Unidos, Hungria, República Checa, Alemanha, Polônia, Portugal, França, Finlândia, Suécia, Bélgica, Áustria, Itália, Reino Unido, Holanda, Dinamarca.]

Fonte: Banco de dados estatísticos da OCDE, 5º EWCS, análise dos autores

A EXPOSIÇÃO DIFERENCIAL ÀS CONDIÇÕES DE TRABALHO AJUDA A EXPLICAR A DESIGUALDADE NA EXPECTATIVA DE VIDA

A desigualdade é um tema importante devido à crescente desigualdade de renda não apenas nos Estados Unidos, mas também em muitos outros países. Houve um aumento do número de pesquisas e da atenção política. A desigualdade de saúde atraiu um aumento em pesquisas e atenção política. Tal situação, como a desigualdade de renda, aumentou nas últimas décadas nos Estados Unidos e na Grã-Bretanha, bem como em outros países.[39] Um estudo relatou que "em 2008, homens e mulheres adultos nos EUA com menos de 12 anos de educação tinham uma expectativa de vida pouco melhor do que a de todos os adultos nos anos 1950 e 1960". Demonstrou também que as diferenças na expectativa de vida por etnia e educação cresceram bastante ao longo do tempo.[40] Nos Estados Unidos, há "uma lacuna de 20 anos na expectativa de vida entre as populações mais e menos favorecidas".[41] O epidemiologista britânico Michael Marmot observou que, em Washington, D.C., a expectativa de vida média variou em um ano para pessoas que moram perto de estações de metrô.[42]

Por muitas razões, incluindo o componente moral ligado à vida e, portanto, à expectativa de vida, a desigualdade nos resultados de saúde parece menos tolerável do que a desigualdade em outras áreas, como renda. Sudhir Anand, um microeconomista de desenvolvimento da Universidade de Oxford, em uma conferência sobre equidade e saúde, declarou: "Devemos ser mais avessos a essas... desigualdades de saúde do que a desigualdades de renda. As razões envolvem o status da saúde como um bem especial que tem valor intrínseco e instrumental... A saúde é considerada crítica porque afeta diretamente o bem-estar de uma pessoa."[43] Há mais de dez anos, a Organização Mundial da Saúde decidiu medir a desigualdade de saúde "como uma dimensão distinta do desempenho dos sistemas de saúde". Isso porque "a realização média não é mais considerada um indicador suficiente do desempenho de um país em relação à saúde; em vez disso, a distribuição da saúde na população também é fundamental".[44]

Sabe-se que o status socioeconômico está relacionado ao estado de saúde e que existe um gradiente social para este. Embora haja muitas razões para esperar que pessoas com diferentes origens tenham diferentes resultados de saúde, recentemente os efeitos das condições de trabalho nas desigualdades de saúde têm recebido maior atenção.[45] Como um estudo observou: "Há muito tempo se reconhece que adultos com melhores empregos gozam de melhor saúde do que aqueles com empregos de menor prestígio e menos remunerados."[46]

O que pesquisas anteriores ainda não fizeram é averiguar quanto da desigualdade nos resultados de saúde vem do acesso diferenciado a empregos que oferecem diferentes quantidades de exposição ocupacional a elementos ambientais prejudiciais. No entanto, o trabalho que Goh, Zenios e eu fizemos para avaliar a mortalidade geral e os efeitos nos custos com saúde forneceu tanto um modelo quanto os dados necessários para empreendermos a tarefa de estimar o componente das desigualdades de saúde atribuído ao trabalho. Ressaltamos que um fator que explica a desigualdade, observada na expectativa de vida média para diferentes grupos sociodemográficos, é a diferença nos empregos ocupados por pessoas de diferentes etnias, particularmente aquelas que receberam mais ou menos instrução. Parece plausível que pessoas menos instruídas tenham maior probabilidade de terem empregos sem plano de saúde, trabalhem por turnos, enfrentem mais insegurança econômica e estejam em posições com menor controle sobre os próprios trabalhos e mais demandas de serviço. Como essas condições afetam a mortalidade, as diferenças nos ambientes de trabalho ajudam a explicar as enormes (e crescentes) disparidades de expectativa de vida.

E isso é precisamente o que encontramos.[47] Diferentes grupos de níveis de instrução/etnia enfrentam ambientes de trabalho muito diferentes, e essas diferenças representam entre 10% e 38% da discrepância na expectativa de vida entre os subgrupos demográficos. Embora nossas estimativas se restrinjam a um único momento contemporâneo, as pesquisas sobre o efeito crescente do nível de instrução sobre a renda sugerem que a instrução é cada vez mais importante para classificar as pessoas em empregos. Consequentemente, é provável que este efeito e a variação resultante da exposição a condições ocupacionais prejudiciais ajudem a explicar a crescente desigualdade de expectativa de vida ao longo do tempo. Se acreditarmos que, parafraseando a Fundação Gates, todos os indivíduos merecem uma oportunidade para ter uma expectativa de vida normal, porque todas as vidas têm valor igual, devemo-nos concentrar em reduzir as disparidades na saúde humana causadas por exposição diferencial às práticas de trabalho ou seus efeitos.

O CUSTO PARA AS EMPREGADORAS

As empregadoras também sofrem com práticas de gerenciamento que produzem ambientes de trabalho insalubres. Em mais de três décadas de pesquisa, Dee Edington, professor emérito da Universidade de Michigan, demonstrou dois fatos importantes. Primeiro, é possível identificar pessoas que correm risco de desenvolver problemas de saúde. Como as pessoas com altos riscos para a saúde incorrem em custos médicos mais elevados,[48] uma estratégia sensata para os empregadores é tentar evitar que passem da categoria de baixo risco para a de alto risco. Edington observou que "a boa saúde pode ser fomentada ou mantida apenas em um ambiente e cultura saudáveis. Isso significa que os empregadores... devem... criar ambientes de trabalho que incentivem as pessoas a adotar estilos de vida saudáveis".[49] Os ambientes profissionais livres ou com baixa ocorrência das dez exposições ocupacionais geradoras de estresse estimulam a saúde dos funcionários e reduzem os custos com seguros e solicitações de atendimento médico.

Segundo, salvo poucas exceções, uma vez que as pessoas estejam em um grupo de saúde de alto risco e desenvolvam doenças crônicas, como cardiopatias ou diabetes, é difícil e improvável que voltem ao grupo de baixo risco. Consequentemente, Edington argumentou que os empregadores deveriam preocupar-se menos em administrar os custos com grupos de alto risco e mais em *evitar* que pessoas no grupo de baixo risco se movam para o outro grupo. Como em muitos outros aspectos de gestão, a prevenção é menos dispendiosa e mais eficaz do que o tratamento.

Além dos casos médicos e dos custos com planos de saúde, os empregadores enfrentam pelo menos três outras consequências adversas da manutenção de ambientes de trabalho que adoecem as pessoas. Primeiro, se os colaboradores ficarem bastante doentes, eles abandonam o emprego. Não é por acaso que quase todas as pessoas que entrevistei sobre os efeitos do trabalho na saúde haviam deixado o ambiente profissional em que estavam sofrendo. Um estudo com professores universitários observou uma correlação estatisticamente significativa entre saúde física debilitada e intenções de rotatividade, com aquela resultando do estresse ocupacional e do ambiente familiar.[50] Um estudo sobre os efeitos da insegurança no emprego na Europa descobriu que a insegurança aumenta a frequência das queixas de problemas de saúde mental e das intenções de abandonar o emprego.[51] Como a rotatividade é dispendiosa e a saúde comprometida contribui para ela, os ambientes de trabalho insalubres aumentam a rotatividade e os custos associados.

Em segundo lugar, funcionários mais doentes geram custos mais altos com indenizações. Um estudo de quatro anos com 3.338 funcionários de longa data da Xerox Corporation relatou que aqueles com alto risco de saúde geraram custos mais altos com indenizações trabalhistas. O estudo também mostrou que esses custos eram distorcidos, com o percentil superior dos funcionários incorrendo neles representando 54,4% do total de todos os custos.

Terceiro, empregados menos saudáveis são menos produtivos — uma descoberta nada surpreendente. Quando as pessoas adoecem, distraem-se com suas condições e têm dificuldade em se concentrar; interrompem o trabalho com mais frequência ou conversam com os colegas sobre seus problemas de saúde; ficam mais cansadas e, em geral, física e mentalmente menos capazes de concluir o trabalho. Muitos estudos demonstram os efeitos de uma saúde debilitada sobre a produtividade, e vários deles mostram que os custos para a produtividade de funcionários debilitados são mais altos do que os custos diretos com sinistros gerados por trabalhadores doentes. Por exemplo, um estudo com 564 telefonistas de serviços de atendimento ao cliente constatou que o Índice de Produtividade do Trabalhador estava correlacionado ao número de riscos à saúde dos funcionários.[53] Pesquisas utilizando o *Work Limitations Questionnaire* [Questionário de Limitações de Trabalho, em tradução livre] encontrou relações significativas entre condições médicas e desempenho ocupacional prejudicado para 16.651 funcionários de uma grande empresa de serviços financeiros.[54] Uma revisão de cerca de 113 estudos publicados concluiu que há indícios sólidos da relação entre saúde e produtividade.[55]

As evidências apresentadas neste capítulo a partir de nossas próprias análises e de outras fontes mostram o alto impacto causado por práticas ocupacionais nocivas nos Estados Unidos, tanto na mortalidade excedente quanto nos custos com assistência médica. Além disso, funcionários adoecidos geram prejuízo para os empregadores com indenizações trabalhistas, planos de saúde e, talvez o mais importante, queda da produtividade. O modelo de administração dos ambientes de trabalho atual, adotado pela maioria dos empregadores nos Estados Unidos, prejudica tanto os funcionários quanto as próprias empresas — uma situação que precisa ser mudada.

Capítulo 3

Demissões e Insegurança Econômica:
UMA PROPOSTA EM QUE NINGUÉM GANHA

Em dezembro de 2008, ArcelorMittal, que havia assumido uma siderúrgica em Lackawanna, Nova York, da falida Bethlehem Steel, anunciou que fecharia a fábrica com 260 funcionários. O que se seguiu foi previsível. George Kull, de 56 anos, funcionário da usina, morreu de ataque cardíaco três semanas depois. Um colega de trabalho, Bob Smith, de 42 anos, foi ao médico sentindo dores no peito. Smith sobreviveu ao ataque cardíaco quando os médicos inseriram *stents* nas artérias bloqueadas. Em seguida, Don Turner, 55 anos, que trabalhara na fábrica por décadas, também morreu de ataque cardíaco. Quando a Bethlehem Steel fechou os fornos de coque que faziam parte do mesmo complexo em 2001, dois funcionários cometeram suicídio.[1] Os trabalhadores administrativos também sofrem com efeitos na saúde decorrentes de demissões e a consequente insegurança econômica. Em 2012, John Fugazzie era supervisor de laticínios e alimentos congelados para a cadeia de supermercados A&P. Então, em outubro daquele ano, Fugazzie, de 57 anos, foi demitido. Incapaz de encontrar um novo emprego, dez meses depois de ser dispensado pela A&P, Fugazzie sofreu um ataque cardíaco.[2]

Este capítulo concentra-se principalmente nas consequências das demissões para a saúde, uma situação que não beneficia nenhum dos lados, na medida em que acarreta efeitos graves para a saúde dos empregados e proporciona pouco ou nenhum benefício aos empregadores. Mas as demissões não são a única causa da insegurança econômica. Algumas outras fontes de estresse econômico merecem ser mencionadas.

Primeiro, existem as consequências do trabalho contingente e de meio período e dos contratos temporários. Trabalhadores na chamada *gig economy* (economia sob demanda) e até mesmo freelancers qualificados e os terceirizados enfrentam a incerteza de quando e onde terão o próximo trabalho. Consequentemente, eles enfrentam maiores flutuações de renda, mesmo que suas obrigações financeiras, como alimentação e habitação, permaneçam estáveis. Portanto, as pessoas na economia sob demanda precisam estar constantemente "no mercado" para garantir trabalho contínuo e manter suas reputações e visibilidade. Um estudo com empreiteiros relativamente bem pagos no Vale do Silício descobriu que os freelancers não se sentem realmente livres, devido à necessidade de sempre buscar seu próximo trabalho, e, portanto, têm menos tempo de lazer do que os funcionários regulares.[3]

Além disso, freelancers, funcionários de meio período ou por tempo definido de contrato geralmente não recebem benefícios de saúde ou aposentadoria [mais a respeito da "gig economy" no Capítulo 1]. Consequentemente, enfrentam a insegurança e o estresse de prover essas redes de segurança por si mesmos. É importante reconhecer o quanto essa parte do mercado de trabalho cresceu. Uma pesquisa feita pelos economistas Lawrence Katz e Alan Krueger descobriu que a proporção de pessoas em sistemas de trabalho alternativos aumentou cerca de 50% em dez anos, de 2005 a 2015. Além disso, "94% do crescimento líquido do emprego na economia norte-americana, de 2005 a 2015, parece ter ocorrido em situações alternativas de trabalho".[4]

Em segundo lugar, mesmo entre aquelas pessoas em empregos regulares e de longo prazo, que geralmente trabalham para um ou dois empregadores, há um crescente sentimento de risco que tem duas causas. A primeira fonte de insegurança é o crescente uso do sistema *just in time*. Amplamente utilizado no varejo, muitos trabalhadores, em ambientes que variam de hospitais a escritórios, veem seus horários e calendários mudar conforme os empregadores os chamam apenas quando necessário. Uma pesquisa constatou que quase 40% dos trabalhadores de varejo não conseguem trabalhar um número mínimo de horas por semana e 25% trabalham em turnos de plantão, às vezes descobrindo que estão escalados duas horas antes de o turno começar. "Outros dados revelaram que quase metade dos trabalhadores de meio período em todos os setores e pouco menos de 40% dos trabalhadores de tempo integral não estão cientes de seus horários com mais de uma semana de antecedência."[5]

Horários e programação de trabalho — e salários — incertos causam estragos na vida das pessoas. Por exemplo, uma pessoa em um serviço de meio expediente em uma companhia aérea internacional comentou: "A empresa distribuía a programação dos turnos com antecedência, mas ajustava-as à vontade, geralmente com apenas dois dias de antecedência e sem se preocupar em consultar os trabalhadores... o transtorno causado se tornou insuportável. As horas imprevisíveis eram um problema, mas ainda mais desmoralizante era a sensação de ser tratado como uma peça de máquina."[6]

As empresas reconhecem a questão levantada pela programação de trabalho. Gary Loveman, ex-CEO da operadora de cassinos Caesars, observou:

> Imprevisibilidade de programação foi a maior fonte de estresse na vida das pessoas. Temos muitas pessoas solteiras com filhos ou pais doentes. Eles precisam de cobertura. Gostaríamos de combinar a demanda por serviços nos hotéis com o número de pessoas que trabalham lá... Isso só piorou nos últimos anos, à medida que as empresas tentaram reduzir a de mão de obra.

Nos EUA, o impacto negativo da variabilidade na escala de trabalho levou alguns estados e cidades a propor legislações para garantir comunicação prévia da programação de trabalho. E por causa dos custos — com rotatividade e insatisfação dos funcionários — causados por problemas na programação, algumas empresas foram proativas e implementaram práticas empregatícias mais funcionais. A Whole Foods, por exemplo, publica a escala dos funcionários com duas semanas de antecedência e impede que os gerentes as alterem no último minuto, enquanto o Walmart introduziu um sistema que "permite que os trabalhadores escolham suas próprias horas de trabalho".[7] Loveman, cuja estratégia no Caesars era melhorar o atendimento ao cliente, "vetou muitas das manipulações dos horários que aconteciam quase em tempo real. Nós dissemos aos gerentes: 'Vocês não podem fazer isso.' Nos os fizemos reconhecer que as pessoas têm compromissos". Os varejistas conhecidos como ótimos lugares para trabalhar já entenderam essa questão e ofereceram aos funcionários horas regulares e estáveis. Como vemos muitas vezes, no caso de local de trabalho e da saúde, o que é bom para os trabalhadores também é bom para os empregadores, que desfrutam de menor rotatividade, pessoal mais qualificado e maior nível de comprometimento e desempenho.

Outra fonte de insegurança e estresse, mesmo para o emprego em tempo integral, é a sensação de estar constantemente sob pressão. As pessoas sentem que estão sempre sendo avaliadas e se não tiverem um desempenho tão bom quanto o esperado serão demitidas. Há pouco perdão nas culturas de trabalho e pouca paciência ou tolerância com as flutuações naturais de desempenho. Uma pesquisa recente apontou que embora o desempenho ocupacional fosse tradicionalmente considerado como um construto estático — por exemplo, havia "alto desempenho" e "baixo desempenho" —, "pesquisadores recentemente reconheceram que em curto prazo... as flutuações pessoais de desempenho são substanciais e importantes... estudos estimaram que cerca de metade da variação no desempenho é pessoal".[8] Uma cultura que julga de maneira crítica e dura, quando confrontada com a variação individual natural no desempenho, provavelmente punirá as pessoas por flutuações incontroláveis e involuntárias.

Um *coach* executivo muito experiente e requisitado, que trabalha principalmente com pessoas do setor de alta tecnologia e de capital de risco, disse-me que muitos, se não a maioria de seus clientes — todos bem-sucedidos e bem pagos — sentiam-se "sob a mira" e sofriam pressão sobre seus desempenhos. Isso acontece bastante em lugares como a Oracle, a Salesforce e a Amazon, cujas culturas de alta pressão são bem conhecidas. Uma consequência disso foram as longas horas trabalhadas (e os consequentes efeitos sobre a saúde), tratadas no Capítulo 5. Outra consequência foi a relutância dos clientes em se desconectar das empresas, comportamento que aumentou os conflitos trabalho-família e o estresse. Uma terceira consequência foi uma sensação de insegurança e instabilidade na relação de emprego.

A pesquisa que realizei com Stefanos Zenios e Joel Goh, resumida no Capítulo 2, estimou que aproximadamente 29 mil mortes excedentes nos Estados Unidos resultaram da insegurança econômica e 35 mil mortes adicionais foram causadas pelo desemprego e seus efeitos. Essas estimativas empíricas indicam que mais de 64 mil pessoas por ano morrem nos Estados Unidos por não terem emprego ou por enfrentarem o estresse econômico e a insegurança em seus trabalhos.[9]

CRESCEM OS EMPREGOS CONTINGENTES E PRECÁRIOS

As demissões e outras formas de insegurança econômica, como o trabalho contingente, de meio período e por contrato temporário, tornaram-se cada vez mais comuns no mercado de trabalho contemporâneo. O abrangente estudo do sociólogo Arne Kalle Berg, sobre as condições do mercado de trabalho norte-americano, observou que "as relações de emprego se tornaram mais precárias e inseguras".[10] Entre os numerosos indicadores que sustentam essa afirmação estão os seguintes: embora as percepções de insegurança econômica estejam ligadas à taxa de desemprego e às condições gerais do mercado de trabalho, mesmo após o controle estatístico para a taxa de desemprego, as "chances de se perceber um maior risco de perda de emprego" aumentaram 1,5% ao ano entre 1977 e 2006.[11] Mesmo antes da recessão de 2008, Louis Uchitelle, escritor de economia do *The New York Times*, havia documentado a crescente frequência e uso excessivo de demissões em massa e suas devastadoras consequências.[12] De acordo com uma revisão da literatura sobre redução de pessoal, mais de 6,5 milhões de pessoas perderam seus empregos durante a recessão que começou em dezembro de 2007, e as demissões foram comuns em vários países.[13] Até mesmo o Japão e outras sociedades que no passado adotaram mais segurança dos empregos estão demitindo e causando outras formas de insegurança econômica à medida que os mercados de trabalho se tornam mais flexíveis — o que, na verdade, significa que se tornam mais arriscados para os funcionários.

Atualmente, poucas das empresas que aparecem nas listas do Great Place to Work Institute [Instituto dos Melhores Locais de Trabalho, em tradução livre], prometem, de forma explícita ou implícita, empregos de longo prazo e adotam uma postura de não demissão. Como o professor da Wharton, Peter Cappelli, observou, o tempo de trabalho médio para uma organização caiu, especialmente para os empregados do sexo masculino, e, para usar sua expressão tão adequada, existe agora um *"new deal* de trabalho" — um acordo que é, na maioria dos lugares e para a maioria dos empregados, mais transacional, instável e menos baseado em relacionamentos do que no passado.[14]

A Confederação Mundial do Trabalho (CMT), que se descreve como a "voz da indústria empregatícia em nível global e representa capacitadores do mercado de trabalho em 50 países e sete das maiores empresas internacionais de soluções para força de trabalho",[15] divulgou um documento em setembro de 2016 descrevendo bem o novo mundo trabalhista.[16] Alguns dos destaques:

- Entre 1987 e 2015, a população global economicamente ativa dobrou com a entrada da Índia e da China na economia do mercado mundial.
- As novas tecnologias facilitam modelos de trabalho mais flexíveis, possibilitando que as pessoas trabalhem fora do horário-padrão e das instalações físicas.
- O trabalho mensalista e horista representa apenas metade dos empregos globais e apenas 20% dos trabalhadores em lugares como o sul da Ásia e a África subsaariana.

Embora o CMT veja essas tendências como positivas — ajudando a ampliar os negócios e o alcance das empresas intermediadoras do mercado de trabalho —, os empregos contingentes, temporários e alternativos, muitos dos quais oferecem menos proteções e benefícios, estão claramente aumentando.

Insegurança Econômica Produz Saúde Precária

A insegurança econômica é estressante, e o estresse afeta adversamente a saúde física e mental. Não surpreende que as pesquisas sempre encontrem evidências de que o trabalho em empregos menos seguros e contingentes está negativamente relacionado à saúde física e mental — *e não apenas para as pessoas que enfrentam diretamente a insegurança econômica.* Em parte por causa dos efeitos de contágio social — os colegas de trabalho de alguém inseguro economicamente também se sentem menos seguros —; "o efeito da insegurança sobre a saúde foi o mesmo nos grupos expostos e não expostos",[17] sugerindo que a insegurança no emprego traz efeitos negativos à saúde de funcionários temporários e permanentes. Isso ocorre mesmo em países com políticas generosas de bem-estar social e manutenção da renda.

Por exemplo, um estudo longitudinal com cerca de 900 funcionários na Suécia concluiu que as pessoas que trabalhavam em serviços de atendimento temporários apresentavam maior risco de problemas de saúde e psicológicos.[18] Um estudo realizado na Coreia do Sul descobriu que enfrentar instabilidade no emprego causa efeitos na saúde tão graves quanto os do tabagismo.[19] Uma metanálise concluiu que a insegurança no trabalho afetou tanto a saúde física como a mental, com efeitos maiores sobre a saúde mental.[20] Uma revisão de pesquisas empíricas sobre os efeitos da insegurança no trabalho na saúde concluiu que "reduzir a insegurança trabalhista deveria ser parte das políticas governamentais destinadas a melhorar a saúde da população e reduzir as desigualdades na área".[21] Infelizmente ocorre o oposto, com níveis crescentes de insegurança e emprego precário.

A insegurança econômica gera um sentimento de falta de controle sobre a própria vida. Através de experimentos e dados de campo, um estudo recente chegou à conclusão de que a insegurança econômica estava associada ao aumento do consumo de analgésicos e produzia dor física real e tolerância reduzida à dor, sendo a ausência de controle um mecanismo explicativo desses resultados.[22]

Embora os dados sobre demissões, revistos abaixo, mostrem grandes efeitos sobre saúde e mortalidade, qualquer forma de insegurança econômica parece afetar adversamente a saúde.

EFEITOS DE DEMISSÕES NA SAÚDE: AS EVIDÊNCIAS

As demissões não são benéficas para a saúde física ou mental das pessoas. Elas geram sentimentos estressantes de insegurança econômica. Antes da Lei de Proteção ao Paciente e Serviços de Saúde Acessíveis nos Estados Unidos, a cobertura de plano de saúde era muitas vezes determinada pelo status de emprego, por isso, demissões resultavam em acesso reduzido aos serviços de saúde, causando os efeitos negativos descritos no próximo capítulo. As demissões afetam os sentimentos de autoestima das pessoas, porque implicam a capacidade delas de atender às suas próprias necessidades e de suas famílias, e prejudicam o status social, devido à falta de emprego.

Demissões não geram problemas de saúde física e mental apenas para as pessoas que são demitidas, como já foi dito; insegurança econômica e perdas de emprego também têm consequências para aqueles que continuam empregados. Mesmo os funcionários mantidos enfrentam pelo menos dois resultados adversos. Primeiro, trabalhadores de fábricas que realizaram demissões em massa relatam sentir maior insegurança econômica ao se perguntarem se serão os próximos a perder seus empregos e se, ou quando, as demissões cessarão.[23] Segundo, como os estudos com funcionários da área da saúde demonstram, tipicamente as demissões cortam pessoal, mas não reduzem o volume de trabalho a ser feito. Portanto, aqueles que mantêm seus empregos acabam com maiores cargas de serviço, algo que também aumenta o estresse.[24]

Algumas pessoas rebatem os argumentos sobre os efeitos negativos das demissões na saúde observando que perder o emprego pode ter alguns efeitos positivos. Como grande parte do estresse encontrado na vida cotidiana vem do trabalho, "uma redução no tempo de trabalho, portanto, pode reduzir a prevalência de doenças induzidas pelo estresse".[25] Além disso, quando as pessoas não estão empregadas, presume-se que elas tenham mais tempo para se dedicar a atividades saudáveis, como a prática de *hobbies* e exercícios. Apesar da possibilidade dessas consequências positivas do desemprego, um estudo sobre os efeitos do declínio econômico concluiu: "Muitas pesquisas mostram que experiências laborais e financeiras indesejáveis aumentam o risco de transtornos psicológicos e comportamentais", tais como aumento do uso de drogas e álcool e a incidência de suicídio.[26]

Os custos com problemas de saúde causados por demissões afetam os indivíduos demitidos e a sociedade em geral, não as empresas que os demitem. Isso porque, uma vez demitidas, essas pessoas não estão mais nos livros de contabilidade, cobertas pelo plano de saúde fornecido pelo empregador ou por quaisquer outros programas de assistência ao empregado. As demissões não apenas impõem custos, incluindo custos substanciais em termos de morte e doenças, como não existem indícios sólidos de que sejam benéficas para o desempenho da empresa. Como veremos, nem todas as empresas dispensam as pessoas ao primeiro sinal de problemas econômicos. As que buscam manter seu pessoal desfrutam não só de melhor desempenho, mas também poupam sua equipe de trabalho e o país, da perda de vidas e dos efeitos psicológicos e físicos que advêm dessa prática socialmente destrutiva.

Estudar as consequências da demissão para a saúde não é tão simples quanto parece. Isso porque, mesmo que se observe uma relação entre a falta de saúde e a demissão, é possível que perder o emprego seja uma *consequência* dos problemas de saúde, em vez da causa. Embora várias leis protejam as pessoas de perderem seus empregos por motivos de saúde, a fiscalização sobre a execução delas é irregular. Alguns dos estudos que resumi superam o problema de inferência de causalidade usando projetos em painéis que nos permitem ver o que veio primeiro — más condições de saúde ou demissões — sob a suposição razoável de que, para uma coisa causar a outra, a causa deve preceder o efeito (então, se as demissões precederem a má saúde, é ilógico argumentar que os problemas de saúde causaram as demissões). Outros estudos tiram vantagem, se esse for o termo correto, do fechamento de fábricas. Quando uma fábrica fecha, todos lá perdem seus empregos, por isso é implausível argumentar que a má saúde faz com que os indivíduos sejam escolhidos para serem demitidos.

Como resumido abaixo, as evidências sobre os efeitos negativos na saúde causados por demissões são extensas. Além disso, os estudos não foram realizados apenas nos Estados Unidos, mas também em países com redes de segurança social mais generosas e maior proteção a funcionários, como Finlândia, Dinamarca e Nova Zelândia. Todos mostram resultados consistentes. O fato de os achados serem semelhantes entre os países sugere que grande parte dos efeitos das demissões na saúde (e, por extensão, dos custos com saúde) ocorre independentemente do nível dos serviços sociais e do apoio governamental. As evidências mostram que as demissões são prejudiciais à saúde, não importa onde ou quando de fato ocorrem, e alguns estudos mostram que seus efeitos adversos persistem mesmo após as pessoas terem encontrado novos empregos.

Demissões Aumentam a Mortalidade

Muitos estudos demonstram que ser demitido aumenta o risco de morte de uma pessoa em comparação com as que mantiveram seus empregos. Já existem estudos sobre alguns dos caminhos que produzem esse resultado. Por exemplo, ser demitido aumenta o risco de suicídio. Aumenta também a probabilidade de permanecer desempregado. Encontrar um novo emprego é difícil, e numerosos estudos "forneceram evidências inequívocas dos efeitos adversos na saúde e no bem-estar resultantes do desemprego".[27] Os estudos abrangem vários países e também vários projetos de pesquisa.

Pesquisadores da Nova Zelândia acompanharam por oito anos um grupo de 1.945 pessoas que foram despedidas quando uma empresa de produção de carnes fechou. Elas foram comparadas com 1.767 pessoas de uma empresa de carnes vizinha que permaneceu aberta. Mesmo após o ajuste de idade, sexo e etnia, as que haviam sido demitidas tinham um risco 2,5 vezes maior de causar sérios danos a si mesmas e uma probabilidade 17% maior de serem hospitalizadas com diagnóstico de problemas de saúde mental.[28]

Um estudo na Suécia seguiu os funcionários de todos os estabelecimentos com mais de dez funcionários que fecharam as portas em 1987 e 1988. O risco geral de mortalidade para homens aumentou em 44% nos quatro anos seguintes à perda de emprego. O número de suicídios e da mortalidade relacionada ao álcool dobrou para homens e mulheres.[29]

Outro estudo acompanhou quase 9.800 homens dinamarqueses nascidos em 1953 e explorou as consequências de eventos importantes que ocorreram a esses indivíduos entre as idades de 40 e 51 anos. Aqueles que haviam perdido o emprego tinham 44% mais chances de morrer que os demais. O estudo também examinou os efeitos do fim de relações amorosas definidas como relacionamento de longo prazo ou casamento. O fim dessas relações também aumentou o risco de mortalidade, mas, curiosamente, não houve relação entre isso e a perda de emprego. Os resultados empíricos sugerem que o aumento do risco de mortalidade por perda de emprego não foi devido ao efeito do desemprego somado à perda de um relacionamento.[30]

Um estudo norte-americano que combinou dados administrativos com datas de falecimento, rendimentos individuais e informações de emprego do estado da Pensilvânia examinou históricos empregatícios de trabalhadores do sexo masculino de 1974 a 1991 e mortalidade de 1974 a 2002. Como a maioria dos estudos sobre as causas da mortalidade, esse também incluiu controles estatísticos para fatores como idade e rendimentos. Nos primeiros anos após a perda de emprego, a mortalidade aumentou em 28% e em seguida estabilizou-se em um intervalo de 15% a 20% maior de risco de mortalidade para os próximos 20 anos. O efeito da perda de emprego no aumento da mortalidade ocorreu principalmente através de seus efeitos sobre a renda — os trabalhadores deslocados tiveram um decréscimo permanente nos ganhos subsequentes. Essa descoberta é consistente com a experiência recente do mercado de trabalho durante a recessão, em que as pessoas demitidas não só tinham dificuldade em encontrar novos empregos, mas, mesmo quando o faziam, acabavam trabalhando por valores mais baixos e menos horas que antes. Os autores do estudo observaram que esse aumento da taxa estimada de mortalidade devido a demissões significava um decréscimo de um ano e meio da expectativa de vida para alguém que perde o emprego aos 40 anos de idade.[31]

É importante notar a consistência do tamanho das estimativas sobre os efeitos das demissões e perdas de emprego em suicídios e na mortalidade geral. A vasta literatura sobre os efeitos do desemprego na saúde, a relação inversa entre o nível de renda e mortalidade/falta de saúde e os estudos da influência das demissões no aumento do risco de morte pintam um quadro consistente, apoiado por muitas evidências: demissões matam pessoas.

Demissões Levam a Problemas de Saúde

Kate Strully, socióloga da Universidade Estadual de Nova York, em Albany, usou dados do Panel Study of Income Dynamics [Estudo em Painel da Dinâmica de Renda, em tradução livre] norte-americano para examinar os efeitos da perda de emprego na saúde. Ela distinguiu a perda de emprego devido ao fechamento de fábricas ou outros estabelecimentos — uma espécie de perda de emprego "sem culpa" — da demissão por justa causa e demissão voluntária. Sua análise utilizou no início do estudo sobre o status da saúde parâmetros de controle relativos à idade, raça, gênero, renda familiar e educação, todos fatores que poderiam afetar a saúde. Além de observar o estado de saúde autorrelatado, o estudo também perguntou aos entrevistados se haviam recebido diagnóstico médico de um problema de saúde, quando o receberam e qual foi a condição médica. Strully constatou que "a perda de emprego por causa do fechamento de um estabelecimento aumenta as chances de alguém relatar saúde regular ou ruim em aproximadamente 54%... Com a condição básica de que os entrevistados sejam saudáveis, perder um emprego por causa do fechamento de um empregador aumenta em 83% as probabilidades de desenvolvimento de algum problema de saúde".[32] Mesmo as pessoas que conseguiram novos empregos sofreram consequências adversas para a saúde. Strully escreveu: "Os entrevistados que encontraram novos empregos na época da pesquisa enfrentam um aumento de 97% no risco de desenvolver um novo problema de saúde."[33]

Um estudo sobre infarto agudo do miocárdio (ataque cardíaco) acompanhou mais de 13 mil adultos de 1992 a 2010. Foi constatado que quase 70% da amostra havia perdido o emprego uma ou mais vezes durante esse período. O risco de sofrer um ataque cardíaco aumentou gradualmente de acordo com o número de demissões — pessoas que perderam o emprego eram 22% mais propensas a sofrer um ataque cardíaco; aquelas com quatro ou mais demissões tinham 63% mais chances de tê-lo do que pessoas que nunca perderam o emprego. Esses resultados se mantiveram mesmo quando fatores individuais como tabagismo, consumo de álcool e obesidade foram estatisticamente controlados.[34]

As demissões também afetam adversamente os funcionários que mantêm seus empregos, mas trabalham em unidades que realizam demissões. Mesmo aqueles que não foram demitidos sofrem maior insegurança econômica e estresse psicológico — não sabem se serão os próximos. E, como amplamente documentado, a maioria das empresas corta mais trabalhadores do que volume de trabalho. Consequentemente, os funcionários mantidos precisam trabalhar muito mais para compensar o número reduzido de pessoal responsável para realizar o mesmo número de tarefas. Esgotamento e estresse ocupacional aumentam após demissões, resultando em consequências negativas para a saúde dos empregados restantes.

Um dos estudos mais rigorosos em termos analíticos sobre esse efeito foi realizado no município de Raisio, Finlândia, no início dos anos 1990. O país passou por uma severa recessão nessa época, com o número de funcionários municipais finlandeses caindo 12% entre 1990 e 1993, com o desemprego total subindo de 3% em 1990 para 16% em 1993. Um estudo de coorte [grupo de pessoas que compartilham certas características] prospectivo com empregados, iniciado em 1990, demonstrou os efeitos do *downsizing* [técnica de reestruturação administrativa que visa reduzir custos e processos burocráticos] e explorou as diferenças para os funcionários de unidades que haviam reduzido o pessoal em maior quantidade em comparação àquelas unidades que o fizeram em menor escala. As ausências por motivos de doenças foram mais do que *duas* vezes maior entre os funcionários das unidades que mais demitiram. A prevalência do tabagismo também aumentou. Como esperado, o *downsizing* causou aumento nas demandas de serviço e insegurança econômica, o que ajudou a explicar os efeitos das demissões sobre as ausências e o tabagismo.[35]

A maioria dos estudos sobre os efeitos das demissões na mortalidade e na saúde centra-se nas pessoas demitidas ou, em poucas ocasiões, em seus colegas de trabalho que encaram insegurança econômica e cargas de trabalho mais elevadas. No entanto, o ato de demitir alguém é estressante por si só, e esse estresse contribui para fragilizar a saúde dos gestores encarregados de se livrar dessas pessoas. Isso é precisamente o que um estudo com 410 gestores — alguns dos quais haviam e outros que não haviam implementado demissões entre 2000 e 2003 — descobriu. Aqueles que haviam informado sobre possíveis demissões relataram mais problemas de saúde, maior necessidade de assistência médica para lidar com eles, mais dificuldades para dormir e maior intenção de deixar seus empregos em comparação com outros gerentes similares. A pesquisa constatou ainda que o esgotamento emocional foi responsável pelo efeito causado pelos alertas de demissões na saúde dos administradores.[36]

As Demissões Aumentam a Violência no Local de Trabalho

As demissões não aumentam o risco de mortalidade somente das pessoas demitidas. Por meio de seus efeitos sobre a violência no local de trabalho, as rescisões também aumentam o risco de mortalidade daqueles que realizam as demissões e dos que as observam. Para citar apenas um dos muitos exemplos, em 14 de novembro de 2008, Jing Wu, que havia sido demitido de seu emprego em uma startup de semicondutores em Mountain View, Califórnia, retornou à sede da empresa e solicitou uma reunião com três executivos. Na sala de conferências, o Sr. Wu sacou uma arma e matou o CEO, o vice-presidente de operações e outro executivo.[37]

A violência no local de trabalho não é uma ocorrência rara, que afeta apenas algumas pessoas. Em 1992, os Centros de Controle e Prevenção de Doenças declararam que os homicídios no local de trabalho eram um sério problema de saúde pública, contabilizando mais de 800 assassinatos anualmente.[38] Os suicídios no trabalho aumentaram 28% entre 2007 e 2008, quando a recessão estava começando. Em organizações com mais de mil funcionários, mais de 50% dos que responderam a uma pesquisa relataram ao menos um incidente de violência no local de trabalho nos 12 meses anteriores.[39]

Ralph Catalano, professor da Escola de Saúde Pública da Universidade da Califórnia em Berkeley, fez uma extensa pesquisa sobre os efeitos da insegurança econômica em vários casos, incluindo a violência no local de trabalho. Um estudo constatou que "entre os entrevistados sem histórico de comportamento violento na primeira entrevista, aqueles demitidos antes da segunda entrevista tinham seis vezes mais probabilidade de relatar tal comportamento do que pessoas semelhantes que permaneceram empregadas. O efeito permaneceu depois de devidamente considerados os fatores idade, sexo, condição socioeconômica, etnia, estado civil e presença de transtorno psiquiátrico diagnosticável".[40] Outro estudo encontrou uma relação entre demissões e a incidência de internações psiquiátricas, com homens apresentando duas vezes mais probabilidades de serem internados quando as taxas de demissões coletivas eram mais altas.[41]

A internet está repleta de exemplos de reações violentas a demissões e também de recomendações sobre maneiras de demitir que reduzam a ameaça de violência. Estão entre essas recomendações não realizar demissões na sexta-feira, ter agentes de segurança presentes e visíveis, escolher quem foi demitido das instalações e garantir que eles não tenham chaves ou outros meios de obter acesso ao prédio. Demissões provocam fortes reações emocionais. Às vezes, essas reações culminam em suicídio e, em alguns casos, atacar e tirar a vida de outras pessoas, particularmente aquelas vistas como responsáveis pela situação.

Demissões Induzem a Comportamentos Individuais Insalubres

Estudos sobre depressão e ansiedade apresentam aumento de 15% a 30% nos sintomas relatados entre pessoas que perderam seus empregos em comparação com aquelas que permaneceram empregadas.[42] Espera-se que depressão e ansiedade, combinadas com o estresse da perda de emprego, aumentem a incidência de comportamentos individuais nocivos, e é exatamente isso o que as pesquisas observam. Estudos minuciosos demonstram que o desemprego aumenta o uso de álcool,[43] maconha[44] e outras drogas.[45] Por exemplo, um estudo mostrou que estar desempregado por mais de 20 semanas dobrou o consumo total de álcool, com um aumento de 400% entre homens suecos.[46] Algumas pesquisas mostram que o risco de abuso de substâncias após a perda de emprego é ainda maior entre pessoas com histórico de uso de álcool ou drogas — o estresse do desemprego associado à exposição prévia e histórico comportamental torna tais indivíduos bastante suscetíveis a repetir as más escolhas anteriores.[47]

Essa pesquisa sugere que comportamentos individuais, incluindo os prejudiciais como abuso de álcool e de drogas e comer em excesso, são afetados por determinadas situações. Efeitos situacionais no comportamento são um princípio fundamental da psicologia social. A perda de emprego, portanto, tem efeito direto sobre a fragilização da saúde devido ao estresse e também porque contribui para que os indivíduos consumam drogas e álcool na tentativa de lidar com a situação.

DEMISSÕES MELHORAM O DESEMPENHO ECONÔMICO?

Se as demissões melhorassem o desempenho corporativo, então os custos com saúde física e psicológica e o aumento dos gastos com assistência médica precisariam ser equilibrados com os benefícios econômicos decorrentes das demissões. Note, porém, que mesmo nesse caso haveria alguma preocupação em tomar decisões socialmente otimizadas. Isso porque os benefícios da redução dos custos com a folha de pagamento vão para as empresas que demitiram, enquanto quem arca com os custos é a sociedade em geral e os indivíduos afetados. Consequentemente, há um desalinhamento de custos e benefícios. As empresas, que não enfrentam os custos totais de suas dispensas, são, assim como seriam com qualquer atividade ou recurso subvalorizado, mais propensas a realizar demissões em excesso. E os funcionários afetados, que não obtêm nenhum dos benefícios acumulados por suas antigas empregadoras, darão preferência a políticas que restrinjam as demissões e resultem na flexibilidade do mercado de trabalho.

Nesse caso, contudo, o problema é ainda pior. Isso porque as evidências sobre os efeitos das demissões no desempenho corporativo são extensas e contam uma grande, embora não consistente, história — há poucas evidências de que as demissões tragam benefícios e muitas de que podem prejudicar as empresas.

Em primeiro lugar, as demissões impõem vários custos às empresas. O professor Wayne Cascio, da Universidade do Colorado, destacou vários deles: rescisão de contrato; pagamento de férias e auxílio-doença acumulados; custos de recolocação; taxas de seguro-desemprego mais altas; custos de recontratação de funcionários quando os negócios melhoram; moral baixa e sobreviventes que são avessos ao risco; possíveis ações judiciais; sabotagem ou até mesmo violência no local de trabalho por parte de funcionários ou ex-funcionários prejudicados; perda de conhecimento e memória institucional; diminuição da confiança na administração e redução da produtividade.[48] Demissões, que muitas vezes parecem violar a norma psicológica de reciprocidade e os contratos psicológicos implícitos que dizem que o desempenho e a lealdade de funcionários devem ser recompensados, reduzem o comprometimento e o engajamento dos trabalhadores.

Reduzir o quadro de funcionários não proporciona benefícios para os negócios porque isso, por si só, raramente resolve quaisquer problemas da empresa como, por exemplo, de qualidade, produtividade ou aceitação de mercado. Na maioria das situações, o problema que as empresas em crise enfrentam não é o custo excessivo, mas receitas insuficientes. Frequentemente, os esforços para cortar custos afastam os clientes, reduzindo a proposta de valor oferecida ao mercado, o que piora o problema da receita. Existe um círculo vicioso em que as empresas oferecem menos, os clientes desertam, e, em seguida, as empresas devem perseguir a receita em declínio fazendo ainda mais cortes e assim por diante.

O setor de companhias aéreas dos EUA é uma ótima ilustração dessa dinâmica. Entre 2000 e 2007, o número de viagens *premium*, definidas como viagens de ida e volta executivas ou viagens só de ida de primeira classe, realizadas pelas companhias norte-americanas caiu 47%. Enquanto isso, o número de viagens realizadas por aviões particulares aumentaram, de modo que os voos particulares, que representavam apenas 15% das viagens *premium* em 2000, passaram a representar 40% até 2007. Talvez parte dessa mudança reflita a segurança mais rígida e a confusão que se seguiu à tragédia de 11 de setembro de 2001. Mas o setor de aviação é bastante criticado em pesquisas divulgadas pelo American Customer Satisfaction Index [Índice Norte-americano de Satisfação do Cliente, em tradução livre], da Universidade de Michigan, muitas vezes classificado logo acima das empresas de telefonia celular em termos de satisfação do cliente; o setor adicionou taxas e cortou serviços. E nenhum setor de atividade pode perder quase 50% de seus melhores e mais endinheirados clientes consegue prosperar.

Outros dados também corroboram essa visão de que o problema das companhias aéreas é a receita, devido ao afastamento dos clientes, e não os custos. Uma pesquisa feita pela associação industrial IATA relatou em 2008 que, como os voos se tornaram tão desagradáveis, as pessoas voavam menos, o que custou ao setor quase US$10 bilhões em receita naquele ano, segundo as estimativas da pesquisa. No que é essencialmente um setor de custos fixos — o custo marginal de transportar passageiros extras em um voo é muito baixo —, essa receita adicional teria feito a diferença na criação de uma atividade lucrativa mesmo no clima econômico recessivo de 2008.

Se o *downsizing* não afeta positivamente o desempenho econômico, é lógico supor que este, por sua vez, não prevê a implementação de tais programas. Em vez disso, o *downsizing* e as demissões são causados por outros fatores. Foi exatamente isso que Art Budros descobriu quando examinou a adoção de programas de *downsizing* por empresas na lista da *Fortune 100*, no período de 1979 a 1994.[49] Budros concluiu que a prática foi afetada pela proporção de empresas que já haviam iniciado esse programa — por adoção ou efeito imitação — e também pela desregulamentação e cultura desse setor. Os escritos subsequentes de Budros relataram que não há relações significativas entre as condições econômicas e o *downsizing*.[50] Outros acadêmicos relataram resultados semelhantes, com as evidências mostrando que o *downsizing* entre firmas de referência — locais de trabalho semelhantes e comparáveis — aumentou a probabilidade de que determinada empresa também realizasse demissões.[51] Em outras palavras, o contexto institucional e a simples imitação do comportamento de outras empresas influenciaram mais a adoção de programas de *downsizing* do que o desempenho econômico ou os imperativos de eficiência que emanam do mau desempenho.

Demissões e Cotação de Ações

A maioria dos estudos sobre os efeitos das demissões no preço das ações usa uma metodologia de "estudo de eventos", que avalia se as empresas que reduzem o quadro de funcionários obtêm retornos anormais do mercado de ações em comparação a outras no período imediatamente posterior ao anúncio dos cortes. Há fortes evidências de que tais anúncios têm, na melhor das hipóteses, um efeito neutro, porém, mais frequentemente negativo, sobre o preço das ações e os retornos dos acionistas. Uma análise de 141 anúncios de demissões que ocorreram entre 1979 e 1997 mostrou um retorno negativo para empresas que anunciaram cortes de pessoal com demissões em maior quantidade (na proporção da força de trabalho) e permanentes (em contraste com temporárias), produzindo reações negativas e severas nos preços das ações.[52] Outra análise de 1.445 anúncios de *downsizing* ocorridos entre 1990 e 1998 relatou que a prática teve um efeito negativo nos retornos do mercado de ações. Quanto maiores os *downsizings*, maiores os efeitos negativos.[53]

Um estudo comparando anúncios de demissões nos Estados Unidos e no Japão observou subsequentes retornos negativos e anormais para acionistas em ambos os países.[54] Uma pesquisa sobre 214 anúncios de demissões de grandes empresas canadenses listadas na Bolsa de Valores de Toronto na década de 1980 revelou que, ao longo do período de três dias após os primeiros anúncios, o valor de mercado das ações dessas empresas caiu cerca de meio ponto percentual em resposta às informações de *downsizing*.

Uma revisão recente de 12 estudos que examinaram o efeito das demissões nos retornos do mercado de ações concluiu que "em média, anúncios de *downsizing* têm um efeito negativo no preço das ações", com 9 das 12 avaliações empíricas demonstrando esse fato.[56]

De alguma maneira, a ideia de que os preços das ações caem após um anúncio de demissões não é surpreendente, já que isso geralmente significa que a organização não está indo bem. Um estudo sobre os efeitos dos cortes de funcionários no preço das ações examinou se havia diferenças entre eles dependendo do motivo anunciado para tais medidas. As empresas que citaram a queda na demanda como explicação para o *downsizing* tiveram retornos negativos sobre as ações, enquanto as que justificaram as demissões por motivos de eficiência não tiveram os preços afetados.[57]

Demissões e Lucratividade

Wayne Cascio estudou a lucratividade das empresas no índice Standard and Poor's 500 no período de 1982 a 2000. Ele descobriu que as empresas que realizaram *downsizing* permaneceram menos lucrativas do que aquelas que não reduziram funcionários. Outro estudo, estatisticamente controlado quanto à lucratividade anterior, examinou 122 empresas. No entanto, o *downsizing* reduziu a lucratividade subsequente e as consequências negativas desse processo foram evidentes em setores de atividade com muita pesquisa e desenvolvimento.[58] Uma pesquisa da American Management Association [Associação Norte-americana de Administração] avaliou as percepções das empresas sobre os efeitos do *downsizing* — provavelmente tendenciosas em favor de demissões, já que as empresas e seus executivos não gostam de admitir que cometem erros — e observou que apenas metade delas relatou que o *downsizing* aumentou seus lucros operacionais.[59]

Demissões e Produtividade

A mesma pesquisa da American Management Association também mencionou que apenas um terço das empresas relatou um efeito positivo do *downsizing* na produtividade dos funcionários.[60] Um estudo avaliou mudanças de produtividade entre 1977 e 1987 usando dados de mais de 140 mil estabelecimentos dos EUA cobertos pelo Census of Manufacturing [Censo da Indústria Manufatureira, em tradução livre]. Os dados mostraram que as empresas cuja produtividade aumentou tinham a mesma probabilidade de contratar quanto de demitir funcionários. A conclusão foi que o crescimento da produtividade observado durante a década de 1980 não podia ser atribuído ao fato das empresas tornarem-se mais eficientes.[61] Peter Cappelli, professor da Wharton, observou que os custos trabalhistas por funcionário — uma medida da produtividade — melhoraram após o *downsizing*, mas as vendas por empregado, um indicador diferente de produtividade dos funcionários e lucratividade empresarial, diminuíram.[62]

Uma das razões pelas quais o corte de funcionários não melhora a produtividade é que, muitas vezes, as pessoas mais capazes e competentes se dirigem à saída quando as demissões são anunciadas, deixando as menos talentosas para trás. Outra questão é que, às vezes, as empresas precisam de mais funcionários do que mantiveram para realizar o mesmo volume de trabalho após *downsizing*, de modo que acabam recontratando os demitidos como trabalhadores terceirizados. Isso não é econômico. Após pagar as rescisões contratuais, as empresas então contratam de volta pessoas que acabaram de demitir e não apenas têm que pagá-las, mas também precisam arcar com a margem de lucro da empresa de terceirização. Uma pesquisa da American Management Association descobriu que um terço das empresas que realizaram demissões acabou recontratando alguns dos funcionários demitidos como terceirizados porque suas habilidades ainda eram necessárias.[63]

Demissões e Inovação

As demissões podem ter vários efeitos negativos na capacidade das empresas de inovar. Primeiro, o medo que acompanha o *downsizing* reduz a disposição para assumir os riscos que acompanham a atividade inovadora. Segundo, quando as pessoas deixam o serviço, as redes de relacionamentos existentes dentro da organização são rompidas. Inovar implica a busca de conhecimento, coordenação de atividades entre várias unidades, como design de produto, fabricação, vendas e marketing, a transferência de conhecimento dentro da empresa e a realização de projetos. Interromper as redes existentes de relações sociais torna esses processos mais difíceis de serem realizados de forma rápida e eficaz.

Não é de admirar, portanto, que os estudos concluam que as demissões retardam a inovação. Um estudo com mais de 200 empregadores em Portugal relatou que o *downsizing* inibiu o comportamento inovador.[64] Uma avaliação sobre os impactos do ambiente de trabalho na criatividade em uma empresa de tecnologia, realizada antes, durante e depois de um grande *downsizing*, observou que a criatividade e a maioria dos aspectos que a estimulam em um ambiente de trabalho declinaram enquanto as demissões estavam em andamento, embora tenham se recuperado um pouco depois.

Por que as Demissões Raramente Ajudam os Empregadores

As demissões, assim como todas as decisões, geram efeitos de feedback, e as evidências indicam que esses efeitos, incluindo o aumento do medo, da desmotivação e da redução de esforço por parte dos funcionários, frequentemente anulam quaisquer efeitos diretos positivos resultantes do corte de custos por redução da folha de pagamento. Um resumo de várias pesquisas concluiu que "há um consenso de que o *downsizing* resulta em menor engajamento no trabalho e menor comprometimento organizacional entre os sobreviventes" e que "*downsizing* resulta em criatividade reduzida", tem um "impacto negativo em diferentes aspectos da melhoria da qualidade" e "resulta em um declínio significativo em outras dimensões do desempenho ocupacional".[66] Como Gary Hamel, que escreve sobre gestão, observou com frequência, isso dificulta que as empresas trilhem o caminho para o sucesso. Cortar pessoal só torna a empresa menor, não melhor, nem mais capaz de atender às necessidades dos clientes ou, como vimos, mais produtivas, eficientes ou inovadoras.

Quando as empresas começam a cortar pessoal, os funcionários que têm outras opções se dirigem à saída mais próxima. Os que não conseguem mudar para um trabalho melhor, procuram os colegas para fofocar e obter apoio social. Mesmo que as empresas precisem de esforço e talento para melhorar seus resultados comerciais, as demissões afastam os talentosos e deixam as pessoas remanescentes preocupadas, em vez de motivadas. É por isso que, há alguns anos, Hap Wagner, CEO da Air Products na época, disse-me: "Demoramos dois meses para decidir demitir, duas semanas para demitir e dois anos para nos recuperarmos." David Cote, CEO da Honeywell, fez este comentário sobre a tentativa de evitar demissões durante a recessão que começou em 2008: "A maioria dos administradores subestima quanto transtorno as demissões criam; elas consomem a todos na organização por pelo menos um ano. E esses mesmos gerentes normalmente superestimam os gastos que conseguirão poupar."[67]

Se as demissões não beneficiam as empresas, por qual motivo são adotadas como medida, além do fato de serem socialmente aceitas e estarem na moda? Talvez parte da resposta venha de um estudo que examinou a relação entre demissões e os salários dos executivos do alto escalão. As empresas que anunciaram demissões no ano anterior ao estudo pagaram mais a seus CEOs e deram a eles maiores aumentos percentuais do que as empresas que não anunciaram *downsizing* no mesmo período.[68]

As evidências sugerem que o corte de funcionários não ajuda as empresas a obter melhores resultados e mostram que o fechamento de fábricas e demissões prejudicam os seres humanos, criando sofrimento psicológico, doenças físicas e morte.

AS EMPRESAS NÃO TÊM QUE RECORRER ÀS DEMISSÕES

Na quarta-feira, 12 de setembro de 2001, nenhuma aeronave voou nos Estados Unidos. Um dia depois de dois aviões colidirem com o World Trade Center e um cair na Pensilvânia, não se sabia quando as viagens aéreas poderiam ser retomadas, nem quais seriam as condições operacionais e logísticas para que fossem reiniciadas — que tipos de esquemas de segurança seriam necessários e como eles funcionariam. Como os Estados Unidos já começavam a sentir os efeitos de uma recessão, não estava claro qual seria a demanda por viagens aéreas. Nos dias que se seguiram ao 11 de setembro, as companhias aéreas norte-americanas, como a American, a Delta e a United, fizeram o mesmo que haviam feito tantas vezes antes — demitiram funcionários, cerca de 80 mil no total. Todas as grandes companhias aéreas anunciaram demissões quase imediatamente após a data. Quer dizer, todas, exceto uma.

A Southwest Airlines enviou um e-mail para seus funcionários e, nessa mensagem, observou que em toda sua história nunca houve demissões ou licenças coletivas. Embora não prometesse que nunca teria que fazê-lo, a companhia aérea deixou claro que estava comprometida com seu pessoal. Voltem ao trabalho e ofereçam um excelente serviço aos clientes quando isso for possível novamente, e a empresa fará o melhor para garantir o bem-estar de seus funcionários e passageiros. A Southwest, mesmo oferecendo aos seus clientes reembolsos sem burocracia, quando solicitado, manteve seu cronograma de voos e fez uma contribuição já prevista de US$179 milhões para o plano de participação nos lucros dos funcionários logo após o 11 de setembro. No final de 2001, a Southwest não só obteve lucro anual, como também foi rentável no quarto trimestre e ganhou mercado sobre seus concorrentes domésticos. Em 2002, a empresa tinha uma capitalização de mercado maior do que todo o resto do setor de aviação civil norte-americana combinado.

É mentirosa a ideia de que todas as empresas, especialmente aquelas que operam em setores econômicos cíclicos, devem recorrer a demissões como parte rotineira de sua forma de fazer negócios. Por um longo tempo, a Xilinx, fabricante de semicondutores, evitou os ciclos de demissões e recontratações, tão comuns nessa indústria. Na recessão de tecnologia de 2001 e 2002, quando a Intel e a Advanced Micro Devices cortaram nove mil empregos, a Xilinx não demitiu nenhum de seus 2.600 funcionários.[70] A Toyota tenta evitar demissões mesmo quando o mercado de automóveis não vai bem. Ela procurou manter funcionários na folha de pagamento não apenas no Japão, mas também nas fábricas norte-americanas da empresa.

A fabricante de equipamentos de soldagem Lincoln Electric, com sede em Cleveland, Ohio, sobreviveu a duas guerras mundiais e a vários ciclos econômicos sem sacrificar seus funcionários ou seus empregos. A empresa é famosa por seu plano de incentivo à participação nos lucros, que varia em função da obtenção de certos objetivos, individuais ou coletivos, e ajuda a Lincoln a evitar as demissões. Como o pagamento diminui quando os lucros caem durante as recessões, a Lincoln Electric pode evitar as demissões à medida que seus custos salariais diminuem. Um ex-CEO da empresa descreveu o *downsizing* como "estúpido", e um CEO mais recente, veterano de longa data da empresa, observou: "Acho que minha filosofia e a de meus predecessores é que podemos atuar em um ambiente econômico difícil e podemos partilhar essa dor de uma forma que, em longo prazo, represente melhor os interesses de nossos acionistas sem crucificar nossa base de funcionários."[71]

A SAS Institute, a maior empresa privada de software do mundo, com vendas de mais de US$3,2 bilhões em 2016, usou a crise tecnológica no início dos anos 2000 para contratar centenas de pessoas e, assim, obter talentos e posição no mercado. Quando a próxima recessão econômica começou, entre 2007 e 2008, Jim Goodnight, o CEO, observou que os funcionários frequentemente perguntavam se haveria demissões. Ele enviou um e-mail incentivando as pessoas a serem cuidadosas com as despesas, mas assegurando-lhes que não haveria demissões devido à crise. Segundo ele me disse, embora as vendas não tenham crescido tão rápido durante a recessão como no passado — o que não é nenhuma surpresa —, a lucratividade foi razoável. Com seus empregos assegurados, as pessoas puderam se concentrar em seus trabalhos e serem mais produtivas e, gratas por um empregador compassivo, retribuíam com diligência e criatividade — e com maior atenção para manter as despesas estáveis.

As demissões refletem os valores da empresa. A grande cadeia de supermercados Whole Foods Market passou pela crise econômica do final dos anos 2000 demitindo menos de cem pessoas. Chip Conley, fundador e líder da Joie de Vivre Hospitality, uma das maiores cadeias de hotéis boutique dos Estados Unidos, tentou minimizar demissões mesmo quando as receitas da empresa caíram mais de 30% na recessão do final dos anos 2000. Depois daquela experiência dolorosa, quando a economia se recuperou, Conley comentou que vendeu sua participação na cadeia de hotéis para que não precisasse passar pela experiência de demitir tantas pessoas novamente.

Alguns países industrializados adotaram políticas públicas que incentivam os empregadores a manter seus trabalhadores. Em muitos países europeus, as empresas que demitem funcionários são obrigadas a pagar grandes multas rescisórias, o que as obriga a pesar se a economia esperada na folha de pagamento compensa os custos com rescisões. Outras políticas exigem o aviso prévio de demissões e, em alguns casos, consultas com sindicatos ou conselhos de trabalhadores. Embora tais políticas supostamente criem mercados de trabalho inflexíveis que resultam em desemprego mais alto e menor crescimento do número de empregos, as evidências sobre esses efeitos são mistas.[72] Além disso, nenhum estudo sobre os efeitos no mercado de trabalho equilibra os custos de maior segurança econômica contra os benefícios em saúde e bem-estar.

A Alemanha, reconhecendo que quando as pessoas perdem seus empregos recebem seguro-desemprego e outros benefícios sociais, ofereceu às empresas uma fração desses pagamentos antecipados para induzi-los a manter seus trabalhadores, mesmo que por meio período. As políticas alemãs reduzem a extensão do deslocamento econômico que ocorreria durante as recessões. O fato é que políticas públicas são um fator importante que afeta as decisões das empresas sobre demissões. Além disso, os custos gerados precisam ser considerados na decisão sobre os benefícios e custos das políticas que buscam reduzir a insegurança econômica e os *downsizings*.

A EXTERNALIZAÇÃO DOS CUSTOS SOCIAIS

Não há dúvida de que menos empresas hoje tentam manter uma política de não demissão do que no passado. Essa mudança reflete o quanto o *downsizing* se tornou parte do kit de ferramentas de gerenciamento e como os valores sociais mudaram de tal forma que os trabalhadores não esperam mais construir suas carreiras dentro de uma única empresa. As empresas são, na maioria das vezes, não mais comunidades, mas um nexo de contratos de mercado de trabalho, muitas vezes temporários. O aumento da frequência de demissões também reflete valores sociais que aparentemente valorizam a eficiência econômica e retorno de capital em detrimento do bem-estar humano.

Mas a flexibilidade do mercado de trabalho tem um preço para os funcionários, tanto em saúde física quanto mental. Em sua maior parte, as empresas que demitem não arcam com os custos impostos. Uma vez que deixam de ser seus empregados, os agora ex-empregadores não são responsáveis pelos custos com assistência médica nem sofrem com a redução da produtividade laboral decorrente de sofrimento psicológico e de comportamentos prejudiciais. Os custos impostos por suas decisões, que os empregadores não veem e com os quais não precisam arcar, levam a demissões excessivas, que parecem menos dispendiosas do que são.

A menos e até que as organizações que realizam *downsizing* arquem com os custos totais de suas decisões, a sociedade e os trabalhadores continuarão a carregar o peso das decisões organizacionais, que serão, necessariamente, abaixo do padrão esperado, devido ao erro de cálculo das consequências causadas pelas demissões.

Capítulo 4
Sem Plano de Saúde, Sem Saúde

DAN É PEDREIRO ao norte do estado de Nova York. Alvenaria é um trabalho duro — sempre agachando, levantando, erguendo e carregando muito peso. Aos 45 anos, Dan me diz que tem dores nas costas, nos ombros, nas pernas e nos braços, mas, felizmente, não tem problemas de saúde mais sérios. Um outro fato a levar em conta: o norte do estado de Nova York tem invernos rigorosos, portanto, durante cerca de quatro meses do ano, a menos que Dan tenha muita sorte em encontrar algum trabalho interno, ele não terá nenhuma renda.

Cerca de dois anos atrás, Dan decidiu trabalhar por conta própria e agora tem um funcionário contratado. É uma vida difícil mas, em alguns aspectos, melhor do que quando Dan era empregado dos outros. Ele está aprendendo a participar de licitações e a balancear cargas de trabalho para que tenha a quantidade certa de serviço, não tanto que não possa fazer um bom trabalho e manter os projetos dentro do cronograma, mas não tão pouco que ele não ganhe dinheiro suficiente para se sustentar. Como trabalhador, Dan sempre enfrentou algum grau de insegurança econômica. Agora enfrenta ainda mais variação em relação a quanto trabalha e quanto dinheiro ganha. Porém, como seu próprio patrão, ele tem mais controle sobre seu trabalho — com os efeitos positivos que tal controle proporciona.

Pergunto a Dan se ele tem plano de saúde. "Não", ele responde. E quanto ao Obamacare? Ele responde com uma risada dizendo que "a Lei de Proteção ao Paciente e Serviços de Saúde Acessíveis não é tão acessível assim". As medidas mais econômicas oferecidas pelos seguros não cobrem muito. Com renda sazonal e incerta, Dan expressa relutância em se comprometer com mais uma obrigação fixa mensal. Eu desisto de perguntar se ele sabe sobre os subsídios que ajudam pessoas de baixa renda a pagar um plano de saúde. Pesquisar a elegibilidade e solicitar os subsídios seria mais uma tarefa nos dias longos de Dan — ele me conta que às vezes chega em casa, depois de 12 horas de trabalho físico pesado, cansado demais até para jantar. Navegar pelo mercado de planos de saúde exigiria que ele interagisse com um site do governo que não funciona perfeitamente, com escolhas complexas e multidimensionais que mudam com frequência e também lidar com vários formulários e organizações.

Dan me diz que espera pelo melhor — manter a boa vitalidade e não precisar acessar o sistema de saúde. Ele também diz que conhece pouquíssimos pedreiros que são capazes de trabalhar até os 60 anos ou até a idade em que podem se qualificar para o Medicare. Os pedreiros geralmente enfrentam problemas nas costas, nos ombros, no pescoço e nas pernas — problemas que necessitam de acesso ao sistema de saúde para serem resolvidos. O plano de Dan é construir seu negócio para que possa contratar outros pedreiros mais jovens que façam o trabalho mais pesado, enquanto ele se torna o supervisor e o responsável pelo desenvolvimento comercial. Minha conversa com Dan revela um ser humano bondoso, sincero e prestativo, que está fazendo o melhor que pode em uma economia que tem sido difícil para a classe média. Digo-lhe que espero que ele não fique doente sem plano de saúde.

A história de Dan não é incomum. Os Estados Unidos foram e continuam a ser diferentes na promoção de acesso a cuidados de saúde do que qualquer outro país industrializado avançado. E o país também difere, e não de maneira positiva, nos resultados em saúde. Em comparação com outras 16 nações desenvolvidas, os Estados Unidos têm a quarta maior taxa de mortalidade por doenças infecciosas, a maior taxa de mortalidade materna e infantil e a segunda maior mortalidade por doenças não transmissíveis, como diabetes e doenças cardíacas. Uma comparação entre 21 países, realizada no ano 2000, revelou que os Estados Unidos tinham o maior grau de desigualdade no número de consultas médicas.[1]

Existem três fatos importantes sobre planos de saúde. Primeiro, não ter plano de saúde ou um seguro adequado com benefícios suficientes afeta adversamente a saúde, a mortalidade e o bem-estar financeiro. Conforme descrito em maiores detalhes mais adiante neste capítulo, cerca de 50 mil pessoas morrem anualmente nos Estados Unidos por não terem plano de saúde e, portanto, não terem acesso a exames preventivos ou a assistência médica de excelente qualidade. Pessoas sem plano de saúde também enfrentam estresse financeiro e de outros tipos causados pelo fato de conseguirem apenas acesso medíocre ao sistema de saúde e contraírem contas que não podem pagar. Como observado no Capítulo 2, a falta de plano de saúde tem sido a maior contribuinte para o total de 120 mil mortes excedentes anuais devido às condições de trabalho nos Estados Unidos.

Segundo, não ter plano de saúde não é apenas um problema para segmentos marginais da população como, por exemplo, imigrantes ilegais, desempregados, pessoas não economicamente ativas ou pessoas com menos de 65 anos (idade que qualifica para o Medicare). A falta de plano de saúde e, portanto, a incapacidade de acesso à assistência médica se tornaram um problema cada vez mais difundido que afeta muitas pessoas, mesmo aquelas que trabalham em tempo integral, nos Estados Unidos.

Terceiro, nos EUA, para quem recebe plano de saúde do empregador, a boa notícia é que eles têm amparo. Porém, notícia não é tão boa: além da pequena força de trabalho do setor privado empregada sob acordos coletivos, tudo sobre a cobertura de seguro de uma pessoa é determinado unilateralmente pelo seu empregador. Isso significa que os custos do plano de saúde de alguém, as regras que determinam quais médicos e hospitais esse indivíduo pode usar, quanto essa pessoa pagará pelos medicamentos e tratamentos e quais tratamentos específicos para quais condições o seguro cobrirá ou não estão a critério dos empregadores, que podem mudar, e mudam, as condições de cobertura o tempo todo. Os funcionários podem facilmente se deparar com dificuldades para entender os benefícios e brigas com a seguradora contratada pelo empregador sobre a cobertura médica.

Mesmo os empregadores bem-intencionados podem não entender completamente como seus planos operam, porque o seguro-saúde é administrado por companhias de seguro e não por departamentos de recursos humanos. Portanto, os empregadores têm visibilidade limitada das situações enfrentadas por seus trabalhadores. O resultado: uma grande fração da força de trabalho dos EUA, mesmo pessoas com plano de saúde, relatam atrasos ou não recebimento de atendimento médico e não obtenção de medicamentos ou assistência odontológica necessária por causa dos custos. Por exemplo, em 2015, a Gallup informou que quase um em cada três norte-americanos atrasou o tratamento médico no ano anterior por causa dos custos, uma fração inalterada mesmo após a aprovação da Lei de Proteção ao Paciente. Além disso, as pessoas que adiam a obtenção de assistência médica por conta dos custos são mais propensas a dizer que o fizeram por uma condição de saúde *séria* do que por uma menos séria.[2] Mesmo quando recebem cuidados, elas podem enfrentar estresse e ter que gastar tempo e energia para lidar com suas seguradoras para obter os reembolsos, esforços que distraem as pessoas de suas principais responsabilidades no trabalho.

A FALSA ESCOLHA

As empresas parecem acreditar que está em jogo optar entre oferecer benefícios de plano de saúde que favoreçam seu pessoal e economizar dinheiro mantendo os custos baixos para aumentar seus lucros. Mas, como muitas das escolhas entre aspectos do bem-estar do empregado e das dimensões do desempenho organizacional, esse é um falso dilema. Manter os funcionários saudáveis — e satisfeitos com seus planos de saúde — é coerente com o desempenho econômico, especialmente se considerarmos os custos gerados com pessoas que perdem tempo brigando com as seguradoras, a rotatividade, a desmotivação e insatisfação dos funcionários.

De acordo com Dean Carter, chefe de recursos humanos da fabricante de roupas e varejista Patagonia, a empresa oferece assistência médica desde o primeiro dia de trabalho para todos os funcionários de período integral e parcial — qualquer um que não seja sazonal ou temporário. Além disso, não há custos para os empregados segurados. Embora a Patagonia opere em um mercado competitivo, ela acredita que proporcionar cobertura de saúde aos funcionários é consistente com seus valores e boas práticas de negócios. Como Carter observou:

> Acreditamos que todos devem ter plano de saúde. Houve certa preocupação no início de que as pessoas optariam por não ter assistência médica, mesmo funcionários de meio período. E poderiam circular pela empresa essas "caixinhas" para arrecadar dinheiro porque "fulano de tal" acabou de ser internado. Nós acreditamos que isso é algo que as pessoas não deveriam ter que fazer. Todos recebem assistência médica, temos um baixo custo máximo de serviços não cobertos para os funcionários e tentamos evitar as coparticipações financeiras deles.

Tal sistema não apenas ajuda a manter as pessoas nos empregos, mas também reduz o estresse e permite que elas se concentrem em seu trabalho, em vez de se preocupar com o acesso e o custo da assistência médica.

Pesadelos Administrativos e Seus Custos

A Collective Health é uma provedora de soluções em planos de saúde com foco no cliente e nos serviços prestados para empregadores e projetados para beneficiar os funcionários. A história da seguradora começa com Ali Diab, que vendeu uma empresa para o Google e permaneceu como funcionário. Em 2013, Diab sentiu uma dor aguda no abdome, que um exame de emergência revelou ser causado por uma torção de seu intestino sobre si mesmo, cortando a circulação em cerca de três metros do intestino delgado. Ele precisou de uma cirurgia de emergência.

Depois de enfrentar com sucesso uma condição dolorosa, perigosa e que ameaçou sua vida e de um longo período de recuperação, Diab se deparou com alegações das seguradoras de que alguns de seus tratamentos eram experimentais e, portanto, não cobertos, e que outros tratamentos e remédios eram desnecessários; outros procedimentos foram negados porque ele não obteve as pré-aprovações necessárias. Para resumir a história, as seguradoras propuseram deixar Diab com uma conta médica de seis dígitos. Diab era um executivo sênior do Google. Ele conhecia Larry Page, cofundador da empresa. Page ligou para a seguradora, o que resolveu o impasse, e também ofereceu recursos do Google, se necessários, para ajudar nas despesas. Como Ali Diab me contou emocionado, enfrentar uma grave crise de saúde que aterrorizou a ele e à sua família foi ruim o bastante sem ter que entrar em guerra com uma seguradora — uma guerra que ele ganhou por causa de suas conexões e posição sênior.

Ali Diab decidiu fundar a Collective Health para tornar a experiência de lidar com planos de saúde mais fácil para os funcionários. Ao defender os interesses dos funcionários em questões de assistência médica e usar as mais inovadoras tecnologias de informação, a Collective Health prometeu que os funcionários gastariam menos tempo lidando com a burocracia envolvida. E como os empregados recebem mais benefícios do que custos associados à cobertura do seguro, desenvolvem mais lealdade e conexões mais profundas com seus empregadores. Terceiro, como uma organização cuja especialidade é a saúde, mercado de seguro-saúde e saúde dos funcionários, a Collective Health seria capaz de aliviar parte dos encargos dos departamentos de recursos humanos e benefícios, outro ganho para os empregadores.

Simplificando, as empresas pagam muito dinheiro pela cobertura do plano de saúde, mas esse amparo é frequentemente administrado de uma maneira que irrita os funcionários e impõe cargas de estresse e tempo tanto a eles quanto aos executivos de recursos humanos de suas empresas. É como se nenhum dos lados lucrasse. As empresas pagam por planos que muitas vezes incomodam seus funcionários e absorvem o desperdício de tempo que eles passam aprendendo e lutando pelos benefícios.

O quase absoluto poder que empregadores nos Estados Unidos têm em determinar as condições de acesso ao seguro-saúde — e, consequentemente, à assistência médica — é diferente de quaisquer outros países industrializados e avançados. Todos os outros países industrializados proporcionam cobertura de saúde a todos os cidadãos, independentemente da idade ou status de emprego.[3] A cobertura de saúde de responsabilidade do empregador não é causa de sentimentos contraditórios apenas aos funcionários; também impõe exigências aos empregadores. Fornecer cobertura requer muito esforço por parte das empresas para adquirir planos que ofereçam benefícios razoáveis sem custar muito. Os empregadores geralmente veem as muitas decisões a serem tomadas no planejamento de seus planos de saúde como um fardo. Selecionar entre as opções de companhias de seguros e outros provedores e contratar consultores que os ajudem a decidir custa dinheiro.

Ainda mais importante, quando os empregadores tomam decisões sobre plano de saúde que perturbam sua força de trabalho, algo fácil de ocorrer inadvertidamente, arriscam gerar respostas que vão desde pessoas pressionando o departamento de recursos humanos até maior rotatividade de funcionários e possíveis intervenções de sindicatos. Portanto, está claro que os empregadores não se beneficiam dos atuais formatos de seguro-saúde — uma situação que ofereceu uma oportunidade, bem como uma causa, para empresas como a Collective Health.

MENOS NÃO É MAIS

Há alguns anos, eu estava me preparando para fazer uma apresentação ao Human Capital Leadership Council [Conselho de Liderança e Capital Humano, em tradução livre] da Hewitt (agora Aon Hewitt, pós-fusão) sobre como as decisões organizacionais afetam a saúde. O conselho era composto por líderes de recursos humanos de alguns dos melhores clientes da Hewitt — algumas das maiores e mais conhecidas corporações norte-americanas, que na época incluíam Hewlett-Packard, American Express, Marriott, Cargill e Google. Quando estava repassando minha palestra, que incluiria uma discussão sobre os efeitos na saúde dada a falta de seguro, meu "contato" na empresa disse para deixar de fora essa parte da apresentação, porque "todos são grandes empregadores. Todos oferecem seguro-saúde. Então, isso não é relevante para eles". Não é bem assim, por razões que explicarei em breve.

Enquanto eu preparava este livro, um amigo, revisando o esboço, disse: "Por que você tem um capítulo sobre plano de saúde? O acesso a seguros e assistência não é mais um problema agora que a Lei de Proteção ao Paciente foi aprovada, certo?" Deixando de lado que as tentativas de revogar o Obamacare continuam enquanto escrevo, até mesmo a lei falhou e muito em fornecer cobertura de saúde universalizada, como deixa clara a experiência do pedreiro Dan.

Ou considere o dilema dos trabalhadores de cassino em Atlantic City. A cidade perdeu cerca de metade de seus empregos em cassinos nos últimos sete anos. Com os empregos, foram-se também os planos de saúde. Muitos dos cassinos restantes, de propriedade de empresas de "private equity" [as que se dedicam a investir em participação acionária] ou que enfrentam dificuldades financeiras, eliminaram ou reduziram os benefícios do plano de saúde. Muitos trabalhadores de hotéis em Atlantic City são organizados por um sindicato que os entrevistou e compartilhou os resultados com um colega de Stanford e especialista em políticas de saúde, Arnold Milstein. Milstein compartilhou comigo alguns dos dados da pesquisa.

Das pessoas entrevistadas, 72% disseram que o custo do plano de saúde afetou sua capacidade de pagar suas contas mensais; 72% disseram que não conseguiam resolver problemas de saúde atuais; 63% acreditavam que sua saúde estava se deteriorando porque não possuíam plano de saúde, 75% não podiam pagar por novas opções de plano de saúde e mais da metade dos entrevistados relataram sintomas de depressão. A ideia de que o acesso ao seguro-saúde e à assistência médica deixou de ser um problema está errada. Se alguma coisa mudou, foi para pior.

Os custos do seguro-saúde são economicamente significativos, não apenas para os indivíduos, mas também para as empresas. Por exemplo, a General Motors, ao menos em uma ocasião, gastou mais com plano de saúde do que com aço.[4] Os empregadores normalmente gastam cerca de US$12 mil por ano por empregado com um plano de saúde cuja cobertura se estende ao cônjuge. Para um empregador com mil funcionários, o custo de US$12 milhões por ano é grande o suficiente para chamar a atenção da administração. Para empregadores ainda maiores, os custos com saúde são consideráveis. Os que optam por oferecer seguro podem enfrentar desvantagens de custos em comparação aos concorrentes que preferem não fazê-lo.

A meta de política pública de tirar o plano de saúde da concorrência entre as empresas, para que não haja desequilíbrio na competitividade entre o que elas oferecem, é uma das razões pelas quais muitos outros países não deixam as decisões e os custos dos planos de saúde a critério dos empregadores. Em vez disso, os governos e a população da maioria das outras economias avançadas acreditam que, em sociedades relativamente ricas, o acesso à saúde é um direito humano fundamental que não deve estar sujeito a preocupações com custos do empregador. Como o plano de saúde é ao mesmo tempo custoso e arbitrário, as duas recessões do início e do final da década de 2000, que encorajaram empregadores de todos os tipos e em todos os setores da economia norte-americana a enfatizar o controle de custos, prejudicaram o acesso dos funcionários à cobertura de planos de saúde e aumentaram o já grande número de pessoas nos Estados Unidos que não tinham o seguro.

Conforme observado pela Kaiser Family Foundation, em 2010, pouco antes da Lei de Proteção ao Paciente começar a ser implementada, havia mais de 49 milhões de pessoas não idosas sem seguro nos Estados Unidos.[5] O número de não segurados cresceu porque a oferta por parte das empresas de planos de saúde para os não idosos havia caído de 69,3% para 58,8% entre 2000 e 2010.[6] Em 2011, cerca de 40% de todos os empregadores *não* ofereciam plano de saúde a *nenhum* de seus funcionários. Além disso, mesmo entre os 60% dos empregadores que ofereciam seguros, mais de um em cada cinco de seus funcionários (21%), em média, não se qualificavam para receber a cobertura, ou porque trabalhavam meio período e tinham horas de trabalho insuficientes ou porque trabalhavam para o empregador por um período muito curto para atender aos padrões de elegibilidade.[7] Além disso, "trabalhadores de baixa renda que se qualificam para cobertura do seguro muitas vezes não podem pagar a parcela, especialmente para cobertura familiar".[8]

Enquanto o plano de saúde torna-se cada vez mais indisponível para os trabalhadores, também se torna cada vez mais caro de manter para quem que tem acesso à cobertura. Entre 2001 e 2011, a contribuição média dos funcionários para cobertura individual aumentou de US$355 para US$921 por ano (um aumento de 159%) e a contribuição média para cobertura familiar passou de US$1.787 para US$4.129 (um aumento de 131%) anualmente. Até 2015, o custo da cobertura individual aumentou para US$1.071 e a cobertura familiar, para US$4.955.[9] As despesas com cobertura familiar e individual pagas pelos funcionários aumentaram em um ritmo mais rápido do que os custos totais dos prêmios dos seguros-saúde. Isso porque, além de os empregadores diminuírem a cobertura e aumentarem os requisitos de elegibilidade, também transferiam custos para os funcionários.

E eles não só reduziram o acesso ao plano de saúde e aumentaram as cargas de custos, mas, em um movimento adicional para cortar gastos, os planos de saúde fornecidos muitas vezes não cobriam todas as necessidades médicas ou então o faziam com copagamentos e deduções tão altos que as pessoas recusavam o tratamento.

Dados de uma pesquisa do governo federal [dos EUA] são reveladores. Em 2014, após a implementação da Lei de Proteção ao Paciente, a proporção de pessoas que relataram recusar tratamento médico ou medicamentos controlados por causa dos custos foi *maior* do que havia sido em 1997, antes da aprovação da legislação nacional de saúde, embora ambos os números fossem inferiores aos de 2010, logo após a recessão e antes da Lei de Proteção ao Paciente entrar em vigor. Além disso, embora a porcentagem de pessoas que disseram recusar assistência médica ou medicamentos devido aos custos fosse obviamente maior entre não segurados, quase 6% dos segurados recusaram ou adiaram tratamentos médicos pelas mesmas razões.[10] Uma análise do sistema norte-americano de saúde pelo *New England Journal of Medicine* argumentou que "a crescente prevalência de subseguros pode muito bem ser a tendência mais séria", ainda pior do que a falta de seguro, em implicações para a saúde. O relatório forneceu dados que mostram uma transferência substancial de custos para os indivíduos e taxas crescentes de seguros de valor inferior que limitam o acesso aos tratamentos.[11]

Por causa das decisões do empregador, "ter um emprego não garante acesso a um plano de saúde; na verdade, cerca de 38 milhões de não segurados (77%) são de famílias com pelo menos uma pessoa economicamente ativa".[12] Além do mais, 61% dos não segurados eram de famílias com um ou mais indivíduos trabalhando em *período integral*. Os dados da pesquisa mostram que há uma maior probabilidade de pessoas não seguradas pertencerem a minorias, não terem educação além do ensino médio, serem de famílias de baixa ou média renda e jovens. Mais de quatro quintos dos não segurados são cidadãos nativos ou naturalizados dos EUA, o que significa que não ter plano de saúde não é algo que afeta apenas trabalhadores "ilegais" [do ponto de vista de sua situação como imigrantes].

Esses fatos significam que as profundas disparidades étnicas e de renda nos resultados em saúde, um foco crescente tanto das pesquisas quanto das políticas públicas, podem ser, ao menos em parte, atribuídas às diferenças de renda étnicas e familiares entre os que têm plano de saúde corporativo. Por exemplo, uma análise mostrou que, enquanto pessoas negras compreendiam 34% da população dos EUA, elas representavam 52% das pessoas sem plano de saúde.[13]

As decisões do empregador em proporcionar plano de saúde são, como já foi observado, um problema típico de ação coletiva. Se todos oferecerem, nenhuma empresa estará em desvantagem de custos em relação a isso. Além do mais, os custos (mais altos) para tratar os não segurados não são transferidos daqueles que não fornecem seguro para aqueles que o fazem. Essa transferência de custos ocorre porque os médicos e, particularmente, os hospitais e clínicas aumentam suas taxas para aqueles que têm seguro para recuperar os custos não compensados dos não segurados. Por exemplo, um estudo de dados estatísticos estaduais detalhados relatou que, em 2002, os cuidados médicos não compensados apenas no estado de Maryland totalizaram US$529 milhões.[14] Mas, como em todas as situações de ação coletiva, há fortes incentivos para que os empregadores individuais desertem. Ao não fornecer seguros, eles podem reduzir seus custos abaixo da concorrência e transferir os custos com serviços de saúde dos funcionários para outros.

À medida que aumenta a proporção de empregadores que não oferecem seguros ou que os tornam excessivamente caros para que menos pessoas se utilizem deles, outros empregadores que oferecem seguro acessível estão em crescente desvantagem econômica com relação a custos competitivos. As implicações de transferências dos custos de seguro aumentam porque aqueles que oferecem seguros pagam duas vezes — uma vez diretamente, mediante suas contribuições de seguro, e uma vez indiretamente, através dos impostos que pagam para financiar programas de saúde pública que atendem àqueles que não são segurados. Assim, especialistas em seguros de empresas de consultoria me disseram que chegará um ponto em que mais e mais empregadores nos EUA abandonarão a prestação de plano de saúde privado por causa da necessidade competitiva e também porque oferecê-lo não será mais visto como norma, como algo que os bons empregadores fazem rotineiramente. Isso acontecerá mesmo sob a Lei de Proteção ao Paciente, porque a "multa" para grandes empresas que não oferecem plano de saúde a seus funcionários é substancialmente menor do que o custo real da cobertura de seguro.

Quando as normas mudam, os comportamentos também mudam. Naturalmente, ninguém tem certeza quando se chegará a esse ponto. Mas estive em reuniões com executivos seniores de recursos humanos de algumas empresas proeminentes, grandes e economicamente bem-sucedidas, nas quais a discussão se voltou para a possibilidade de não mais fornecerem plano de saúde a seus funcionários, independentemente do que ocorreu ou possa acontecer no futuro no âmbito de política nacional — algo que todos à mesa concordaram que nunca teria sido considerado no passado.

A Lei de Proteção ao Paciente, a partir de 2016, estendeu a cobertura de seguro-saúde para cerca de 13 milhões dos 41 milhões de pessoas anteriormente não amparadas. Cabe aos estados norte-americanos decidir se expandirão os programas do Medicaid para fornecer amparo às crianças e aos pobres. Alguns estados aproveitaram os fundos federais disponíveis para incentivar essa expansão, mas muitos não o fizeram. Os dados, que mostram que os não segurados são, em grande parte, trabalhadores adultos — pessoas como Dan, o pedreiro — significam que os efeitos do seguro-saúde no bem-estar das pessoas continuam relevantes.

OS EFEITOS ECONÔMICOS E NA SAÚDE DE NÃO SER SEGURADO

Quais são os efeitos das decisões dos empregadores em oferecer cobertura de plano de saúde? Os mais importantes são, primeiro: saúde e mortalidade; e segundo: falência e estresse financeiro.

Plano de Saúde e Saúde

As decisões sobre o plano de saúde são importantes pelo simples fato de que ele, ou sua falta, afeta profundamente a saúde e a mortalidade individual. Um estudo do Institute of Medicine [Instituto de Medicina; IOM na sigla em inglês], que analisou dados de 1971 a 1987 sobre pessoas entre 25 e 74 anos e do censo de 1982 a 1986 sobre indivíduos entre 25 e 64 anos, estimou que não ter seguro-saúde aumentou o risco de mortalidade em 25% para trabalhadores adultos. Esse resultado se manteve mesmo após vários outros fatores que podem afetar a mortalidade serem estatisticamente controlados.[15] Com base nessa estimativa do aumento da mortalidade e do número de pessoas sem seguro na época, o relatório da IOM calculou que havia 18 mil mortes excedentes por ano nos Estados Unidos. À medida que o número de não segurados cresceu ao longo do tempo, o Urban Institute, usando a metodologia original do IOM, estimou que houve 137 mil mortes excedentes por falta de seguro-saúde apenas entre 2000 e 2006, com 22 mil delas ocorrendo somente em 2006.[16]

A metodologia do IOM supôs que o aumento da mortalidade por não ser segurado era idêntico para todos os grupos etários. Mas este certamente não é o caso. O risco de adoecer com facilidade aumenta com a idade, e o risco de câncer ou doença cardíaca, por exemplo, também está relacionado à idade. Não ter seguro-saúde quando saudável teria muito menos consequências de saúde e mortalidade do que não ser segurado quando confrontado com uma doença grave. E há outra complicação nessa análise inicial. Não ter seguro está relacionado ao estado de saúde. Antes da aprovação da reforma da saúde sob o governo do presidente Obama, frequentemente as pessoas perdiam a cobertura do plano de saúde quando adoeciam e as exclusões de condições preexistentes eram rotina nos contratos de seguro. Levando em conta esses fatores, um estudo observou que, após o ajuste para o efeito causado pelo estado de saúde das pessoas na probabilidade de terem planos de saúde, a diferença de mortalidade entre ter ou não o amparo do seguro chegou a 42%, quase o dobro do aumento do risco de mortalidade estimado pelo Institute of Medicine.[17] Outra análise, que utilizou dados de adultos com idade entre 55 e 64 anos, mostrou que apenas nessa faixa de dez anos entre os quase idosos mais de 13 mil pessoas morreram anualmente porque não tinham plano de saúde.

Um estudo recente da literatura científica apoia a conclusão original do estudo do Institute of Medicine: "plano de saúde reduz a mortalidade" e "não ter plano de saúde encurta a sobrevivência".[18] Em parte, isso ocorre porque ter seguro aumenta o uso dos cuidados recomendados. Esse estudo das evidências observou que um dos motivos pelos quais os Estados Unidos têm expectativa de vida mais baixa do que muitos outros países industrializados é que "um pior acesso a cuidados de saúde de boa qualidade contribui para uma maior mortalidade oriunda de problemas médicos que podem ser evitados".[19]

Outros estudos mostram um número ainda maior de mortes por falta de seguro. Um estudo longitudinal de aproximadamente nove mil pessoas entre 17 e 64 anos, entre 1988 e 2000, descobriu uma probabilidade 40% maior de morte para aqueles sem seguro, mesmo após controle estatístico para idade, sexo, índice de massa corporal, tabagismo, uso regular de álcool, exercícios físicos e problemas de saúde diagnosticados. Essa análise calculou que havia quase 45 mil mortes excedentes anualmente devido à falta de seguro-saúde. A título de comparação, a falta de seguro causou mais mortes do que doença renal.[20]

Além desses estudos sobre mortes excedentes por todas as causas, os estudos sobre os resultados em mortalidade por doenças específicas também revelam taxas de mortalidade mais elevadas para aqueles que não têm plano de saúde em comparação com outros que têm esse tipo de seguro. Um estudo com 189 pacientes nascidos com fibrose cística, que tiveram pelo menos uma hospitalização em um centro médico universitário, constatou que a média de sobrevida para pacientes sem plano de saúde foi de 6,1 anos em comparação com 20,5 anos — mais do que o triplo — daqueles indivíduos que possuíam seguro privado.[21] Outro estudo sobre mortalidade por fibrose cística comparou canadenses a norte-americanos. Esse estudo descobriu que "os canadenses com fibrose cística sobrevivem, em média, mais de dez anos a mais do que os norte-americanos com a mesma doença, em grande parte por causa das diferenças nos sistemas de seguro-saúde dos dois países". Embora não houvesse diferença nas taxas de mortalidade entre os dois países, para pessoas nos Estados Unidos que tinham seguro de saúde privado, "a taxa de mortalidade canadense era 44% menor do que a dos norte-americanos no Medicaid ou Medicare e 77% menor comparado com os norte-americanos sem seguro".[22]

Uma pesquisa sobre mulheres com câncer de mama descobriu que, mesmo após o controle para a extensão da doença quando a paciente se apresentava para tratamento, o risco de morte era 49% maior para pacientes não seguradas em comparação àquelas com plano de saúde privado.[23] Uma análise de mulheres com câncer de colo do útero, uma doença cujo prognóstico está relacionado ao estágio do câncer no momento da descoberta, relatou que as mulheres não seguradas tinham cerca de 1,4 vezes mais chances de apresentar câncer em estágio mais avançado do que mulheres com plano de saúde privado.[24] E uma análise de pacientes com acidente vascular cerebral avaliou que, dependendo do tipo de AVC, não ter seguro aumentava o risco de morte entre 24% e 56%.[25]

Pesquisadores também descobriram pelo menos algumas das vias causais e processos que conectam o plano de saúde e os resultados em saúde. Uma relação causal entre seguro e mortalidade é a conexão entre ter plano de saúde e obter exames preventivos para várias condições de saúde. Pesquisas demonstram "a eficácia do uso de serviços preventivos de saúde (por exemplo, exames de colesterol, mamografias... testes de Papanicolau) na redução da morbidade e mortalidade", e os dados mostram consistentemente que "adultos que não têm seguro são menos propensos do que aqueles com seguro a usar serviços preventivos".[26] Muitas pessoas alternam entre serem e não serem seguradas, por exemplo, quando mudam de empregador ou deixam de estar desempregadas. Evidências em painel com controles estatísticos abrangentes para status socioeconômico mostram que mesmo períodos intermitentes como não seguradas reduziram o uso de exames preventivos por parte das pessoas e que os efeitos de não ter seguro na redução da realização de exames úteis persistiram por algum tempo mesmo depois de obterem o seguro.[27]

O acesso a plano de saúde também afeta a adesão das pessoas aos tratamentos, inclusive a obtenção dos medicamentos prescritos. A Kaiser Family Foundation informou que "mais de um quarto dos adultos não segurados dizem que não compraram medicações prescritas no ano anterior porque não podiam pagar".[28] Um estudo comparou o que aconteceu com milhares de pessoas com e sem seguro-saúde que sofreram uma lesão não intencional ou o início de uma ou mais condições médicas crônicas. Depois de uma mudança adversa na condição médica, as pessoas sem seguro tinham menos probabilidade de obter assistência médica, iam menos a consultas e compravam menos medicamentos. Além disso, as pessoas sem plano de saúde tinham duas vezes mais probabilidade de não receber acompanhamento médico. Não é de estranhar, então, que mesmo sete meses depois de um "impacto na saúde", aqueles sem seguro eram quase 50% mais propensos do que os segurados a relatar uma piora no estado de saúde.

Ter seguro também parece estar relacionado a receber melhores cuidados, uma vez diagnosticada alguma doença ou condição de saúde. Isso ocorre porque ser segurado dá acesso a um conjunto maior e melhor de médicos e hospitais que não têm restrições financeiras e, portanto, podem oferecer um conjunto mais amplo de tratamentos e cuidados mais abrangentes, incluindo acompanhamento. Um estudo inovador avaliou pessoas que haviam acabado de completar 65 anos, idade que qualifica para o plano Medicare, para examinar os efeitos do seguro no tratamento e nos resultados em saúde. A análise considerou admissões não planejadas a pronto atendimentos devido a crises severas de asma, ataques cardíacos e derrames e explorou as diferenças entre os admitidos um pouco antes e aqueles admitidos logo após o 65º aniversário. O estudo mostrou que pessoas acima dessa idade receberam mais cuidados e, portanto, tiveram uma redução de 20% nas mortes, mesmo para um grupo de pacientes que estavam gravemente doentes, com a diferença de mortalidade persistindo por pelo menos nove meses após a hospitalização.[30] Outra análise, comparando estados que expandiram sua cobertura do Medicaid com estados que não o fizeram, estimou que a expansão do acesso aos cuidados de saúde através das expansões do Medicaid reduziu a mortalidade total em cerca de 6%, com parte do efeito resultante causado pela redução da incidência de atrasos para receber cuidados devido aos custos.[31] Esses estudos são consistentes com outros que mostram que os segurados recebem mais, melhores e mais oportunos cuidados do que aqueles que não têm seguro.

Plano de Saúde e Problemas Financeiros

Muitos estudos descobriram uma relação entre plano de saúde e falência ou outras formas de dificuldades financeiras. Um relatório observou que "quase 40% dos adultos não segurados têm contas médicas pendentes". Outro estudo no Oregon informou que "pessoas não seguradas tinham maior probabilidade de passar por problemas financeiros devido às contas médicas e aos custos não cobertos pelo plano". De acordo com um relatório da Kaiser Family Foundation sobre esse assunto: "Os não segurados convivem com o fato de que, talvez, não possam pagar pelos cuidados médicos de sua família, o que pode causar ansiedade e levá-los a atrasar ou renunciar aos cuidados".[32] Estresse financeiro, assim como outras formas de estresse, está negativamente relacionado à saúde física e emocional, bem como à mortalidade.[33] O estresse tem efeitos diretos na saúde e também induz a comportamentos não saudáveis, como tabagismo e abuso de álcool e drogas, que comprometem ainda mais a saúde e aumentam o risco de morte prematura.[34]

Há poucas dúvidas de que as contas médicas, mesmo para os segurados, mas particularmente para os não segurados, contribuem para inadimplência e outros problemas financeiros, embora a magnitude desses efeitos permaneça em dúvida. Nos EUA, uma análise sobre 1.771 declarações de falência pessoal [algo que não existe na legislação brasileira] em 5 (dos 77) tribunais distritais federais, estimou que cerca de metade delas citava causas médicas para os problemas financeiros. "Um lapso na cobertura de saúde durante os dois anos anteriores à declaração foi um forte indicador de falência por causas médicas."[35] No entanto, cerca de três quartos dos que declararam falência tinham seguro no início de seus custos médicos. Outro estudo comparou as mudanças nos ativos domésticos, excluindo o valor de residência própria, dos indivíduos não idosos recentemente doentes que tinham plano de saúde com aqueles na mesma faixa etária e situação, mas sem seguro. Ativos em domicílios de uma pessoa recém-adoentada e não segurada diminuíram entre 30% e 50% em comparação com indivíduos pareados cobertos pelo plano de saúde.[36] Embora dívidas médicas sejam bastante comuns, "são maiores para pessoas sem seguro de saúde".

A dívida médica e a falência obviamente são traumáticas e causadoras de estresse. "Uma pesquisa nacional constatou que 44% das pessoas com dívidas médicas usavam todas ou quase todas as economias para pagar contas médicas pendentes… um em cada cinco devedores assumiu uma grande dívida no cartão de crédito ou um empréstimo usando sua residência como garantia para pagar essas contas… As pessoas com dívidas médicas estão frequentemente sujeitas a ações legais, penhora de salários, apreensão de bens, incluindo contas bancárias, ou penhoras legais de suas casas, o que pode levar à execução da hipoteca."[37]

Como esta revisão parcial das extensas evidências existentes mostra, a falta de plano de saúde é perigosa para a saúde financeira e física de um indivíduo e afeta adversamente a mortalidade. Portanto, os empregadores que oferecem seguro-saúde a um custo razoável afetam positivamente o bem-estar de seus funcionários, enquanto aqueles que não o fazem colocam seus trabalhadores em sério risco físico e psicológico.

SEGURO-SAÚDE E O FUNCIONAMENTO DOS MERCADOS DE TRABALHO

Quando alguns empregadores oferecem seguro-saúde e outros não, vários problemas surgem. Tais problemas são particularmente graves quando e se as seguradoras negam a cobertura de condições preexistentes, algo bastante comum antes da aprovação da reforma da saúde do presidente Obama. Esses problemas afetam não apenas o bem-estar dos funcionários, mas também o desempenho da empresa.

O primeiro problema vem da mobilidade profissional restrita, frequentemente chamada de *"joblock"*. A maioria das perspectivas teóricas sobre o capital humano, que vê o trabalho como sujeito às forças de mercado, reconhece a função positiva da capacitação e compatibilidade com o trabalho. Simplificando, empregadores precisam de certas habilidades técnicas e outros atributos, e esses requisitos mudam com o tempo à medida que as condições competitivas mudam. Para dar um exemplo, trabalhos de manufatura, que antes exigiam habilidades matemáticas e de raciocínio limitadas, agora requerem mais dessas habilidades porque o uso de ferramentas mecânicas controladas numericamente e os processos de fabricação mais complexos cresceram significativamente. Por outro lado, os funcionários têm um conjunto de habilidades e gostos que também mudam com o tempo, à medida que adquirem treinamento e aprendem com a experiência de trabalho quais condições de emprego preferem.

Os mercados de trabalho funcionam melhor quando os empregadores podem selecionar trabalhadores livremente, e os trabalhadores podem migrar livremente para os empregadores que oferecem não apenas a melhor vantagem financeira, mas também o melhor cenário para seus talentos e habilidades. Muitos acadêmicos e especialistas políticos reconhecem que, quando a compatibilidade entre funcionário e empregador é restrita, "os resultados econômicos serão menor eficiência do mercado de trabalho e produtividade".[38] Isso porque "a mobilidade do mercado de trabalho permite que os trabalhadores obtenham empregos no que são mais produtivos". Por isso, "a imobilidade, devido às disparidades na disponibilidade do escopo do plano de saúde entre os empregadores, pode eliminar potenciais ganhos de produtividade e renda, afetar adversamente a satisfação do trabalhador e alterar o volume e a qualidade dos bens e serviços produzidos".[39]

Os benefícios previdenciários sem portabilidade são uma fonte de *joblock* [no Brasil, a legislação estabelece o direito do segurado à portabilidade]. Uma das finalidades dos esquemas de compensação diferida, como pensões, é amarrar os empregados mais firmemente a seus empregadores, reduzindo assim os custos de rotatividade. No entanto, planos de saúde vinculados aos empregadores e a dificuldade na obtenção de cobertura para aqueles que já têm alguma doença restringem a mobilidade da mão de obra de maneiras que prejudicam a compatibilidade. Os funcionários permanecem com empregadores pelos quais não se interessam mais ou até mesmo em empregos nos quais são menos competentes, porque têm medo de perder seus benefícios do plano de saúde se entrarem no mercado de trabalho e não encontrarem um emprego de imediato ou um empregador que não forneça cobertura adequada.

É difícil estimar a magnitude dos efeitos do *joblock* a partir das decisões que refletem as preocupações com o plano de saúde e utilizando os dados em painel disponíveis sobre a mobilidade profissional. Entretanto, as evidências empíricas, que empregam metodologias sofisticadas e uma variedade de controles para outros fatores que podem afetar a mobilidade, apresentam estimativas consistentes que mostram reduções consideráveis de mobilidade. Uma análise de dados da década de 1980 estimou uma redução de 25% para 31% na mobilidade devido a preocupações com planos de saúde, um efeito ainda maior para mulheres economicamente ativas do que para homens,[40] enquanto outro estudo focado em homens com dupla renda encontrou reduções de mobilidade de 36 para 51%.[41] Outra análise relatou que doenças crônicas reduziam a mobilidade profissional em cerca de 40% em comparação com trabalhadores similares.[42] Também há evidências de que as políticas públicas [nos EUA] que facilitam a obtenção de plano de saúde depois que alguém deixa um emprego, tais como os mandatos de "continuação de cobertura de saúde", reduzem a magnitude dos efeitos do *joblock* na mobilidade.[43] Reduções na mobilidade profissional entre 25% e 50% são significativas e sugerem que o problema teórico da incompatibilidade entre empregados e empregadores tem importantes consequências na produtividade e na eficiência.

Um segundo problema surge do atual conjunto de planos de saúde nos Estados Unidos: uma forma de seleção adversa. A maioria dos planos de saúde em grupo não possui exclusões para condições preexistentes e está aberta a todos os funcionários que atendem aos requisitos de elegibilidade relevantes, como horas trabalhadas ou tempo de emprego. Nem todos os empregadores, porém, oferecem seguros. Além disso, as ofertas de plano de saúde no mercado privado, em grande parte, limitam (ou limitavam, antes da aprovação da reforma da saúde) a cobertura a novos problemas médicos e excluem doenças preexistentes. Desse modo, os funcionários com problemas médicos serão atraídos por empregadores que oferecem seguro. Os que oferecem plano de saúde tendem, como consequência, a atrair uma porcentagem maior de pessoas doentes que geram custos médicos mais elevados. Isso incentiva os empregadores a reduzir ou restringir a cobertura de saúde para lidar com as desvantagens de custos devido a esse efeito de seleção adversa. Além disso, escolher um emprego com base na cobertura de plano de saúde oferecida interfere nos processos de seleção baseados em habilidades e interesses, resultando em perdas adicionais de produtividade e eficiência.

As distorções do mercado de trabalho criadas pelo *joblock* e pela seleção adversa encarecem cada vez mais para os empregadores oferecerem plano de saúde. Esses fatos ajudam a explicar por que a cobertura particular diminuiu com o tempo, como já vimos. Mas a indisponibilidade da cobertura privada não "resolve" o problema dos custos de saúde. Em vez disso, os custos são meramente transferidos para outros contribuintes, na maioria das vezes, tanto públicos quanto provedores de serviços médicos que fornecem cuidados não compensados, mesmo quando esses custos aumentam porque o tratamento é efetuado em pacientes mais doentes e com doenças em estágios mais avançadas cujo tratamento foi adiado por causa dos custos não cobertos pelo seguro.

FORNECENDO CUIDADOS DE SAÚDE IN LOCO

Bons empregadores cuidam de seus funcionários fornecendo plano de saúde. Funcionários saudáveis são mais produtivos. Oferecer seguro-saúde ajuda a atrair e manter funcionários.[44] Os empregadores que oferecem plano de saúde — e outros benefícios — mostram que se importam com seu pessoal. Oferecer benefícios de saúde, especialmente quando os concorrentes estão cortando, ativa a norma de reciprocidade e faz com que os funcionários retribuam com níveis mais elevados de lealdade e engajamento.

Mas os empregadores preocupados com a saúde dos empregados enfrentam alguns dilemas. Em primeiro lugar, como já discutido, à medida que os custos de saúde aumentam, as empresas que querem fazer a coisa certa ficam presas a um vínculo competitivo — confrontadas com questões de seleção adversa com trabalhadores doentes migrando para locais de trabalho que oferecem cobertura de saúde e com o problema de competir com empresas que têm custos mais baixos porque externalizaram — descarregaram — os custos de saúde de seus funcionários para a sociedade em geral, para prestadores de cuidados médicos ou para ambos. Segundo, os empregadores norte-americanos enfrentam um sistema de saúde afetado por custos administrativos — custos com marketing de planos de saúde para empregadores e seus funcionários, revisão e pagamento de solicitações de atendimento médico, adjudicação de recusas de solicitações, pré-autorização para exames e procedimentos — muitos dos quais têm uma relação tangencial com a prestação de cuidados de saúde. Gail Adcock, chefe dos serviços de saúde que supervisiona os benefícios *in loco* na empresa de software SAS Institute na Carolina do Norte, disse que "gerenciar os cuidados de saúde era uma questão de gerenciamento de custos, não dos cuidados em si", algo que não apenas elevou a sobrecarga administrativa, mas também criou desconfiança entre os funcionários. Alguns pesquisadores de Harvard estimaram que a sobrecarga administrativa consome quase um terço dos gastos com a saúde nos Estados Unidos e que esta é uma das razões pelas quais o país gasta tanto em assistência médica sem obter resultados melhores.[45]

Nos EUA, uma resposta crescente dos empregadores a essas questões tem sido oferecer assistência médica *in loco*. Essa é uma solução que não só reduz a enorme sobrecarga criada pelas companhias de seguros, mas também permite que os empregadores se aproximem dos problemas de saúde de seus funcionários para que possam intervir mais cedo no processo da doença, economizando dinheiro e mantendo sua força de trabalho em melhor forma. Sabe-se que uma proporção relativamente pequena de empregados com condições médicas sérias representa uma parcela desproporcional dos custos de saúde, e que os riscos de pessoas que se deslocam para a população de alta utilização/alto custo podem ser previstos, permitindo a prevenção e intervenção precoce, o que pode reduzir os custos.[46]

Décadas atrás, algumas empresas tinham médicos no local ou nas proximidades — particularmente, empresas localizadas em locais remotos ou aquelas que enfrentavam um alto risco de acidentes ou doenças. Com o passar do tempo esses sistemas desapareceram, à medida que as organizações optavam por se concentrar em suas atividades principais e as relações de emprego se tornavam mais transacionais, com menos senso de que os empregadores precisavam cuidar de seus funcionários. Mas há muitas vantagens de custo para as empresas que oferecem assistência médica *in loco*. Primeiro, ver um médico no local de trabalho economiza tempo de viagem. Na unidade da Sprint, em Overland Park, Kansas, os funcionários "poderiam sair, dirigir-se a seus próprios médicos na região e, normalmente, voltariam no dia seguinte. Ou eles poderiam atravessar o campus... consultar um médico em uma das três salas de exames da clínica e voltar para suas mesas... em cerca de meia hora".[47]

Uma segunda vantagem é a economia de custos. A sobrecarga de médicos e hospitais é eliminada, assim como os intermediários de seguros com seus custos, para cada visita dos funcionários e suas famílias às instalações de saúde *in loco*. Os prestadores de serviços de saúde são normalmente assalariados mensalistas, em vez de pagos em regime de honorários, o que também reduz os custos. Outra grande vantagem citada por inúmeros empregadores é a redução do absenteísmo e a melhor saúde e produtividade dos funcionários. As pessoas são mais propensas a visitar uma clínica no local que, além de mais conveniente, muitas vezes pede um copagamento mais baixo para a consulta — e, em muitos casos, não há nenhum. Com um contato mais frequente com os funcionários, a equipe médica pode intervir mais cedo para evitar que os problemas se agravem e encorajar comportamentos mais saudáveis — além de melhor capacidade de acompanhar as pessoas para garantir que esses comportamentos se consolidem. Outra vantagem citada em pesquisas com empregadores é o maior uso de diretrizes baseadas em evidências para tratamentos e registros eletrônicos de saúde que facilitam a coordenação dos cuidados. "Estudos apontam para um retorno substancial para centros de saúde *in loco* de US$2 de economia para cada US$1 investido, e alguns estudos indicam economias de US$3 a US$6 para cada US$1 investido."[48]

Nos EUA, essas vantagens levaram à adoção generalizada do modelo *in loco* [não é o caso brasileiro, em que a preferência é para convênios com empresas privadas de assistência médica]. "De acordo com... o National Business Group on Health [Associação Nacional do Comércio para a Saúde, em tradução livre], 23% dos empregadores entrevistados com mais de mil funcionários relataram oferecer serviços médicos *in loco* em 2007" e espera-se que esse número cresça.[49] Esse sistema difundiu-se para empregadores menores. Por exemplo, a Wilson Tool International em White Bear Lake, Minnesota, e a Turck, Inc., em Plymouth, têm instalações médicas *in loco*, apesar de ambas terem apenas 400 funcionários.[50] Surgiram várias companhias que operam instalações médicas *in loco* para empresas, e o serviço está crescendo em popularidade.

Naturalmente, as clínicas *in loco* são adequadas para doenças relativamente simples e cuidados de rotina, como imunizações. Mas, mesmo assim, o tempo gasto para acessar até mesmo esses cuidados de rotina é enorme. E a capacidade de reduzir custos e, ao mesmo tempo, mostrar uma manifestação física do compromisso das empresas com o bem-estar de seus funcionários oferece algumas vantagens competitivas para o modelo *in loco*.

A PERDA É DE TODOS

Os dados são claros: a falta de plano de saúde leva a níveis mais altos de mortalidade, piora na saúde, tensão financeira, incluindo inadimplência pessoal, e aumento da ansiedade e do estresse. Os Estados Unidos continuam a ter um grande número de indivíduos sem plano de saúde e uma proporção alta de pessoas que abrem mão de remédios e tratamentos devido aos custos, mesmo que tenham seguro. Aqueles que não têm plano de saúde trabalham, em sua maioria, em tempo integral e são majoritariamente cidadãos norte-americanos ou residentes legais. Mesmo para as pessoas com planos de saúde corporativos, os custos foram transferidos dos empregadores para os funcionários, resultando em prêmios de seguro e copagamentos mais altos e que cresceram mais rapidamente que os custos de saúde, afetando negativamente o acesso aos cuidados médicos. As pessoas que têm planos de saúde — e seus empregadores — muitas vezes enfrentam dificuldades administrativas na obtenção dos reembolsos de despesas médicas, desviando a atenção dos funcionários de seu trabalho e aumentando os níveis de estresse.

As preocupações com planos de saúde produzem *joblock* e mobilidade profissional restrita, que afetam negativamente a produtividade. Preocupações com o acesso aos cuidados de saúde afetam o desempenho ocupacional e a capacidade de obter atendimento têm reflexos em termos de absenteísmo. A administração de planos de saúde consome recursos, e grande parte desses custos recai sobre os empregadores, que pagam pelos consultores de benefícios, pessoal de recursos humanos para administrar planos médicos e pela sobrecarga dos provedores de saúde usados. Esses custos administrativos são um dos motivos pelos quais alguns grandes empregadores adotaram um modelo de atendimento *in loco* para problemas médicos pequenos e de rotina.

É difícil enxergar quem, além das companhias de seguros-saúde, corretores e empresas de consultoria de benefícios, sai ganhando com os esquemas atuais. Além do mais, a assistência médica e quem deve pagar por ela se tornaram uma questão cada vez mais politizada. Não é apenas politicamente carregado em nível nacional e estadual, embora as disputas sejam frequentes em todos os níveis de governo. Os custos dos serviços de saúde também são politizados dentro das organizações, onde os diretores financeiros determinados em reduzir custos às vezes se chocam com líderes de recursos humanos interessados no bem-estar dos funcionários. Como em qualquer luta política, prever como as coisas evoluirão é quase impossível.

O que está faltando em grande parte da discussão — no governo e nos locais de trabalho, na discussão sobre planos de saúde, custos médicos e saúde dos funcionários — é o impacto humano que essas contradições causam. As pessoas enfrentam contas médicas imprevistas à medida que necessitam de atendimento e medicamentos. Como alguém me disse, parece desumano que as pessoas que enfrentam doenças sérias, às vezes com risco de vida, também tenham que lidar com as companhias de seguro, planos de saúde e seus benefícios, além de ficar à mercê dessas entidades sobre algo que, geralmente, são decisões de vida ou morte.

Nesse aspecto, como em muitos outros dos ambientes de trabalho abordados neste livro, as considerações sobre a sustentabilidade humana estão em grande parte ausentes das discussões e decisões, conduzidas financeiramente. E está claro que os empregadores não se beneficiam de funcionários financeiramente estressados, que têm que lidar com montes de formulários de plano de saúde, medidas como onde o atendimento pode ser acessado e quais aprovações prévias são necessárias e as ofertas de custos e benefícios em constante alteração.

Capítulo 5
Efeitos de Longas Jornadas na Saúde e Conflitos Trabalho-Família

KENJI HAMADA TINHA 42 anos quando morreu de ataque cardíaco em sua mesa em um escritório em Tóquio. Sua viúva disse que Hamada trabalhava 75 horas por semana e passava quase 4 horas por dia indo e voltando do trabalho. Ele havia trabalhado 40 dias seguidos antes de falecer. "Ele estava muito estressado, trabalhando dia e noite", ela disse.[1] No final de 2016, uma funcionária de 24 anos da grande empresa de publicidade Dentsu saltou para a morte depois de contar aos amigos sobre o assédio e as longas jornadas de trabalho que aturava. Ela trabalhava aos sábados e domingos e fazia mais de cem horas extras por mês.[2]

Os japoneses têm uma palavra para descrever morte por excesso de trabalho — *karoshi*. O primeiro caso relatado de *karoshi* ocorreu em 1969, quando um homem casado de 29 anos de idade, funcionário do departamento de expedição do maior jornal do Japão, morreu de derrame. Depois disso, o *karoshi* se tornou algo muito discutido e preocupante no Japão, onde a morte por excesso de trabalho foi formalmente reconhecida como uma causa de morte pelo Workers Compensation Bureau no Ministério do Trabalho. "Em 2012, o governo japonês indenizou 812 famílias que comprovaram a ligação entre excesso de trabalho, doença e morte, incluindo 93 suicídios."[3] Até 2015, as reivindicações subiram para 2.310, "mas o número verdadeiro pode chegar a 10 mil — aproximadamente o mesmo número de pessoas mortas no trânsito a cada ano".[4]

Um estudo japonês observou: "Hoje em dia quase não há trabalhadores que não conhecem a palavra... Muitos trabalhadores japoneses e suas famílias temem o *karoshi*." Apesar da discussão pública e das pesquisas minuciosas, o problema persiste. Uma pesquisa realizada em outubro de 2016 revelou que quase um quarto das empresas pesquisadas disse que alguns funcionários faziam mais de 80 horas extras por mês.[5] A partir de 1987, o Ministério do Trabalho do Japão começou a publicar estatísticas sobre *karoshi*, embora elas não sejam consideradas completamente confiáveis, dada a dificuldade em atribuir inequivocamente, em casos isolados, uma morte súbita ou prematura ao excesso de trabalho, em contraste com outras causas.[6]

Longas jornadas de trabalho e suas consequências negativas para a saúde são um problema em muitos países além do Japão. Um bancário chinês de 48 anos, Li Jianhua, morreu de ataque cardíaco depois de 26 anos de trabalho árduo, enquanto se esforçava para terminar um relatório. Gabriel Li, que trabalhava no escritório de publicidade da empresa Ogilvy, em Pequim, morreu em maio de 2013, em seu primeiro dia de volta ao trabalho após uma licença médica. Outras mortes atribuídas ao excesso de trabalho na China incluem "um funcionário de 24 anos da Ogilvy Public Relations Worldwide" e "um auditor de 25 anos na PricewaterhouseCoopers".[7] As fábricas chinesas, especialmente aquelas que montam produtos eletrônicos para empresas icônicas como Apple, HP, Cisco e outras, são notórias não apenas por seus baixos salários e condições de trabalho estressantes e desumanas, mas também por suas jornadas extremamente longas e, às vezes, imprevisíveis. De fato, empresas voltadas para o cliente, como a Apple, podem manter suas cadeias de suprimentos enxutas, ao mesmo tempo em que apresentam novos produtos e modelos rapidamente depois da finalização dos projetos, porque seus subempreiteiros estão dispostos a fazer o que for preciso — literalmente acordar trabalhadores no meio da noite — para aumentar a produção.

Não é de surpreender que a China também tenha uma palavra para descrever morte por excesso de trabalho — *guolaosi*. O excesso de trabalho é um problema enorme no país: "Cerca de 600 mil pessoas por ano morrem por excesso de trabalho, segundo o *China Youth Daily*. A China Radio

International diz que o número de vítimas chega a 1.600 por dia." Uma pesquisa com funcionários chineses de Pequim conduzida pelo decano da Escola de Economia do Trabalho da Universidade de Economia e Negócios informou que 60% dos entrevistados disseram fazer mais do que o limite legal de duas horas extras por dia.[8]

Às vezes, as pessoas acreditam que as longas jornadas de trabalho só atormentam as economias emergentes. Isso porque os países industrializados avançados geralmente regulam as horas trabalhadas. Tais regulamentações incluem restrição do número de horas de trabalho permitidas para jovens em idade escolar; exigência de pagamento de horas extras para funcionários que trabalhem mais do que o número de horas permitidas por dia e/ou por semana; e determinação de certo número de semanas de férias ou folgas remuneradas para delimitar a quantidade de horas trabalhadas anualmente.

Mas nem todos os empregos são cobertos por tais regulamentos. Grupos vulneráveis, como imigrantes preocupados com a deportação ou trabalhadores de baixa renda preocupados em perder seus empregos, podem relutar em fazer valer seus direitos. Alguns cargos, como os gerenciais e de supervisão, bem como profissões que exigem treinamento específico, são frequentemente isentos de provisões sobre horas extras. Como uma pessoa me disse, na Airbus, fabricante de aviões com sede na França e que tem operações substanciais em um país com uma suposta semana de trabalho de 35 horas, os gerentes de nível médio normalmente trabalham 60 horas semanais e até às 20h. As jornadas de trabalho especializado e gerencial aumentaram à medida que a Airbus cresceu e se tornou bem-sucedida. No entanto, ao contrário de alguns países, como os Estados Unidos, os gerentes da Airbus raramente trabalham nos fins de semana e gozam de cinco semanas de férias anuais.

Alguns setores e profissões são propensos a horas de trabalho excessivas. Por exemplo, bancos de investimento, independentemente de onde estejam localizados, são notórios pelas longas jornadas e efeitos adversos associados à saúde. Como descrito anteriormente, em 2013, Moritz Erhardt, um estagiário de 21 anos na unidade Merrill Lynch do Bank of America em Londres, morreu depois de trabalhar até as seis da manhã por três noites seguidas. Aparentemente, ele trabalhou a noite toda oito vezes em duas semanas. Um relatório sobre seu falecimento observou que "o Sr. Erhardt parece ter sido um dos muitos estagiários presos no chamado carrossel mágico — um processo no qual um táxi leva um estagiário para casa, espera do lado de fora enquanto ele toma banho e se troca, e então o leva de volta ao escritório para outro dia longo de trabalho". Outro estagiário comentou: "Eles nos fazem trabalhar horas insanas e talvez isso tenha sido demais para ele."[9]

Longas jornadas de trabalho também caracterizam a prática da advocacia com sua cultura de cobrar por horas trabalhadas, de modo que quanto mais as pessoas trabalham (e faturam), mais dinheiro a empresa ganha. Escrevendo sobre seu ex-marido, que morreu por complicações associadas ao uso de drogas, Eilene Zimmerman observou que "ele trabalhou mais de 60 horas por semana durante 20 anos, desde que começou a faculdade de direito e depois que conseguiu se tornar sócio na firma especializada em propriedade intelectual Wilson Sonsini Goodrich & Rosati".[10]

O setor de alta tecnologia, com seus funcionários virando noites abastecidos de Red Bull é outro meio em que reina o excesso de trabalho. A Fundação Médica de Palo Alto [PAMF, em inglês] opera uma unidade médica móvel no Vale do Silício com duas salas de exames e um laboratório. A van atende mais de 24 dos maiores empregadores da região.

Por que uma unidade móvel? Como explicou o chefe dos serviços de saúde da PAMF: "As pessoas estão tão ocupadas que nem imaginam sair para ir ao médico."[11] Quarenta por cento das pessoas que a van atende não vão ao médico, mesmo que ganhem altos salários e trabalhem para empresas que oferecem plano de saúde. Os funcionários estão ocupados demais para cuidar de si mesmos. "Alguns pacientes não largam seus celulares nem enquanto são examinados."[12] O resultado: "Engenheiros de 30 anos com corpos de 50, barrigas protuberantes, colunas tortas, pele opaca, problemas nas articulações, vitalidade reduzida e riscos elevados de diabetes e doenças cardíacas."[13]

Assim, o problema do excesso de horas de trabalho e os efeitos prejudiciais à saúde resultantes podem ser vistos, pelo menos em parte, na maioria, se não em todos os países e em muitos empregos e setores diferentes.

"Trabalhar longas horas é comum, e a prática aumentou em muitos países desenvolvidos nos últimos anos."[14] As jornadas de trabalho nos Estados Unidos são longas e irregulares, situação que piorou com o tempo. Como observou David Waldman, vice-presidente de recursos humanos da Fundação Robert Wood Johnson, "o excesso de trabalho não é novidade neste país... Mas, de certa forma, parece que está atingindo níveis críticos".[15] Nos Estados Unidos, "o número médio de horas trabalhadas anualmente... aumentou progressivamente ao longo das últimas décadas e atualmente supera o do Japão e da maior parte da Europa Ocidental", de modo que, enquanto em 1979 o país não tinha a maior jornada de trabalho, na década de 2000 se destacou por suas longas horas trabalhadas. Um estudo com base nos dados de agendas de compromissos diários descobriu que quase 30% dos funcionários norte-americanos relataram trabalhar nos fins de semana, uma proporção maior do que a observada na França, Alemanha, Holanda e Reino Unido e mais do que o dobro da Espanha. Esse estudo também analisou a proporção de funcionários que relataram trabalhar à noite, entre as 22h e às seis. Nos Estados Unidos, mais de um quarto de todas as pessoas entrevistadas afirmaram trabalhar à noite, uma proporção maior do que em qualquer outro país incluído no estudo.[16]

Longas jornadas de trabalho se tornaram a norma para os profissionais de sucesso interessados em avançar em suas carreiras. Como uma *coach* executiva me disse, quase todos os seus clientes trabalham de dez a doze horas, como das 8h às 18h, fazem uma pausa para o jantar e voltam ao trabalho, das 20h até a meia-noite ou até mais tarde, por exemplo. E a maioria também trabalhará pelo menos um dia no fim de semana. Essas horas são uma parte tão comum dos padrões de trabalho das pessoas que a *coach* não sente mais pena quando os clientes se queixam das pressões que tais esquemas de trabalho exercem sobre a saúde e os relacionamentos. É apenas esperado como parte do "preço" do sucesso — e, em muitos casos, níveis excepcionais de rendimentos e responsabilidade.

Além disso, mesmo quando as pessoas não estão "no trabalho", a separação entre o tempo de trabalho e o de descanso diminuiu devido à onipresença de dispositivos eletrônicos, que deixam os funcionários sempre de plantão e trabalhando mesmo quando não estão fisicamente no local de trabalho. Uma pesquisa informou que 81% dos entrevistados disseram que checam os e-mails nos finais de semana, 55% disseram que se conectam depois das 23h e 59% disseram que consultam os e-mails durante as férias.[17] As pessoas verificam os e-mails em funerais e no nascimento de seus próprios filhos. Descrevendo a cena no funeral de seu ex-marido advogado, Eilene Zimmerman escreveu:

> Muitos dos advogados que compareceram ao funeral estavam debruçados sobre seus telefones, lendo e digitando e-mails. O amigo e colega estava morto e, no entanto, eles não conseguiram parar de trabalhar por tempo suficiente para ouvir o que estava sendo dito sobre ele.[18]

Espera-se que os funcionários estejam disponíveis para e-mails e chamadas relacionadas ao trabalho enquanto estiverem em casa ou até mesmo de férias. Um funcionário da Uber, empresa de transporte notória por sua carga horária pesada e cultura exigente, disse ao *BuzzFeed*:

> "Eu recebia mensagens no final de semana. E-mails às 23h. E, se não respondesse dentro de 30 minutos, haveria uma cadeia de 20 pessoas... Houve um período de três ou quatro meses em que me acordavam toda sexta-feira, sábado e domingo às três ou quatro da manhã para consertar alguma coisa", disse um engenheiro... "Meses disso, além de trabalhar 10 horas por dia."[19]

Isso não acontece apenas nos setores de alta tecnologia, bancos ou advocacia. Essa expectativa de estar sempre disponível está cada vez mais generalizada. Dean Carter, o chefe de recursos humanos da Patagonia, contou-me sobre algo que aconteceu enquanto ele trabalhava para a rede de lojas de departamentos Sears, anos atrás:

> Lembro que, quando estava na Sears, recebi um e-mail na véspera de Natal às sete da manhã. Eu respondi no dia de Natal, na manhã seguinte, às oito horas. A resposta de um dos executivos para quem o e-mail foi enviado foi: "Dean, eu não entendo por que você demorou tanto para responder. Estamos no meio de uma transformação e você precisa estar mais atento."

Reconhecendo que o trabalho interfere no tempo fora do expediente, em 2016 a França aprovou uma lei que garante o "direito à desconexão". Embora a lei não proíba os e-mails relacionados ao trabalho depois do expediente, ela "exige que empresas com mais de 50 funcionários negociem um novo protocolo para garantir que o trabalho não extravase para os dias de folga ou após o expediente". Ao justificar a necessidade da lei, o ministro do trabalho francês observou como "os funcionários estavam cada vez mais conectados ao trabalho fora do escritório".[20]

Embora as pessoas façam piadas sobre a França e suas regulamentações sobre horário de trabalho, um estudo com 365 adultos economicamente ativos constatou que o envio de e-mails "fora do expediente" afetou negativamente os funcionários, levando ao esgotamento e à diminuição do equilíbrio família-trabalho. O estudo observou que a expectativa de estar constantemente disponível por e-mail era um fator de estresse ocupacional.[21]

Existem muitas manifestações de jornadas de trabalho longas, excessivas ou irregulares, todas com efeitos sobre a saúde. Uma delas seria trabalhar longas horas em um dia ou uma semana, privando o corpo do sono e enfraquecendo o sistema imunológico. Um estudo da Gallup com mais de sete mil adultos norte-americanos encontrou uma relação positiva entre mais horas de sono e bem-estar, com cerca de 40% das pessoas estudadas relatando menos de sete horas de sono por noite, o número mínimo recomendado para uma boa saúde.[22]

Um segundo exemplo seria trabalhar horas excessivas ao longo de um ano, sem férias ou folgas remuneradas, caso estejam disponíveis, para descansar e aproveitar os feriados para espairecer. Um estudo relatou que um terço dos funcionários norte-americanos não desfruta de todos os dias de férias a que têm direito,[23] enquanto uma pesquisa mais recente constatou que mais da metade dos trabalhadores norte-americanos que se qualificam para férias remuneradas não desfrutam de todo o tempo disponível, deixando uma média de sete dias de férias não utilizados.[24] Cerca de um quarto dos norte-americanos nem ao menos recebe férias remuneradas.[25]

Um terceiro sintoma seria não folgar quando se está doente, sob a crença de que isso pode colocar o emprego ou a renda em risco ou de alguma forma demonstrar que o trabalhador não está preocupado com o bem-estar da empresa. A BBC divulgou uma pesquisa de 2014 que descobriu que mais de 25% dos funcionários norte-americanos disseram "que sempre vão trabalhar quando estão doentes", enquanto "quase um quarto dos adultos dos EUA foram demitidos ou ameaçados de demissão por pegarem folga para se recuperar de uma doença ou para cuidar de um ente querido adoecido".[26] Uma pesquisa representativa com mil adultos norte-americanos informou que 62% deles disseram que já foram trabalhar doentes.[27] Trabalhar enquanto se está doente não é apenas ruim para a produtividade do indivíduo, mas por infectar os colegas de trabalho. A cadeia mexicana de fast-food Chipotle "culpou um surto de virose em 2015, em parte, a funcionários que foram trabalhar doentes".[28]

Um quarto exemplo de problemas relacionados à jornada de trabalho seria o trabalho por turnos, horas de trabalho em desacordo com os ritmos corporais normais, como trabalhar à noite. Conforme um estudo longitudinal de 15 anos com trabalhadores de fábricas de papel, a incidência de doenças cardíacas aumentou em mais de duas vezes para pessoas que trabalharam por turnos por mais de dez anos.

As Empresas Têm uma Escolha

É importante entender que as longas jornadas de trabalho e a ausência de dias de folga ou férias não são um resultado inevitável de realidades econômicas contemporâneas, como a competição global e a mudança tecnológica. Sabemos disso porque as empresas variam drasticamente em suas políticas de horário de trabalho, mesmo as que operam no mesmo país e setor. O tempo de trabalho é resultado de decisões gerenciais. "Há uma cultura de longas jornadas em alguns locais mesmo quando não são estritamente necessárias por razões comerciais."[30] Um estudo usando dados de pesquisas da Grã-Bretanha relatou que um terço da variação nas horas semanais de trabalho veio de diferenças entre as firmas, sendo essas diferenças particularmente importantes no setor de serviços privados.

Em Dublin, na Irlanda, há alguns anos, o Google tentou um experimento chamado "Dublin Goes Dark" ["Dublin no Escuro", em tradução livre]. No experimento, os funcionários foram convidados a deixar qualquer aparato de comunicação eletrônica na recepção quando terminassem o expediente. "Telefones, iPads e computadores permaneceram no QG e, assim, também o estresse. "Os *googlers* relataram noites felizes e sem estresse", escreveu Laszlo Bock, o chefe do departamento de gestão de pessoas do Google na época.[31]

A empresa de roupas Patagonia tem jornadas-padrão de trabalho e oferece creche no local. Seu chefe de RH comentou: "Quando a creche fecha às 17h30, o estacionamento esvazia. Todos partem. Eu raramente vejo carros no estacionamento depois das seis horas da tarde." A empresa adotou expedientes de nove horas, de modo que a cada duas semanas as pessoas podem ter um dia (sexta-feira) extra de folga — 26 finais de semana prolongados por ano. E elas não recebem telefonemas ou e-mails durante os três dias de descanso. Como uma pessoa disse: "Isso simplesmente não acontece."

O Zillow Group, que opera um site imobiliário, é mais um exemplo de uma empresa que busca incentivar as pessoas a limitarem suas horas trabalhadas para que tenham um equilíbrio saudável entre vida pessoal e profissional. Como uma pessoa observou, "quando você se torna parte da empresa e vê que muitas pessoas não levam seus notebooks para casa ou que são capazes de deixar seus filhos na creche e chegar às 9h45, aí você percebe que essa cultura realmente valoriza o equilíbrio entre vida pessoal e profissional".

A Landmark Health, uma startup que presta cuidados domésticos a pessoas que geralmente lidam com cinco ou mais condições médicas, treina seus funcionários, como parte do processo de integração à firma, para serem sensíveis em relação aos e-mails. A menos que a comunicação diga respeito ao cuidado do paciente, as pessoas são orientadas a não enviar e-mails à noite ou nos finais de semana e feriados. Obviamente, várias outras empresas adotaram práticas progressistas que tentam gerenciar as horas de trabalho, limitar os horários em que os funcionários estão de plantão e fornecer horários flexíveis.

Se as jornadas de trabalho e a capacidade de separar-se dele variam de acordo com as decisões e a cultura da empresa, não apenas devido à necessidade comercial, então as horas trabalhadas — e suas consequências — são uma variável controlável, até certo ponto, pelos empregadores e passíveis de mudanças nas normas sociais e nos regulamentos do mercado de trabalho. Portanto, os empregadores e os governos têm autonomia de decisão sobre as jornadas de trabalho e também sobre seus efeitos na saúde das pessoas.

ALGUMAS CAUSAS DE LONGAS JORNADAS DE TRABALHO

Tanto os empregadores como os empregados conspiram para tornar o trabalho preeminente entre as demais prioridades da vida e, como consequência, encorajam e veneram longas jornadas de trabalho. Muitas pessoas, tanto funcionários quanto seus chefes, veem essas longas horas como uma demonstração de comprometimento e lealdade ao empregador e ao trabalho. Além disso, funcionários frequentemente consideram seus trabalhos como algo importante. As pessoas que trabalham duro e fazem sacrifícios tendem a vê-lo como importante por causa das pressões para consistência cognitiva, como uma forma de justificar e dar sentido ao seu esforço. E se esse trabalho é importante e essencial, então deve ser priorizado. Essa é possivelmente uma das razões pelas quais algumas pesquisas descobriram que as pessoas que trabalham em organizações sem fins lucrativos têm jornadas mais longas, porque veem seu trabalho como sendo orientado por um propósito mais elevado.[32] Mas, é claro, esses funcionários sofrem desgaste e outras consequências dessas longas jornadas também.

Os funcionários veem as longas horas de trabalho como um sinal de sua resistência e força. Um contador me disse: "Vemos muito isso, particularmente na cultura do Vale do Silício. As pessoas dizem: 'Posso durar mais do que você. Eu posso trabalhar mais do que você.'" Então, na disputa por promoções, as jornadas de trabalho se tornam uma chave para a vitória. O contador, enquanto trabalhava para uma organização de saúde, comentou:

> Quando comecei lá, eu chegava de manhã e dizia: "Dormi quatro horas na noite passada." Meu chefe, o vice-presidente de finanças, respondia: "E eu dormi três." Nunca era "você deveria pegar um dia de folga". E, claro, era assim que eu tratava minha equipe. Eu dizia: "Isso não é aceitável. Por que isso não foi feito? Eu não me importo com o quão tarde seja."

Os funcionários veem o "estar presente" como necessário em um mercado de trabalho cada vez mais competitivo, com um número cada vez maior de pessoas competindo por menos oportunidades de promoção, resultado das empresas terem reduzido os cargos intermediários de gerenciamento e os empregos. Até mesmo profissionais com altos salários — ou talvez particularmente esses profissionais — trabalham cada vez mais e pagam o preço por isso. A pesquisa de Sylvia Ann Hewlett, realizada em 2004, constatou que 62% dos entrevistados que recebiam altos salários trabalhavam mais de 50 horas por semana e 10% deles trabalhavam mais de 80 horas por semana. Quase metade disse que trabalhava mais de 15 horas por semana a mais do que há cinco anos. Essas pessoas não tiram férias regularmente. E embora aparentemente bem-sucedidas, pelo menos em termos financeiros, cerca de 69% acreditava que seriam mais saudáveis se trabalhassem menos; 58% declararam que o trabalho interferia nas relações com os filhos; e 46% achavam que suas horas de trabalho afetavam a relação com seu cônjuge.[33]

Décadas atrás, o tempo de lazer era um marcador de classe social. Um bronzeado significava que você podia se dar o luxo de tirar boas férias, e o traje de praia era um marcador de status. Hoje, os indivíduos de nível social mais alto e com grandes salários trabalham mais do que seus colegas de renda mais baixa. Em uma reviravolta perversa, as jornadas de trabalho mais longas tornaram-se um símbolo de status — um indicador de quão importante e indispensável alguém é. Resumindo esse fenômeno para o novo empreendimento de Arianna Huffington, Thrive, Drake Baer escreveu:

> Ser ocupado agora é legal. Tornou-se até uma parte desejada da cultura norte-americana... Quanto mais bem-sucedido você for, mais cheio seu calendário estará... Referências a "horários loucos" em cartões de boas festas... dispararam desde a década de 1960... Quando os norte-americanos ouvem "ocupado", eles pensam em status... Ser ocupado mostra que a sociedade valoriza você, que todo mundo quer um pedaço seu.[34]

Como tal, as pessoas *querem* trabalhar longas jornadas para mostrar o quão valiosas elas são.

Por que as Empresas Gostam de Longas Jornadas

Apesar da relação negativa ou quase zero entre as jornadas de trabalho e o desempenho analisada abaixo, muitas empresas têm culturas que aparentemente veneram longas jornadas e a renúncia às férias. Afinal, quem poderia ser contra o "trabalho duro"? A maioria dos empregadores busca lealdade e compromisso de seus funcionários. Eles querem funcionários dispostos a dedicar qualquer esforço extra necessário para triunfar contra a concorrência. É claro que é difícil observar diretamente a lealdade e o comprometimento de alguém. É muito mais fácil avaliar os indicadores indiretos de dedicação dos funcionários, e a quantidade de horas que alguém dedica ao trabalho é um desses indicadores. Outro indicador é usar todas as folgas e férias remuneradas ou dar a vida em prol do trabalho. Empregadores costumam usar horas trabalhadas, algo prontamente observado, como um indicador de um atributo importante de um empregado mais difícil de observar: a dedicação.

Como os empregadores veem as longas jornadas de trabalho como um sinal do esforço e da lealdade dos funcionários, eles recompensam aqueles que trabalham longas horas, em parte porque favorecem os que estão dispostos a fazer sacrifícios pela organização. O que poderia mostrar mais comprometimento organizacional do que estar disposto a trabalhar até a morte pela empresa? Estudos demonstram um efeito das horas de trabalho nos salários e mudanças nos rendimentos ao longo do tempo, mesmo para aquelas pessoas que não são horistas (no caso de pagamento por hora, obviamente, a renda varia diretamente conforme o aumento de horas trabalhadas).

Os empregadores também preferem jornadas mais longas por causa da crença implícita de que a produção do trabalho está relacionada ao número de horas trabalhadas — quanto mais horas, maior a produção. Esse relacionamento certamente vale para alguns tipos de trabalho e para o passado, quando havia menos tecnologia, criatividade e concentração envolvidas na produção. Mas para o trabalho criativo, que requer pensamento, para a inovação, não é óbvio que, depois de certo ponto, mais horas resultarão em mais produtividade. De fato, para muitas profissões, chega um ponto em que a produção sofre justamente por essas longas horas. Isso porque, depois de um tempo, longas horas de trabalho produzem fadiga e tédio, que levam as pessoas a cometerem mais erros e serem menos cuidadosas e perspicazes.

Se os empregadores gostam de longas jornadas e daqueles que trabalham sem parar, os funcionários aprendem que os longos expedientes serão recompensados e respondem de acordo. Antes dos cartões de acesso que hoje usamos para abrir portas e acessar equipamentos como impressoras se tornassem onipresentes, quando os livros de registros de ponto eram mais comuns, o Vale do Silício era cheio de histórias sobre funcionários que assinavam o livro de ponto no fim de semana e depois saíam, iam dormir ou fazer outras coisas não relacionadas ao trabalho enquanto supostamente estavam no escritório. Mesmo hoje, os funcionários alteram os relógios do computador para mostrar que estão enviando e-mails no meio da noite, deixam luzes acesas no escritório e casacos ou suéteres nas costas de suas cadeiras para indicar que estão ali e usam vários outros truques para fazer com que seus chefes pensem que eles estão sempre trabalhando. O objetivo disso: mostrar aos empregadores e, mais especificamente, aos supervisores diretos, que trabalham arduamente. É claro que a presença no local não significa exercício de função, e o tempo passado no local de trabalho não tem forte correlação com o trabalho feito. Mas a sinalização e os resultados simbólicos das aparentemente longas jornadas permanecem importantes para as carreiras das pessoas.

Como as mulheres geralmente tendem a ter mais responsabilidades familiares do que os homens, elas às vezes conseguem dedicar menos horas ao trabalho. As jornadas reduzidas resultam em menor sucesso na carreira. Um estudo feito pelos professores de administração Olivia O'Neill e Charles O'Reilly descobriu que o controle estatístico para as horas trabalhadas eliminou o diferencial de salário observado entre homens e mulheres. Eles argumentaram que esse efeito se tornaria ainda mais importante ao longo de uma carreira. Inicialmente, as pessoas são contratadas com base na promessa de potencial e há variação de conhecimento e competência. Mas as carreiras são, na maioria das vezes, organizadas como torneios — em cada nível, as pessoas competem por promoções e aquelas que perdem ficam fora da disputa por promoções de nível ainda maior. Com o tempo, os menos competentes ou aqueles que têm menos tempo para se dedicar ao trabalho são eliminados. Consequentemente, em níveis organizacionais mais elevados, a diferenciação é baseada principalmente em motivação e esforço — horas —, pois há poucas diferenças de capacidade remanescentes. Em outras palavras, as horas trabalhadas importam ainda mais no decorrer das carreiras. Embora nem todos os estudos sobre essa questão tenham relatado que o controle para as horas de trabalho eliminou o efeito do gênero nos salários, vários estudos concluíram que o controle para as horas trabalhadas reduz o diferencial de remuneração entre homens e mulheres.

Os empregados, então, tornam-se cúmplices na cultura de longas jornadas. Buscando se destacar e demonstrar comprometimento, cada indivíduo dedica-se por mais tempo. Mesmo quando os empregadores oferecem férias pagas e flexibilidade ostensiva, poucos funcionários escolhem fazer uso desses benefícios. Por exemplo, na IBM, a pressão dos colegas é abundante, de modo que muitos funcionários nunca tiram férias completas e outros verificam o e-mail e o correio de voz enquanto estão de férias.[36] Mas a dedicação e o comprometimento são conceitos relativos — demonstrados principalmente em comparação aos outros. Cria-se a dinâmica de uma corrida de ratos, na qual, para mostrar o quanto é valioso e dedicado, o indivíduo dedica mais tempo ao trabalho do que os colegas e, à medida que aumentam as horas de trabalho, outros indivíduos tentando se destacar também o fazem. Até que, finalmente, as pessoas estão trabalhando a noite toda até adoecer ou morrer.

Assim, como no caso de demissões, há boas evidências epidemiológicas dos efeitos prejudiciais à saúde humana decorrentes de longas jornadas de trabalho e também do trabalho em turnos, mas pouca evidência de que essas longas jornadas realmente beneficiem os empregadores. Como tal, elas impõem custos não reconhecidos e injustificados aos seres humanos, sem aparente compensação de benefícios para seus empregadores. Aqui está mais uma prática de gestão que pode ser alterada para afetar positivamente a saúde física e mental dos funcionários, sem comprometer o desempenho organizacional. De fato, uma abordagem diferente poderia até melhorar os resultados da empresa.

HORAS DE TRABALHO LONGAS E IRREGULARES PREJUDICAM A SAÚDE

"Paul" (nome fictício) trabalhou para uma grande rede de televisão, produzindo noticiários por cerca de 15 anos. Como Paul explicou: "Trabalhando com notícias, para obter uma promoção você tem que trabalhar nos piores turnos. Trabalhei nos finais de semana, no horário nobre, em externas. Cobri notícias de última hora." Por exemplo, Paul cobriu os tiroteios de Tucson quando a congressista Gabrielle Giffords foi gravemente ferida e seis pessoas foram mortas. Durante tais coberturas, Paul às vezes acabava dormindo no estúdio por três horas e depois voltava ao trabalho. Por causa dos padrões irregulares de sono, ele disse que perdeu a capacidade de dormir por mais que três ou quatro horas, mesmo quando não estava de plantão ou trabalhando. Continuou:

> Como resultado da privação do sono, enfrentei o que chamei de "três baques": hipotireoidismo, falta de exercícios e má ali-

mentação. Eu não tinha tempo para preparar minha própria comida. Às 6h30, estava sentado lá e pensando: "Estou muito estressado. Cara, eu preciso de Doritos", e recorria à máquina de venda automática. Eu passei por oito presidentes diferentes na emissora.

Entre quando me tornei produtor sênior, em 2008, e finalmente desisti porque não aguentava mais, em 2012, ganhei 27 quilos. Meu metabolismo estava mal e todas as coisas que deveriam me manter saudáveis — minhas funções corporais — estavam se acabando.

Se longas horas de trabalho são voluntariamente adotadas como forma de avançar na carreira ou forçadas pelos empregadores, ou se as longas jornadas decorrem do fato de que as pessoas ganham tão pouco por hora que precisam trabalhar em vários empregos e horas excessivas para sobreviver, as evidências são claras — longas jornadas de trabalho afetam negativamente a saúde física e mental e aumentam a mortalidade. Além disso, as pesquisas começaram a identificar alguns dos caminhos específicos pelos quais longas jornadas de trabalho afetam negativamente a saúde.

Primeiro, como ilustra o caso de Paul, elas frequentemente resultam em privação de sono e padrões de sono interrompidos, o que não é saudável. Um estudo na província de Quebec, Canadá, relatou que a curta duração do sono teve um efeito maior sobre a obesidade do que a alta ingestão lipídica ou a falta de exercícios.[37] Outro artigo descreveu os muitos efeitos metabólicos da privação do sono, incluindo níveis elevados do hormônio do estresse cortisol e tolerância a carboidratos prejudicada, aumentando o risco de diabetes.[38]

Segundo, as longas jornadas de trabalho têm sido relacionadas ao abuso de drogas, particularmente de estimulantes ou drogas pesadas, como a cocaína, que podem atuar como estimulantes.[39] Entre 2005 e 2011, "atendimentos de emergência relacionados ao uso não medicinal de estimulantes controlados entre adultos de 18 a 34 anos triplicaram", enquanto, entre 2010 e 2012, o número de pessoas que procuraram centros de reabilitação citando os estimulantes como a principal droga utilizada aumentou mais de 15% em comparação com os três anos anteriores. Ironicamente, um fundador de uma startup sobre um aplicativo de tecnologia de saúde dormiu em média apenas 3 horas e 25 minutos por noite durante um período de nove meses, antes de procurar um centro para tratamento de dependência química para resolver seus problemas de saúde. Especialistas médicos notam que os estimulantes podem causar ansiedade, dependência e alucinações e se preocupam "com a pressão adicional no local de trabalho — em que o uso feito por alguns colegas pressiona outros a aderir à tendência".[40]

Terceiro, as longas jornadas de trabalho são estressantes, pois aumentam o conflito entre trabalho e família, o que traz seus próprios efeitos negativos para a saúde, como veremos mais adiante neste capítulo. Longas jornadas são, muitas vezes, uma resposta a demandas de trabalho excessivas, refletindo o estresse das pressões ocupacionais. Quarto, longas horas de trabalho deixam as pessoas sem tempo para relaxar e espairecer.

E quinto, quanto maior o tempo gasto no trabalho, maior a possível exposição a indutores de estresse ocupacional, como assédio moral e chefes desagradáveis. Não é de se admirar, então, que nas ocupações em que a fadiga pode ter consequências fatais se as pessoas adormecerem ou não estiverem alertas, como pilotos de avião, caminhoneiros e médicos, existam regulamentos que determinam períodos de descanso e limitam horas e compromissos de trabalho. E, no entanto, mesmo nessas ocupações, os empregadores costumam pressionar para relaxar ou eliminar as restrições de horário de trabalho.

As evidências dos efeitos das horas de trabalho na saúde são extensas e existem há muitas décadas. Contudo, não se deu atenção suficiente à incorporação dessas pesquisas em políticas e práticas que limitam os custos e danos causados por longas horas de trabalho.

As Evidências

Mais de meio século atrás, um estudo descobriu uma incidência mais alta de doenças cardíacas coronarianas entre homens que trabalhavam mais de 48 horas por semana.[41] Um estudo com quase 7.100 funcionários públicos britânicos entre 39 e 62 anos, sem doenças cardíacas, descobriu que, ao longo de um período de dez anos, as pessoas que trabalhavam dez horas por dia tinham uma probabilidade 45% maior de sofrer um ataque cardíaco, e aquelas que trabalhavam 11 horas por dia tinham 67% mais chances de ter um ataque cardíaco do que as que trabalhavam 8 horas por dia. As horas de trabalho prediziam futuros ataques cardíacos mesmo quando os fatores de risco típicos, como idade, sexo, pressão arterial e níveis de colesterol, foram estatisticamente controlados. Por causa do aspecto longitudinal do estudo, é mais fácil estabelecer causalidade — longas jornadas de trabalho provocam ataques cardíacos.

Usando dados da Califórnia, de 2001, a respeito de mais de 24 mil indivíduos dentro da faixa etária para o mercado de trabalho, as análises mostraram uma correlação positiva entre as horas trabalhadas por semana e a hipertensão, ela própria um fator de risco para ataque cardíaco e derrame. Em comparação com pessoas que trabalham entre 11 e 39 horas por semana, os indivíduos que relataram trabalhar entre 41 e 50 horas por semana tinham 18% mais probabilidade de sofrer de hipertensão, e aqueles que trabalhavam mais de 51 horas por semana eram 29% mais propensos a ter pressão arterial elevada.[42] Um estudo com quase mil empregados de uma empresa japonesa de construção civil explorou os efeitos do *workaholism* na saúde. *Workaholism* é definido como escolher trabalhar demais e ter problemas para se desconectar das atividades relacionadas ao trabalho. O estudo relatou que o *workaholism* estava negativamente relacionado ao desempenho ocupacional e à satisfação de vida e foi positivamente associado à falta de saúde.[43]

Uma metanálise de 21 amostras de estudo constatou correlações pequenas, mas estatisticamente significativas, entre horas de trabalho e sintomas gerais de saúde defasada, bem como doenças fisiológicas e psicológicas.[44] E uma revisão do National Institute of Occupational Safety and Health [Instituto Nacional de Segurança e Saúde Ocupacional, em tradução livre] de 52 relatórios de pesquisa que investigaram a associação entre longas jornadas de trabalho e doenças, bem como o desempenho ocupacional, concluiu:

> Em 16 de 22 estudos que abordavam os efeitos gerais na saúde, as horas extras estavam associadas à pior saúde geral percebida, aumento das taxas de lesões, mais doenças ou aumento da mortalidade. Uma metanálise de longas jornadas de trabalho sugeriu uma possível e fraca associação com parto prematuro. As horas extras foram associadas ao ganho de peso não saudável em dois estudos, aumento do uso de álcool em dois de três estudos, aumento do tabagismo em um de dois estudos e pior desempenho em teste neuropsicológico em um estudo.[45]

Longas horas de trabalho também afetam adversamente a saúde mental, já que aumentam o estresse e a fadiga e impedem que se tenha tempo adequado para se recuperar. Por exemplo, um estudo com 473 auxiliares de enfermagem que trabalhavam em lares para idosos relatou que houve um aumento de 400% nas chances de depressão em pessoas que trabalhavam mais de 50 horas por semana, mais de dois fins de semana por mês e mais de dois turnos duplos ao mês.[46] Outro estudo comparou 1.350 funcionários que faziam horas extras com 9.092 funcionários que não faziam. Tanto homens como mulheres que faziam horas extras de trabalho tinham ansiedade e distúrbios depressivos significativamente maiores. Além disso, a extensão dos problemas psicológicos estava linearmente relacionada à quantidade de horas extras, em uma relação dose/resposta, com quantidade maior de horas extras causando ansiedade e depressão mais severas.[47]

Quando a Boeing atrasou em anos o cronograma da produção do avião modelo 787, houve uma enorme pressão sobre os engenheiros da empresa e as horas de trabalho aumentaram significativamente conforme a companhia se esforçava para concluir o projeto desse importante novo produto. Um indivíduo próximo da comunidade de engenharia me disse que o esgotamento aumentou à medida que os funcionários enfrentavam longas horas de trabalho, e os médicos na região relataram níveis muito mais altos de doenças entre os funcionários associados ao programa 787.

Nada disso deveria ser surpreendente. Afinal, quando as pessoas adoecem e vão ao médico com condições que variam de gripe a problemas médicos mais sérios, não conheço nenhum médico que prescreva mais trabalho (em contraste, por exemplo, com repouso) como remédio. O estresse enfraquece o sistema imunológico e o excesso de trabalho é uma importante fonte de estresse.

OS EFEITOS NO DESEMPENHO DAS LONGAS HORAS DE TRABALHO

Como as evidências deixam claro, não precisamos trocar mais horas de trabalho por melhores resultados econômicos. Muitas empresas parecem amar funcionários que se comprometem com longas jornadas, mas as evidências deixam claro que seria melhor para as organizações se os funcionários não trabalhassem demais. Eles seriam mais saudáveis, os custos de saúde pagos por eles e pelos empregadores seriam menores e a produtividade e a inovação dos funcionários não cairiam. De fato, é muito provável que a inovação melhore.

Quando as pessoas trabalham exaustas, cometem erros. Como um engenheiro da Uber comentou sobre um erro com um banco de dados mestre em 2015 que derrubou o serviço: "Se você foi acordado às três da manhã nas últimas cinco noites e está dormindo apenas três ou quatro horas por dia, e você comete um erro, o quanto realmente é culpa sua?"

Pesquisadores da OCDE prepararam um gráfico para as horas trabalhadas por pessoa nos seus países-membros entre 1990 e 2012 e o PIB gerado por hora trabalhada. Esse gráfico "revela que a produtividade é maior quando as pessoas passam menos horas trabalhando".[49]

Durante a Primeira Guerra Mundial, o British Health of Munition Workers Committee [Comitê Britânico para a Saúde dos Funcionários das Fábricas de Munições, em tradução livre] realizou um estudo para tentar aumentar a produtividade desses funcionários. Quando o economista de Stanford, John Pencavel, analisou esses dados, descobriu que o número ideal de horas trabalhadas era de cerca de 48 por semana. Abaixo desse número, a produção diminuía proporcionalmente ao declínio nas horas trabalhadas. Mas, "uma vez que os trabalhadores registraram... mais de 48 horas, a produção começou a cair".[50]

Em 2012, a Organização Internacional do Trabalho (OIT) publicou uma extensa revisão da literatura de pesquisa que examinava os efeitos do tempo de trabalho sobre a produtividade e o desempenho da empresa.[51] Esse relatório destaca pesquisas extensivas que demonstram que horas mais longas geralmente *reduzem* o desempenho. Por exemplo:

- Um estudo usando dados em painel com 18 setores econômicos nos Estados Unidos descobriu que o uso de horas extras reduz a produção média por hora trabalhada para quase todos os setores da amostra. Um aumento de 10% nas horas extras resultou em uma queda de 2,4% na produtividade.[52]
- Uma análise de 18 países da OCDE, que estudou a produtividade em nível nacional desde 1950, relatou que um aumento no tempo de trabalho sempre foi acompanhado por uma diminuição da produtividade por hora. Uma vez que o tempo de trabalho anual exceda as 1.925 horas, um aumento de 1% no tempo de trabalho leva a uma redução de 0,9% na produtividade.[53]
- Um relatório anterior da OIT observou que reduções das horas de trabalho levaram a melhoras de produtividade.[54]
- Um estudo com funcionários especializados constatou que as jornadas reduzidas melhoraram o desempenho percebido por eles.[55]
- Um estudo em seis locais de trabalho que oferecem assistência odontológica realizou um experimento sobre as jornadas de trabalho. Empregados desses locais foram aleatoriamente designados para um dos três tratamentos experimentais: uma redução de duas horas e meia na jornada de trabalho semanal acompanhada de aumento de exercícios físicos; uma redução de duas horas e meia na jornada semanal de trabalho sem aumento da atividade física; e uma condição de controle. A pesquisa examinou a produtividade

percebida e uma medida objetiva, o número de pacientes examinados. Ambas as condições de horário de trabalho reduzido mostraram aumento no número de pacientes tratados, e a redução das horas de trabalho acompanhada de aumento do exercício físico produziu uma percepção de aumento da própria produtividade e também diminuiu o índice de faltas por doenças.[56]

Desse modo, a ideia simplista de que mais horas de trabalho produzem mais resultados é incorreta. Depois de um tempo, trabalhadores exaustos cometem mais erros. Evidências empíricas extensas são consistentes com a ideia de que, acima de certo limite, *reduzir* as horas de trabalho aumentaria *tanto* a saúde *quanto* a produtividade dos funcionários e o desempenho ocupacional. *Não* há troca econômica [no sentido de obter mais benefícios do que custos associados] necessária para melhorar o bem-estar das pessoas fazendo com que elas trabalhem menos.

CONFLITO ENTRE TRABALHO E FAMÍLIA E SEUS EFEITOS

Paul, o produtor de notícias, trabalhava em uma unidade onde a maioria dos funcionários eram mulheres e a maioria delas era solteira. "Nós as chamamos de as freiras das notícias. Eu não acho que nenhuma delas gostaria desse termo, mas era um apelido consolidado." Das 42 pessoas no departamento quando Paul chegou, dentro de cinco anos restavam apenas 12. Paul era a única pessoa casada e com filhos. Por uma boa razão. Depois que Paul deixou a emissora, um dia ele conversou com sua filha, que tinha muito orgulho do trabalho como produtor de notícias.

> Eu disse: "Você está triste que eu não esteja mais trabalhando lá?" E ela respondeu: "Não, eu estou feliz. Porque agora você está aqui para me ouvir e me contar histórias." Então ela complementou: "É claro que você fazia essas coisas antes, exceto que tinha o Sr. Scrolly com você." O Sr. Scrolly era meu BlackBerry.

Quando as pessoas estão em uma situação em que têm mais a fazer do que tempo para fazer, isso é chamado de sobrecarga de papéis. Quando as pessoas têm demandas por comportamentos que emanam de um papel, como o de empregado, que são incompatíveis com as exigências de outro papel, o de membro da família, isso é chamado de conflito de papéis. A literatura de pesquisa de longa data sobre sobrecarga e conflito de papéis constatou, de maneira consistente, que as pessoas que enfrentam expectativas conflitantes de comportamento ou mais demandas do que podem lidar são mais estressadas.[57] Desse modo, conflitos e sobrecarga de papéis estão associados a resultados ruins que variam do aumento da rotatividade à redução de desempenho profissional.

O conflito trabalho-família assume duas formas: as demandas familiares podem interferir no desempenho profissional, como quando um funcionário se distrai ou perde tempo de trabalho resolvendo questões familiares, como cuidar ou providenciar o cuidado de um familiar doente; isso é frequentemente chamado de interferência família-trabalho. A segunda forma de conflito, chamada interferência trabalho-família, é quando as demandas de trabalho interferem na capacidade de um indivíduo em cumprir as obrigações familiares, como reunir-se com professores, treinar as equipes esportivas de seus filhos ou ter tempo para cônjuges e outros membros da família.

Como seria de esperar, a pesquisa mostra efeitos negativos na saúde física e mental causados tanto pelo conflito família-trabalho quanto pelo conflito trabalho-família. Por exemplo, um estudo com quase dois mil adultos em Erie County, Nova York, descobriu que, mesmo após o controle estatístico para gênero, raça, educação, renda familiar, estado civil e número de filhos, níveis mais altos de conflitos trabalho-família estavam associados a níveis mais altos de depressão, piora da saúde física e maior consumo de álcool. Um segundo estudo, com cerca de 700 famílias em Buffalo, Nova York, replicou esses resultados. E ambos os estudos descobriram que homens e mulheres eram afetados de maneira semelhante pelo conflito trabalho-família.[58]

Uma pesquisa com 2.700 adultos economicamente ativos observou que as pessoas que relataram sentir conflitos trabalho-família tinham entre duas e trinta vezes mais probabilidade de apresentar problemas de saúde mental clinicamente significativos em comparação com pessoas que não relataram esses conflitos, com a magnitude do efeito dependendo do estado de espírito específico ou do abuso de substâncias constatado.[59] É claro que existe uma possibilidade de que os problemas de saúde e psicológicos causem o conflito trabalho-família e não o inverso. Para explorar essa possibilidade e estabelecer melhor a causalidade, um estudo longitudinal que durou quatro anos observou que o conflito família-trabalho estava relacionado à piora de saúde física e depressão, enquanto o conflito trabalho-família estava relacionado ao consumo elevado de álcool.[60]

A sobrecarga de papéis característica do conflito trabalho-família afeta as interações[61] e a satisfação[62] conjugal. Descobriu-se que o conflito de papéis está relacionado a mentir em ambientes organizacionais — uma descoberta que faz sentido, pois uma maneira de equilibrar demandas conflitantes e incompatíveis é mentir.[63]

Problemas de saúde física e mental, mentiras, diminuição da satisfação conjugal e resultados semelhantes são exemplos do que a professora da IESE, Nuria Chinchilla, chamou de poluição social. Para qual finalidade? O conflito entre trabalho-família aumenta o índice de faltas por motivo de doença, algo que prejudica os empregadores.[64]

Proporcionar um regime de trabalho mais flexível, conceder licenças familiares mais generosas e reduzir jornadas de trabalho é do interesse tanto dos empregadores como do público em geral; cada um dos quais enfrenta os custos crescentes do impacto social causado pelo número excessivo de horas de trabalho e discórdia familiar.

POR QUE ALGUMAS EMPRESAS E PAÍSES SÃO DIFERENTES

Nem todo empregador ou país incentiva longas jornadas de trabalho e conflitos trabalho-família, e as evidências sugerem que eles podem estar certos. O chefe de recursos humanos da Patagonia, Dean Carter, descreveu os benefícios familiares generosos que a empresa oferece:

> A família é realmente importante aqui. Nós integramos creches *in loco*. Qualquer pai ou mãe, a qualquer momento, é incentivado a passar tempo com os filhos. Podem almoçar ou tomar café da manhã com eles. Se querem apenas sentar-se no chão com eles para um intervalo, podem fazer isso. Temos licenças-maternidade e paternidade realmente generosas (remuneradas), 12 semanas para pais e 16 semanas para novas mamães. Também têm direito a até 12 semanas de licença remunerada para cuidar dos pais idosos.

> Se eu pudesse escolher uma coisa sobre a cultura na Patagonia que tivesse um impacto maior do que qualquer outra coisa, eu escolheria nossas políticas de cuidado infantil e de família. São realmente extraordinárias. Por exemplo, se você é mãe e está amamentando e precisa viajar a trabalho, pagamos para que a criança viaje com você, além de uma babá para cuidar dela enquanto você trabalha.

Países e empresas competem por talentos com outros locais e empregadores. Aqueles que tornam possível conciliar as demandas de trabalho com os outros aspectos da vida se saem melhor nessa competição. Na Patagonia, "sabemos que cerca de 99% das nossas mães voltam ao trabalho, o que é cerca de 20% acima da média nacional, porque facilitamos o processo".

A "guerra por talento" é uma frase há muito tempo estabelecida. Os países investem, por meio de exigências de educação e treinamento, na construção da qualidade de seu capital humano. As empresas também investem não apenas em treinamento, mas também na identificação de funcionários de alto potencial e na instituição de políticas e programas para garantir a permanência deles. Curiosamente, as jornadas de trabalho, a flexibilidade de horários e as políticas que promovem a conciliação trabalho-família são meios importantes para atingir esses objetivos.

No nível empresarial, as empresas que fazem parte da lista de Melhores Lugares para Trabalhar da revista *Fortune* superam regularmente seus concorrentes no retorno aos acionistas. E essas empresas são mais propensas a oferecer programas de trabalho compartilhado, jornadas semanais menores, oportunidades de trabalho remoto e benefícios familiares mais generosos para criar ambientes mais favoráveis aos funcionários que buscam conciliação entre trabalho e família, em vez de conflito. Muitas organizações, incluindo Deloitte Consulting, Google e algumas empresas de consultoria, contabilidade e outras provedoras de serviços profissionais têm procurado abordar questões de jornadas de trabalho e flexibilidade para atrair e manter funcionários que, cada vez mais, não querem trocar suas vidas pessoais por uma carreira. Os ambientes de trabalho favoráveis para a família oferecem às empresas uma vantagem no recrutamento e, mais importante, na permanência de funcionários.

O Google, frequentemente classificado como o melhor local para se trabalhar nos Estados Unidos, tem a visão de "tornar sua equipe a mais saudável e feliz do planeta". Conforme descrito em um artigo de 2011:

> O Google lançou o programa "otimize sua vida", em 2010, como uma extensão de um novo plano de saúde... Os benefícios de bem-estar emocional da empresa incluem um programa de assistência ao funcionário... *coaching*, sessões de sono profundo, treinamento cerebral, grupos de apoio e espaços de descanso... dentro do escritório para pausas de 20 ou 30 minutos.[65]

Claro, é o Google — eles podem pagar. Mas não foram apenas as empresas de software que optaram por cuidar de seus funcionários, propiciando horas de trabalho razoáveis. No Whole Foods Market, uma rede de supermercados, um ramo extremamente competitivo, classificada em 58º lugar na lista de 2017 das Melhores Empresas para Trabalhar, 85% dos funcionários entrevistados disseram que podiam tirar folga do trabalho quando achavam necessário.

As empresas variam em relação à jornada de trabalho e a outros aspectos que afetam a saúde dos funcionários, principalmente por causa dos valores — e comportamentos — de seus líderes. O CEO da Landmark Health acredita que seus funcionários devem cuidar de si mesmos se quiserem cuidar dos outros. O fundador da Patagonia escreveu um livro intitulado *Lições de um Empresário Rebelde* e acredita firmemente que o trabalho não deve se tornar uma obsessão.

Mas deixar as decisões sobre práticas de trabalho que afetarão a saúde dos funcionários a critério de um fundador ou CEO coloca a saúde e o bem-estar psicológico dos empregados em risco diante dos caprichos da sucessão executiva e do fundador. Não deixamos a segurança alimentar, por exemplo, a critério do CEO, nem deixamos que ele determine se a empresa deve ou não poluir o meio ambiente. Se a saúde dos funcionários é tão importante quanto essas outras coisas, ela também não deve estar sujeita aos valores de um CEO em particular, como é atualmente. Este é um assunto que retomo no Capítulo 8, o capítulo final.

Tanto as empresas quanto os países diferem na forma como abordam o conflito trabalho-família. Os Estados Unidos, como se sabe, são diferentes, e não de maneira positiva — sendo a única economia avançada a não exigir que os empregadores concedam tempo de descanso remunerado para férias ou motivos de doenças e também com menos regulamentações que facilitem o equilíbrio entre trabalho e família. Um relatório do Center for WorkLife Law [Centro de Assessoria Jurídica e Pesquisa WorkLife, em tradução livre], da faculdade de direito Hastings College of the Law da Universidade da Califórnia observou:

> Dos 20 países com alta renda examinados em comparação com os Estados Unidos, 17 têm estatutos para ajudar os pais a ajustarem seus horários de trabalho; 6 ajudam com as responsabilidades do cuidado de familiares adultos; 12 permitem mudanças

nos horários para facilitar a aprendizagem continuada; 11 apoiam a aposentadoria gradual; e 5 países têm disposições estatutárias abertas a todos os funcionários, independentemente do motivo, para a busca de disposições de trabalho diferentes.[67]

Embora a causalidade seja difícil de provar, é interessante notar os possíveis efeitos dessas políticas, ou sua ausência, na participação das mulheres na força de trabalho. "A participação na força de trabalho dos EUA de mulheres em idade ativa (entre 25 e 54 anos) estagnou e agora está mais baixa do que em 14 dos 20 países de alta renda... A participação de mulheres com diplomas universitários na força de trabalho do país é menor do que em qualquer um dos outros 20 países."[68]

Evidências sistemáticas e inúmeras situações sugerem que as jornadas de trabalho e as políticas e práticas trabalho-família afetam a capacidade das empresas e dos países de atrair, desenvolver, manter e utilizar todo o seu capital humano — algo que é cada vez mais importante em um mundo em que, cada vez mais, o trabalho exige mais criatividade e habilidade.

O QUE OS TRABALHADORES DEVEM FAZER

É possível que políticas públicas abordem os custos sociais de jornadas de trabalho excessivas e conflitos trabalho-família, mas, com um movimento em direção à diminuição da regulamentação do mercado de trabalho em todo o mundo, eu não esperaria em pé. Talvez os empregadores tomem medidas voluntárias para remediar esses problemas, como alguns já fizeram. Mas, mais uma vez, eu não apostaria nisso.

Simplificando, os trabalhadores — sejam eles *freelancers* ou funcionários fixos — precisam cuidar de si mesmos. E isso significa *não apenas economicamente*, embora isso seja obviamente crucial. Em minha pesquisa para este livro, muitas vezes ouvi comentários do tipo: "Eu sei que trabalhar horas insustentáveis e não passar muito tempo com minha família pode causar resultados ruins, incluindo problemas de saúde física e mental. Mas eu só vou fazer isso por mais algum tempo; realmente não tenho escolha; não vou sofrer as consequências por várias razões, como ser jovem, ter boa genética e assim por diante." As pessoas se envolvem em várias formas de pensamentos mágicos sobre como irão misticamente evitar as consequências para a saúde dos ambientes de trabalho tóxicos. Infelizmente, as coisas raramente funcionam bem, apesar das racionalizações e desejos.

Meu conselho: pare de mentir para si mesmo sobre como consequências ruins devido a escolhas ruins não acontecerão com você, e pare de procurar explicações sobre por que não pode fazer o que sabe ser certo para cuidar de si mesmo no trabalho. Em vez disso, limite suas horas de trabalho ao que é sustentável, entendendo que as pessoas têm diferentes níveis de resistência e que esses níveis podem ser modificados. Tire férias e folgas e passe tempo suficiente com a família e amigos para obter o apoio social que muitas pesquisas mostraram ser importantes para o bem-estar. Não agende o nascimento de seu bebê para a conveniência de seu empregador, tendo uma cesariana desnecessária — deixando de lado as considerações físicas, o alto índice de partos cirúrgicos é um fator (entre muitos) que eleva os custos com a saúde.

E o mais importante: quando você pensar em possíveis empregos, empregadores e outros aspectos da vida profissional, reconheça as profundas consequências para a saúde mental e física causadas por suas escolhas e ações. Em outras palavras, enquanto muitas pessoas estão sofrendo — e até mesmo morrendo — por um salário, você não precisa ser uma delas.

Capítulo 6
Dois Elementos Fundamentais de um Local de Trabalho Saudável

AS EMPRESAS ESTÃO CIENTES DOS CUSTOS de rotatividade e ausência de funcionários por motivos de saúde. Também sabem da importância do esforço voluntário, e muitas fazem pesquisas para medir o engajamento dos funcionários. Mas os esforços dos empregadores para criar locais de trabalho mais atraentes muitas vezes focam as coisas erradas — "bugigangas" e regalias que podem ser rapidamente implementadas, em vez de dimensões do ambiente de trabalho que são mais complexas, porém, mais importantes de se mudar. Por exemplo, a profusão de vantagens oferecidas pelo Vale do Silício e outras empresas de alta tecnologia parece ser uma fonte de fascínio infinito para jornalistas e outros. Como alguém observou, "vantagens extravagantes fazem parte do folclore do Vale do Silício, assim como os unicórnios e os bilionários encapuzados". Uma busca por "vantagens loucas para funcionários" revelou histórias de empresas que oferecem "passeios de helicóptero gratuitos, suprimentos infinitos de bebidas alcoólicas, barbeiros *in loco*, aulas de ginástica, reparos de bicicleta, cadeiras para cochilo, piscinas de bolinhas, quadras de basquete internas, salas de jogos e lojas de doces".[1]

As empresas que atraem, mantêm e motivam uma grande força de trabalho e os locais que mantêm seus funcionários física e mentalmente saudáveis não o fazem oferecendo às pessoas amenidades fofas. As pessoas não são tão facilmente seduzidas por meras bugigangas; cadeiras para cochilos, comida grátis e deixar as pessoas levarem seus cães para o trabalho não podem compensar ambientes de trabalho estressantes.

O que importa — para o engajamento e produtividade dos funcionários e, o mais importante, para a saúde física e mental destes — é o ambiente e o próprio trabalho. Não ter um chefe que zombe e abuse, porque os riscos à saúde do assédio moral e da incivilidade foram bastante documentados.[2] Ter um escritório particular ou pelo menos um local de trabalho com temperatura confortável, boa iluminação e privacidade acústica para que o ambiente físico não imponha estresse.[3] E, o mais importante e o foco deste capítulo, dois elementos cruciais de um local de trabalho saudável que qualquer empresa, em qualquer setor, pode fornecer sem quebrar a banca — e, portanto, oferecer para melhorar o bem-estar de seus funcionários: controle e autonomia sobre o trabalho e apoio social. O que se segue são evidências sobre a importância dessas duas dimensões dos ambientes profissionais e alguns exemplos de como criar locais de trabalho saudáveis que proporcionem autonomia e controle às pessoas e promovam as conexões sociais e o apoio que fomentam a saúde física e mental.

CONTROLE SOBRE O TRABALHO, AUTONOMIA E SAÚDE

Na década de 1970, o epidemiologista britânico Michael Marmot e seus colegas notaram um fato interessante: quanto mais alto o cargo de alguém no serviço civil britânico, menor a incidência e a mortalidade por doença cardiovascular (DCV, às vezes DAC, para doença arterial coronária).[4] Por que cargos mais altos são correlacionados positivamente à melhor saúde? Marmot lançou uma série de estudos longitudinais, chamados de estudos Whitehall — porque o serviço civil britânico é administrado a partir de um edifício chamado Whitehall —, para entender as causas dessa relação entre hierarquia e saúde. Tratam-se de estudos de grupos prospectivos em que as pessoas foram recrutadas para participar, sendo avaliadas no início e reavaliadas depois, ao longo do tempo, tendo também seus estados de saúde monitorados. Naturalmente, como é típico e inevitável em pesquisas de campo, essa não era uma amostra aleatória da população britânica e, além disso, por razões éticas e práticas, as pessoas não podiam ser designadas aleatoriamente a condições de trabalho que variavam em quantidade de controle sobre o trabalho. No entanto, os estudos puderam e realmente controlaram fatores como o índice de massa corporal inicial, pressão arterial, níveis de colesterol e glicose no sangue, idade, sexo e muitos outros elementos que podem afetar a saúde, como comportamentos individuais tais como o tabagismo. Mesmo com todos esses controles, o status social, neste caso medido pela hierarquia, foi importante para a saúde. Por quê?

A pesquisa revelou que as diferenças no controle sobre a função, correlacionadas ao posto de trabalho, explicavam o efeito da hierarquia de serviço civil nas DCV. Funcionários britânicos em altos postos, tais quais funcionários de alto escalão na maioria das organizações, desfrutavam de maior controle sobre suas funções e tinham mais poder de decisão sobre o que, como e quando faziam, embora muitas vezes enfrentassem maiores exigências. Essa descoberta faz sentido intuitivo, já que quanto mais alto na hierarquia organizacional, mais poder de decisão esse indivíduo possui. No segundo conjunto de pesquisas, os estudos Whitehall II, Marmot e seus colegas acompanharam mais de 7.300 pessoas, iniciando em 1985 e terminando no período de 1991 a 1993. Eles examinaram a angina autorrelatada e também o estreitamento das artérias coronárias com diagnóstico médico. Marmot e seus colegas pesquisadores resumiram assim suas descobertas:

> Em comparação com os homens no nível mais alto (administradores), os de nível mais baixo (funcionários de escritório e de apoio administrativo) tinham uma razão de possibilidade ajustada de 1,50 para desenvolver qualquer nova doença coronariana. A maior diferença foi para diagnóstico de isquemia (razão de possibilidade para o menor em comparação com o maior cargo, de 2,27). Para as mulheres, a razão de possibilidade para os cargos mais baixos foi de 1,47 para qualquer DAC. Dos fatores analisados, a maior contribuição para o gradiente socioeconômico na frequência de DAC foi o baixo controle sobre o trabalho. Altura (que muitas vezes é medida para refletir os efeitos de saúde e

bem-estar na infância) e os fatores de riscos coronarianos padrão tiveram contribuições menores.[5]

Esses resultados significam que, após o ajuste para a idade (porque os problemas de saúde e a mortalidade geralmente aumentam à medida que as pessoas envelhecem), homens e mulheres em cargos mais baixos tinham uma probabilidade 50% maior de relatar dor torácica e angina, e os homens tinham mais que o dobro da probabilidade de ter o estreitamento das artérias diagnosticado do que aqueles em cargos mais altos. Além disso, o controle sobre o trabalho era o mais importante preditor de desenvolvimento de doenças cardíacas — mais importante até do que o tabagismo, por exemplo, no desenvolvimento de doença coronariana.

Evidentemente, a doença coronariana é apenas um, embora importante, indicador de saúde. Os estudos Whitehall também avaliaram como as diferenças em faltas por motivo de doença variavam entre níveis hierárquicos. Marmot e seus colegas descobriram que os homens nos cargos mais baixos do serviço civil tinham uma taxa *seis vezes* maior de ausência por motivos de doença do que aqueles nos cargos mais altos. Entre as mulheres as diferenças eram menores, mas ainda importantes, sendo que aquelas nos escalões mais baixos se ausentavam entre duas e cinco vezes mais do que as dos escalões mais altos.[6] E os dados de Whitehall relacionaram estresse no trabalho, medido como a coocorrência de demandas elevadas e baixo controle sobre o trabalho, à presença de síndrome metabólica, um conjunto de fatores de risco que predizem doenças cardíacas e diabetes tipo 2. Empregados que enfrentavam estresse ocupacional crônico tinham duas vezes mais chances de ter síndrome metabólica em comparação com aqueles que não enfrentavam.[7]

Os efeitos do controle sobre a função na saúde não se limitam aos funcionários públicos britânicos. Outro estudo, o Wisconsin Longitudinal Study, seguiu uma amostra aleatória de mais de dez mil homens e mulheres que se formaram nas escolas secundárias do estado em 1957. A pesquisa, conduzida em um longo período, fez perguntas sobre saúde, características profissionais e outras importantes variáveis de controle, como educação, saúde infantil e comportamentos individuais relacionados à saúde, tais como tabagismo e consumo de bebidas alcoólicas. Obviamente, esta não é uma amostra completamente aleatória, já que em 1957 havia relativamente poucas minorias entre estudantes do ensino médio em Wisconsin e uma fração substancial de pessoas não concluía os estudos. Contudo, os dados permitem fazer afirmações razoáveis sobre a causalidade porque as pessoas forneceram informações ao longo de um período de tempo. Uma análise acompanhou pessoas para estudar as mudanças na saúde entre as idades de 54 (a pesquisa de 1993) e 65 anos (a pesquisa de 2004). Durante esse período de 11 anos, 7,4% das mulheres e 11,2% dos homens morreram. O estudo avaliou a saúde física autorrelatada como um dos resultados, mas não relacionou as características do trabalho ou outras variáveis à morte. Entretanto, o estudo descobriu que, em 1993, o controle sobre a função estava estatisticamente e significativamente relacionado à saúde física autorrelatada para as mulheres, embora não para os homens, 11 anos depois.[8]

Outra pesquisa também encontrou uma relação entre medidas de controle sobre o trabalho e saúde. Um estudo transversal com funcionários hospitalares na Europa relatou que, na Europa Ocidental, havia uma relação positiva entre autonomia sobre as tarefas e saúde.[9] Um estudo realizado com 8.500 trabalhadores administrativos na Suécia constatou que pessoas que passaram por reorganizações em que os indivíduos tiveram influência no processo e obtiveram maior controle sobre suas tarefas exibiram níveis mais altos de bem-estar em comparação com aqueles com menos influência e poder de decisão. O grupo que teve maior controle apresentou níveis mais baixos de sintomas de doenças em 11 dos 12 indicadores de saúde, esteve ausente do trabalho por menos vezes e apresentou menos depressão.[10] Um estudo longitudinal da Universidade de Indiana com 2.363 residentes de Wisconsin, conduzido durante um período de sete anos, descobriu que indivíduos que estavam em empregos com altas demandas, mas baixo nível de controle sobre as tarefas, apresentou uma taxa de mortalidade 15,4% mais alta.[11]

Não surpreende que o controle sobre o trabalho afete a saúde mental, bem como os resultados em saúde física. Afinal, não estar no controle de seu ambiente de trabalho é estressante e também passa uma mensagem de impotência, independentemente do salário do trabalhador ou de seu status formal. Um estudo com 700 pessoas de 72 organizações diversas no nordeste dos Estados Unidos relatou relações negativas estatisticamente significativas entre controle sobre as tarefas e ansiedade e depressão autorrelatadas.[12] Quanto maior o controle sobre o trabalho, menores eram os níveis de ansiedade e depressão.

Por que a Falta de Controle sobre o Trabalho é Tão Prejudicial

Se você quer deixar qualquer organismo — um rato, um cachorro ou um ser humano — louco e criar um ser choramingante, abatido e desamparado, uma das maneiras mais fáceis é administrar punições aleatórias, não ligadas a nenhum comportamento específico ou, então, impor exigências imprevisíveis que removam o senso de controle sobre o próprio ambiente. Suspeito que a maioria das pessoas que já trabalhou por qualquer período de tempo sofreu os efeitos da alteração arbitrária de prazos e atribuições ou críticas que pareciam injustificadas pelo desempenho e não traziam informações suficientes para permitir que o indivíduo melhorasse. Durante minha pesquisa, algumas pessoas me disseram que viagens de negócios eram "rearranjadas" mesmo quando elas já estavam na estrada, sem nenhuma justificativa. Outros relataram histórias de critérios de avaliação de desempenho diferentes que dificultavam saber como ter sucesso no trabalho. Outros ainda falaram que algumas pessoas faziam papel de vigias do humor do chefe quando este chegava ao escritório, para que os funcionários pudessem prever se iam ter um dia bom ou ruim de trabalho.

E alguém me contou a seguinte história, que, por sinal, é muito típica: um líder herdou uma equipe e cada um dos membros tinha um demonstrativo de lucros e perdas para gerenciar. Aquela cujos números eram melhores e que era vista pela organização (e sua própria equipe) como a melhor gerente de pessoas foi demitida. Sob pressão da espantada organização para dizer o porquê, o líder disse ao segundo em comando que não devia explicações a ninguém.

Quando os líderes agem de maneiras arbitrárias, as pessoas não sabem o que esperar ou o que fazer. Os resultados são física e psicologicamente devastadores. A literatura sobre o desamparo aprendido argumenta que, embora existam muitos eventos que não podemos controlar, "tais eventos incontroláveis podem debilitar consideravelmente os organismos; eles produzem passividade diante do trauma, incapacidade de aprender qual resposta é eficaz e estresse emocional".[13] Não é de admirar que o controle sobre o trabalho preveja morbidade e mortalidade, com níveis mais altos de controle gerando melhor saúde e maior longevidade.

De acordo com a literatura sobre desamparo aprendido, eventos incontroláveis afetam negativamente a motivação, cognição e aprendizado das pessoas e seu estado emocional.[14] E as razões para isso são lógicas. Ausência de controle reduz a motivação. Se através de suas ações as pessoas não puderem prever e afetar o que acontece a elas, pararão de tentar. Por que fazer esforço quando os resultados são incontroláveis, tornando-o infrutífero? É por isso que as pesquisas mostram que cortar a conexão entre as ações e suas consequências, deixando as pessoas com pouco ou nenhum controle sobre o que acontece a elas no trabalho, diminui a motivação e o empenho.

Um ex-funcionário de uma empresa que organiza conferências digitais de saúde me disse que depois de apresentar a seu chefe uma agenda preliminar para uma próxima conferência, a resposta dele foi: "Não vejo um bom argumento. Eu quero que você descarte isso e volte com algo melhor." A pessoa descreveu sua reação: "Além de estar sobrecarregado, isso não me fez sentir valorizado. Por que me incomodar quando não estou recebendo ajuda ou feedback para que eu possa fazer um trabalho melhor?" Críticas aparentemente aleatórias, como nesse caso, fazem as pessoas desistirem: "Por que continuar?"

Ou considere o caso da aprendizagem. As pessoas se adaptam à medida que aprendem, ainda que de forma imperfeita, ao observar os outros e a partir da própria experiência pessoal — não coloque a mão em um fogão quente ou se queimará; quais os sabores de vários alimentos; como se sair bem em vários ambientes. A capacidade das pessoas de aprender observando a conexão entre as ações e suas consequências permitiu que elas alcançassem um grau de domínio sobre o ambiente e proporcionou uma vantagem evolutiva. Mas o princípio mais fundamental da aprendizagem é que várias ações produzem consequências previsíveis, portanto, as pessoas compreendem o que precisam fazer para alcançar os resultados desejados. Pense na dificuldade de dirigir um carro se, ao acaso, de um momento para o outro, o freio se transformasse no acelerador e depois na embreagem. Pesquisas mostram que não só é difícil aprender quando os resultados são incontroláveis, mas, pior ainda, "a experiência com a incontrolabilidade pode produzir dificuldade de aprendizagem. A incontrolabilidade pode retardar a percepção de controle"[15] mesmo que as pessoas tenham alcançado certo grau de domínio.

E a ausência de controle sobre o próprio trabalho deixa as pessoas deprimidas. Sentir-se bem consigo mesmo vem, em parte, do senso de domínio e sucesso que resulta da competência na execução de tarefas relevantes para si. Mas em uma condição de pouco controle sobre o trabalho as pessoas têm menos responsabilidade e poder de decisão, o que faz com que se sintam menos competentes ou bem-sucedidas. Como consequência, são mais propensas a apresentar estresse e depressão. Em especial para pessoas previamente bem-sucedidas, vivenciar um fracasso no trabalho e não saber como corrigir a situação faz com que recuem, seja abandonando a empresa, ou se esforçando menos, ou ambos. Além disso, não ter controle sobre o que se faz e o que acontece é estressante, e o estresse produz outros estados emocionais negativos, como depressão e ansiedade. O controle sobre o próprio trabalho afeta a capacidade das pessoas de aprender, a motivação e os estados emocionais — e, consequentemente, a saúde física e mental.

O QUE É O CONTROLE SOBRE O TRABALHO E POR QUE É TÃO RARO?

Quando você é criança, as pessoas — pais, professores — lhe dizem o que fazer. Conforme você cresce, obtém mais responsabilidades — carteira de motorista, a capacidade de definir os próprios horários para quando come e dorme — e começa a fazer escolhas que afetam sua vida, como o que estudar, onde morar, com quem se relacionar e como passar o tempo todos os dias. E então um dia você consegue um emprego, e, dependendo de seu chefe, empregador e trabalho, suas escolhas sobre o que fazer e como fazer, pelo menos enquanto trabalha, podem desaparecer, deixando-o em um estado infantilizado. Isso é ruim. As pessoas, pelo menos a maioria delas, querem tomar decisões e usar suas experiências e habilidades no trabalho. Quando não podem decidir e não têm controle suficiente sobre suas funções, elas ficam estressadas e sofrem de problemas de saúde, como evidências extensivas deixam claro.

Um advogado formado em Berkeley que trabalha na indústria de brinquedos me disse que muitas pessoas em corporações são promovidas com base em outras habilidades que não a de gerenciar pessoas, como, por exemplo, a capacidade de administrar um orçamento ou ser eficaz no cumprimento de prazos, entre outras coisas. Como muitos gerentes não conseguem gerir, no sentido de orientar e facilitar para que os outros façam um trabalho melhor, um dos piores "pecados" que essa pessoa e muitas outras encontram no trabalho é o microgerenciamento. Quando os gerentes microgerenciam seus subordinados, estes indivíduos perdem sua autonomia e senso de controle para os chefes, que não delegam. O advogado comentou:

> Meu empregador atual preza a presença física. Espera que você esteja em sua cadeira e, se não estiver, isso é tratado com desconfiança. Trabalho remoto, horários flexíveis e esse tipo de coisas são desprezados. O que é desmoralizante e desmotivador. Eu preciso de autonomia. Preciso sentir que tenho algum controle, mesmo que seja pequeno ou ilusório. Um pouco de autonomia para sentir que estou exercitando meu livre-arbítrio como ser humano sobre o que acontece comigo durante o dia. Viver com microgerenciadores não é divertido.

O trabalho não precisa ser assim. Na Patagonia, Dean Carter, chefe de recursos humanos, observou que o fundador e coproprietário Yvon Chouinard considerava a empresa um lugar onde "todo mundo sabe o que precisa fazer e o faz de forma independente, sem gestão extrema. Ele lidera usando um princípio que ele chama de 'gerenciamento à distância'". A Patagonia garante que não haja microgerenciamento ao ter "uma estrutura organizacional plana. Nós tentamos ter mais pessoas do que um gerente consegue microgerenciar. Fazemos isso de propósito". Um líder da unidade de tecnologia da informação da Patagonia observou que o fundador da empresa escreveu um livro, *Lições de um Empresário Rebelde,* e que um dos valores da empresa é que "quando as condições estiverem boas para praticar esportes ao ar livre (surfar em Ventura, esquiar em Reno), permita que as pessoas desfrutem disso".

Um dos quatro princípios de liderança da Zillow é "dê força à sua equipe". Como uma pessoa da área de treinamento e desenvolvimento da empresa disse, "o papel do gerente é apoiar a equipe e estar lá para ajudar a remover barreiras, não para ser o ditador". Heather Wasielewski, responsável pelos recursos humanos na Landmark Health, depois de trabalhar por mais de uma década na DaVita, observou: "Se alguém sente que o trabalho que está fazendo não é valorizado, se eles não sentem que têm voz ativa, se sentirem que são ordenados ou microgerenciados, vão se sentir menos satisfeitos e mais cansados."

As pessoas geralmente acreditam que ter controle sobre o trabalho só é possível para alguns empregos e algumas pessoas. Mas esse não é o caso — toda profissão e pessoa pode receber mais poder de decisão e liberdade para controlar seu trabalho. A Collective Health, uma empresa sediada em São Francisco, com foco na administração de benefícios de saúde, também se preocupa com a saúde de sua própria força de trabalho. Andrew Halpert, um médico contratado pela empresa no papel de diretor sênior de rede e soluções clínicas, contou-me como a Collective Health projetou as funções de "defensores dos pacientes", as pessoas que atendem aos telefones para resolver problemas de clientes que não são prontamente resolvidos. É claro que a empresa, competindo por talentos em um mercado de trabalho restrito, tem o que ele chamou de "cartas na manga" no mundo do recrutamento — o bom espaço de trabalho, alimentação saudável e assim por diante. Mas a empresa também contrata diferentes tipos de pessoas e lhes dá mais autonomia e influência. Halpert observou:

Ao contrário da maioria dos planos de saúde cujos *call centers* são terceirizados, localizados no centro-oeste do país e cujos funcionários têm anos de experiência, nós contratamos jovens formados pelas principais universidades do país, como Stanford, Penn e UC Davis. O perfil típico é alguém que se formou em biologia humana e talvez queira seguir uma carreira médica, mas, enquanto isso, quer um emprego e trabalhar para uma startup interessante. Aí você diz: "Como vocês irão manter pessoas inteligentes engajadas e felizes, e não esgotadas e insatisfeitas?"

Primeiro de tudo, nós os treinamos muito bem. E eles têm ferramentas técnicas muito boas para que possam fazer seu trabalho. Mas no final das contas, muito do que eles fazem é falar ao telefone com as pessoas. Uma coisa que fazemos é mover as pessoas fisicamente no setor depois de algumas semanas, então o ambiente parece um pouco diferente. Nós também temos um sistema de rodízio, colocando-os em diferentes tipos de tarefas. Por exemplo, uma semana eles estão fazendo a coordenação dos problemas com os benefícios e na outra estão trabalhando em problemas externos. Assim, eles têm melhor visão de conjunto.

A pessoa que comanda o grupo diz às outras que, assim que identificarem um problema, devem analisá-lo e trabalhar com pessoas de outros grupos, como de engenharia, para resolvê-lo. Em outras palavras, eles têm o poder de trabalhar com outras equipes para resolver os problemas que descobrirem. Se você tem funcionários inteligentes e eles realmente pensam e têm as ferramentas certas, resolvem os problemas com mais eficiência. Caso contrário, o problema volta várias vezes. No critério "custo", parece que é mais caro porque os atendimentos da Collective Health são feitos por pessoas mais qualificadas e com melhores remunerações e que também estão gastando mais tempo para resolver as questões. E nós realmente as resolvemos, ao contrário de outros sistemas.

Pessoas empoderadas que trabalham em equipe para criar uma experiência superior para os clientes têm vários resultados positivos. Primeiro, o sistema oferece um benefício: um plano de saúde que os empregados dos clientes consideram um benefício real, e não um incômodo, o que aumenta a permanência de funcionários. Em segundo lugar, essa maneira de organizar o trabalho e dar força às pessoas aumenta a permanência dos funcionários da própria Collective Health, proporcionando a todos um trabalho mais interessante e impactante. E, terceiro, esse sistema é mais eficiente na resolução de problemas, que não se acumulam até chegar aos recursos humanos das organizações que contrataram o serviço.

Como o exemplo anterior ilustra, o controle sobre o trabalho afeta os empregadores, não apenas os funcionários e sua saúde. Pesquisas de décadas atrás mostram consistentemente que a autonomia no trabalho — quanto poder de decisão se tem para determinar o que e como fazer — é um dos mais importantes indicadores de satisfação e motivação ocupacionais, frequentemente considerado mais importante do que o salário.[16] A autonomia sobre as próprias funções também afeta positivamente o desempenho,[17] em parte pelo aumento da motivação e, em parte, por permitir que as pessoas usem todas as suas capacidades e informações para realizar o trabalho da melhor maneira possível.

Tal como acontece com muitas outras situações discutidas neste livro, não há um conflito real entre projetar empregos para melhorar a saúde das pessoas e projetar empregos que aumentam a motivação e o desempenho em benefício dos empregadores. Trabalhos que proporcionam aos indivíduos mais autonomia e controle servem para aumentar sua motivação, satisfação e desempenho — e também torná-los mais saudáveis e longevos.

Por que Não Há Mais Controle e Autonomia sobre o Trabalho?

Se ter controle sobre as próprias funções profissionais é bom para as pessoas, e possibilitar a elas maior liberdade para decidir como trabalhar também é bom para os empregadores, por que a delegação e a liberdade de decisão não são mais difundidas no local de trabalho? Por que tão poucas pessoas têm controle sobre o que, quando e como fazem? Pesquisas em locais de trabalho mostram que, em muitos países, a autonomia profissional vem diminuindo.[18] Essa diminuição, possível, em parte, pela maior monitoração por computador de vários tipos de ações — variando de quantas ligações alguém atende em um *call center* até quantos pacientes um médico consulta e quantos exames ele solicita — é uma das razões pelas quais pesquisas realizadas pela Gallup e outras grandes empresas de consultoria de recursos humanos fornecem evidências consistentes de desmotivação generalizada dos funcionários e de insatisfação com seus trabalhos.

A questão sobre o que limita a autonomia profissional é precisamente o que o psicólogo Robert Cialdini, dois doutorandos e eu propusemos estudar há quase 20 anos. Nossa intuição era que as pessoas gostam de se sentir bem consigo mesmas e com sua eficácia e competência — são motivadas a autovalorizar-se — e, portanto, os indivíduos se envolvem em cognição motivada para desenvolver crenças e percepções que ratificam seu senso de competência. Duas consequências psicológicas surgem desses processos de autovalorização. Primeiro, os indivíduos frequentemente sofrem de uma ilusão de controle, acreditando que, por terem tocado algo ou intervindo em uma situação, o resultado é ou será melhor por causa de sua intervenção. Estudos sobre a clássica ilusão de controle demonstraram que as pessoas tinham expectativas inadequadas de seu sucesso em afetar eventos aleatórios.[19] Segundo, porque gostam de pensar bem de si mesmas e acreditam em sua capacidade de afetar positivamente os resultados, as pessoas tendem a avaliar o trabalho produzido de forma mais positiva se tiveram um nível mais alto de intervenção — ou de intervenção percebida — na produção desse trabalho. Simplificando, os indivíduos têm fé na eficácia de sua supervisão sobre o trabalho dos outros.

Para testar essas ideias, fizemos uma experiência com três condições. Duas pessoas chegavam a uma sessão experimental com a expectativa de que uma seria a supervisora (determinada aleatoriamente) e a outra pessoa faria um trabalho, neste caso, produziria um rascunho de uma propaganda para o relógio Swatch. Ambos os participantes, na verdade, eram supervisores, mas cada um supunha que havia um colega em outra sala trabalhando na tarefa. Na condição de controle, as pessoas viram apenas o anúncio final. Na condição de vigilância, elas viram um rascunho intermediário do anúncio e preencheram um formulário padronizado de feedback e fizeram comentários, mas foram informadas de que, devido a dificuldades de comunicação, a pessoa na outra sala não receberia a opinião delas. Na condição de feedback, os indivíduos viram o mesmo rascunho intermediário e preencheram o formulário de feedback acreditando que a pessoa na outra sala receberia sua orientação. Em todas as três condições, ao final do estudo, os participantes viram o mesmo rascunho intermediário e o classificaram, bem como a eles próprios como supervisores e seus subordinados.

As pessoas que acreditavam ter dado feedback sobre o trabalho ao seu "subordinado" classificaram o anúncio, eles próprios e o subordinado duas vezes melhor em comparação com aqueles que só viram o anúncio final. A condição de vigilância mostrou números intermediários. Essa diferença não é apenas estatisticamente importante. Classificar algo como sendo duas vezes melhor simplesmente porque a pessoa que avaliou teve a ilusão de fornecer o mínimo de supervisão é extremamente significativo. Constatou-se que apenas participar do estudo influenciou o julgamento das pessoas. As pessoas que não participaram classificaram o anúncio ainda mais baixo, sugerindo que a mera participação levou as pessoas a avaliar o anúncio de forma mais positiva. Se as pessoas classificam a si mesmas, seus subordinados e o produto do trabalho como melhores apenas porque acreditam ter interferido em sua criação, não admira que seja tão difícil delegar. Quando as pessoas cedem o controle aos outros, enxergam os outros e a si mesmas como sendo menos eficazes e o produto do trabalho como inferior em comparação a quando elas supervisionam.[20]

Embora os vieses psicológicos possam dificultar a delegação, pesquisas sobre o desempenho profissional e os efeitos na saúde sugerem que o controle sobre a função é um aspecto crucial do local de trabalho que afeta tanto a saúde quanto a produtividade. E, como ilustrado pelos funcionários da linha de frente da Collective Health e pelas décadas de pesquisas sobre autonomia profissional, é possível conceder mais autonomia em todos os tipos de empregos.

APOIO SOCIAL, SAÚDE E BEM-ESTAR

Em um vídeo descrevendo a cultura na DaVita, uma mulher explica como, quando confrontada com um câncer de mama, colegas de trabalho começaram a vender bolos para arrecadar dinheiro para seu tratamento e como costumavam levar comida, muita comida para ela. Uma mãe solo descreve, quase em lágrimas, como a empresa e os colegas de trabalho a ajudaram depois que ela foi atropelada e quebrou a pélvis, deixando-a quase incapaz de cuidar de seu filho pequeno. Em ambos os casos, o que fica claro é que os indivíduos não apreciaram apenas a ajuda que receberam, mas que tão importante quanto foi a sensação de fazer parte de uma comunidade. De acordo com o lema da empresa, baseado nos Três Mosqueteiros, são "todos (juntos) por um".

Se o controle sobre o próprio trabalho é um aspecto importante de um ambiente profissional saudável, o apoio social é outro. Desde a década de 1970, as pesquisas demonstram uma conexão entre apoio social e saúde.[21] Ter amigos "protege sua saúde tanto quanto parar de fumar e muito mais do que se exercitar", embora evidências de pesquisas sugiram que "o número de norte-americanos que dizem não ter amigos íntimos quase triplicou nas últimas décadas".[22]

Os indícios mostram que o apoio social — ter família e amigos com quem contar e relacionamentos íntimos — tem um efeito direto sobre a saúde e também atenua os efeitos de vários estresses e tensões psicossociais, a chamada hipótese do *buffering*. Por exemplo, um estudo observou que "pessoas que eram socialmente menos integradas tinham taxas de mortalidade mais altas" e que "indivíduos com baixos níveis de apoio social têm taxas de mortalidade mais altas... especialmente por doenças cardiovasculares... No entanto, também há indícios preliminares ligando o apoio social à redução nos casos de câncer... e doenças infecciosas... (e) mortalidade".[23] Uma pesquisa da Gallup realizada em 2012 em 139 países mostrou que, mesmo depois de supervisionar por idade, educação, sexo e estado civil, as pessoas que relataram ter família e amigos com quem podiam contar em momentos de dificuldade estavam mais satisfeitas com seus estados de saúde.[24]

Estudos e metanálises — agregações estatísticas de inúmeros relatórios independentes de pesquisas empíricas — encontram evidências consistentes tanto dos efeitos diretos do apoio social na saúde quanto de que o apoio social ajuda a atenuar os efeitos adversos do estresse,[25] incluindo o ocupacional,[26] em doenças[27]. Além disso, pesquisas mais recentes descobriram alguns dos caminhos fisiológicos específicos pelos quais o apoio social afeta a saúde. O psicólogo de saúde Bert Uchino, de Utah, descreveu dados ligando o apoio social a mudanças nas "funções cardiovascular, neuroendócrina e imunológica", com o apoio social correlacionado a "perfis biológicos" mais positivos para esses "sistemas no tocante a doenças".[28]

Nenhum desses achados surpreende. A necessidade das pessoas por contato social, por afiliação, por estar com outras pessoas tem sido repetidamente demonstrada. Uma revisão dessa literatura observou que "as pessoas formam conexões sociais rapidamente" e "resistem à dissolução dos laços existentes. A sensação de pertencer parece ter efeitos múltiplos e fortes nos padrões emocionais e nos processos cognitivos".[29] Isolar os indivíduos, como em confinamento solitário nas prisões, é uma punição severa, considerada por alguns como uma extrapolação dos limites legais. Separar os prisioneiros de guerra como forma de tortura para fazê-los revelar segredos é uma prática bem estabelecida porque muitas vezes é eficaz. O apoio e as relações sociais promovem o bem-estar. O que levanta a questão de *como* as empresas podem, de fato, promover uma cultura de fortes relações interpessoais e apoio social.

Primeiro, Não Faça Nenhum Mal

Os locais de trabalho geralmente têm práticas que pioram as coisas em termos de construir relacionamentos e oferecer suporte. Mudar o ambiente para melhorar essa situação não é tão difícil — só é preciso parar de fazer coisas que criem ambientes de trabalho tóxicos.

Possivelmente a sugestão mais importante seja: livrar-se da escolha forçada, o processo de avaliação de desempenho popularizado — e ainda celebrado — pelo ex-CEO da General Electric, Jack Welch. Como observou o escritor do *Financial Times*, Andrew Hill, esse método foi culpado pela "década perdida" da Microsoft, e os funcionários frequentemente mencionam a escolha forçada como o processo mais destrutivo dentro da empresa. Um dos custos: disputas internas e redução da colaboração.[30] O efeito de reduzir a colaboração e o trabalho em equipe é uma das razões pelas quais a empresa de consultoria Deloitte argumentou que a escolha forçada é obsoleta, impopular tanto com os avaliadores quanto com as pessoas avaliadas e cada vez mais descartada pelas empresas.[31]

Mas além do efeito sobre o trabalho em equipe e a colaboração, colocar as pessoas umas contra as outras enfraquece os laços sociais entre os funcionários e reduz o apoio social, fatores que produzem locais de trabalho mais saudáveis. Embora ainda não haja evidências sistemáticas dos efeitos da escolha forçada na saúde, nem dados sobre como a avaliação, comparar as pessoas umas com as outras diminui o apoio social, e está claro que essa comparação aumenta a competição interna. Por exemplo, na Uber [nos EUA], a escolha forçada criou uma cultura competitiva que os funcionários descreveram como injusta e como uma caixa-preta, que fomenta a incerteza e aumenta o estresse resultante de um processo de avaliação arbitrário e incerto.[32]

E temos a GE. Eis o que um ex-gerente sênior da empresa me contou:

> Todos estavam lutando por território. Para controlar e ter coisas. Imediatamente, tive que lutar para defender meu território, o trabalho para o qual eu tinha sido contratado... Pensávamos que só

um certo número de pessoas seria promovido. Era quase uma guerra com o Jim, que era meu par. A ideia era que só um de nós, Jim ou eu, seria promovido, independentemente de quão bons ambos fôssemos. Esse tipo de mentalidade de "rinha de galo" estava na cultura da empresa. Você sobe, sobe, sobe e depois é cuspido. É demitido e o próximo grupo de pivetes está chegando e tentando pegar seu emprego.

O estresse da competição interna — e a criação de uma situação em que as pessoas trabalhavam em horários loucos e viajavam excessivamente — prejudicou esse indivíduo e muitos outros que ele conhecia.

Outra condição comum dos locais de trabalho contemporâneos também contribui para a ausência de apoio social: o caos organizacional e falta de feedback e, particularmente, de reforço positivo. As empresas são muito enxutas em relação ao número de gerentes, o que dificulta o fornecimento de qualquer tipo de feedback positivo e apoio social, pois as pessoas estão ocupadas demais para cuidar umas das outras. Por exemplo, uma pós-graduada em publicidade conseguiu seu primeiro emprego na Ogilvy & Mather. Ela se sentia "negligenciada", em parte porque o setor em que trabalhava estava crescendo muito rapidamente e as pessoas não tinham tempo para orientar ou oferecer muita ajuda para uma recém-formada. Ela comentou: "Se alguém tivesse dito algo tipo 'você fez um ótimo trabalho', na próxima vez eu faria ainda melhor. Eu definitivamente precisava do reforço que eu não encontrava lá."

Com um investimento modesto no processo de gestão para que as pessoas tivessem apoio e orientação de funcionários seniores e com a eliminação de práticas como a escolha forçada, que coloca as pessoas umas contra as outras em um ambiente de intensa competição interna, as empresas estariam no caminho certo para eliminar os danos causados por estruturas de trabalho que diminuem o apoio social.

Fornecer Apoio para Pessoas com Dificuldades — E para Todos

Como já vimos, a insegurança econômica é uma enorme fonte de estresse, e este está relacionado a problemas de saúde. Muitos locais de trabalho adotaram uma abordagem transacional para sua mão de obra — as pessoas são vistas como fatores de produção e a ênfase está na troca de dinheiro por trabalho, com pouca conexão emocional entre as pessoas e seus empregadores.

Entretanto, empresas que buscam construir um ambiente de apoio social frequentemente implementam programas e atividades que fazem duas coisas: primeiro, demonstram que a própria empresa está comprometida em fornecer apoio para os trabalhadores e, segundo, permitem que as pessoas se envolvam em atividades que demonstram cuidados uns com os outros. Além de fornecer suporte tangível, essas ações indicam aos funcionários que outras pessoas estão presentes para ajudar em momentos de dificuldade — e que o apoio emocional e o senso de conexão com chefes e colegas podem ser tão importantes quanto qualquer outro benefício.

A SAS Institute, muitas vezes no topo da lista dos melhores lugares para se trabalhar e uma empresa cuja estratégia de negócios é baseada em relacionamentos de longo prazo com seus clientes — e seus funcionários —, sinaliza de todas as maneiras que se preocupa com o bem-estar de seus trabalhadores. Por exemplo, logo depois que um gerente de programas se juntou à equipe, ele descobriu que sua mãe estava com câncer terminal. A empresa encontrou serviços de cuidados e os colegas de trabalho ajudaram a construir uma rampa para cadeiras de rodas na casa dela. Quando um funcionário da SAS morreu em um acidente de barco em um fim de semana, a questão foi o que aconteceria com seus filhos, atualmente matriculados em creches subsidiadas pela empresa. Por quanto tempo eles teriam permissão para ficar? A resposta: o tempo que quisessem e enquanto estivessem na faixa de idade, independentemente do fato de já não terem um pai empregado pela empresa.[33] E talvez nada demonstre mais o compromisso da SAS com o bem-estar de seus funcionários do que seu investimento em um diretor de saúde cujo trabalho envolve não apenas administrar a unidade de saúde *in loco*, mas também garantir que os funcionários da SAS possam ter acesso a cuidados médicos que os mantenham saudáveis e cuidem deles se ficarem doentes.

A Southwest Airlines sempre teve uma cultura de cuidar uns dos outros, além de cuidar do cliente.[34] A grande empresa de saúde e diálise DaVita tem a DaVita Village Network, que "dá aos colegas a oportunidade de ajudar uns aos outros em tempos de crise, como um desastre natural, acidente ou doença, através de contribuições opcionais na folha de pagamento e oferece subsídios equivalentes a US$250 mil por ano".[35] Quando o sudoeste da Flórida foi atingido por uma série de furacões em 2004, um administrador de diálise observou: "A DaVita Village Network nos forneceu moradia enquanto nossas casas estavam inabitáveis e fundos para alimentação até que pudéssemos nos reerguer".[36]

O Google, particularmente enquanto Laszlo Bock administrava os recursos humanos, oferecia aos funcionários um suporte que ia além do que era necessário ou até esperado, apenas porque era a coisa certa a fazer. Como Bock escreveu: "Nem tudo o que fazemos se encaixa perfeitamente em nossa estrutura de eficiência, comunidade e inovação. Alguns programas existem apenas porque tornam a vida melhor para o nosso pessoal."[37] Tal como a decisão do Google, em 2011, de aumentar a licença-maternidade nos Estados Unidos para cinco meses. Mas talvez o programa de seguro de vida da empresa seja o mais extraordinário:

> Em 2011, decidimos que, se o impensável ocorresse, o parceiro sobrevivente deveria receber imediatamente o valor de todas as ações do funcionário cuja posse definitiva ainda dependia de certas condições. Também decidimos continuar pagando 50% do salário ao sobrevivente pelos próximos dez anos. E se tivessem filhos, a família receberia mais US$1.000 por mês até que eles completassem 19 anos, ou 23 anos se fossem estudantes em tempo integral.[38]

O custo era trivial, de acordo com Bock, "cerca de um décimo de 1% da folha de pagamento". Mas a recompensa psicológica é enorme. Como Bock descreveu: "Em 2012, nossa equipe de benefícios recebeu este e-mail anônimo de um funcionário do Google":

> Eu sou um sobrevivente do câncer e a cada seis meses faço tomografias para verificar se ele está de volta. Você nunca sabe quando as notícias serão ruins... então, enquanto estou deitado na maca do tomógrafo, escrevo e reescrevo o e-mail para Larry (Page) pedindo que minhas ações continuem a valer para minha família mesmo que eu morra.
>
> Quando recebi seu e-mail sobre os novos benefícios do seguro de vida, quase chorei. Não passa um dia em que não agradeça por esta empresa, que faz tantas coisas importantes e impactantes na minha vida. Isso... é uma delas e já está na longa lista de motivos pelos quais tenho orgulho de trabalhar no Google.[39]

Para ser claro, Bock e Google estavam focados em tomar atitudes para construir uma comunidade. Bock acredita que "um senso de comunidade ajuda as pessoas a realizarem seu melhor trabalho".[40] Essas atitudes representativas de apoio social promovem a saúde física e psicológica do funcionário. Também indicam a eles que são valorizados e, assim, ajudam nos esforços da empresa para atrair e manter pessoas para as organizações.

Crie uma Cultura de Comunidade

É mais provável que as pessoas gostem e ajudem outras com as quais compartilham algum tipo de relação de unidade, com quem se sentem semelhantes e com quem estão conectadas, inclusive por meio de experiências compartilhadas. A lógica evolucionista diz que uma vantagem de sobrevivência é creditada para aqueles que podem diferenciar rapidamente amigo de inimigo; nós, deles; e com quem compartilham semelhanças genéticas.

Desse modo, faz sentido que a semelhança seja uma base fundamental da atração interpessoal[41] e que as pessoas quase automaticamente ajudem os outros e cumpram as solicitações daqueles com quem compartilham até mesmo características acidentais e aleatórias, como datas de nascimento ou padrões de impressão digital.[42] As empresas podem prontamente, se assim escolherem, criar uma cultura que construa um senso de comunidade e promova conexões compartilhadas.

Primeiro, corrija a linguagem, para que as pessoas não sejam separadas por títulos e use termos consistentes com a ideia de comunidade. A DaVita às vezes refere-se a si própria como "vila". O CEO da empresa muitas vezes é chamado de "prefeito" (como o líder de uma vila pode ser chamado). Os funcionários são os "colegas de equipe" e certamente nunca "trabalhadores", um termo que denota tanto um status mais baixo como também pessoas que são distintas de "gerentes" ou "líderes".

Em segundo lugar, incentive conexões compartilhadas por meio de eventos sociais. Nas academias da DaVita, nos eventos de treinamento e socialização, que reúnem algumas centenas de pessoas ao mesmo tempo dentro de uma região, as pessoas são organizadas em equipes para projetar e executar esquetes, muitas vezes fantasiadas — às vezes, com fantasias bastante tolas. Um funcionário comentou, em um vídeo sobre a empresa, que as pessoas desenvolvem uma conexão mais profunda quando cantam uma música, fazem uma esquete ou agem como bobos juntos — se envolvendo em ações que reduzem as barreiras interpessoais.

Ou, se não quiser ir tão longe, faça com que as pessoas almocem juntas e compartilhem outras interações sociais. Muitas empresas têm lanchonetes, que não só economizam tempo, já que as pessoas não precisam sair da empresa, mas também as colocam em contato e criam um senso de comunidade ao compartilharem as refeições. Na Patagonia, os funcionários desfrutam dos mesmos tipos de recreação ao ar livre. Isso, além da longa permanência de muitos deles, cultivou um senso de comunidade, como explicou um executivo da empresa, instalada em Reno:

> Existe esse senso de comunidade na Patagonia. Eu penso que... nos encorajar para sair e fazer as coisas pelas quais somos apaixonados, combinado com o fato de que muitas pessoas aqui trabalham para a Patagonia há muitos anos... significa que os relacionamentos e a missão da organização são tão ou mais importantes do que o trabalho diário. Esse é um sentimento único para qualquer organização da qual fiz parte.

Às vezes, as empresas oferecem aos seus funcionários oportunidades de voluntariado para ajudar organizações sem fins lucrativos locais. Os locais de trabalho, assim, derivam os benefícios que resultam de ter pessoas que, de outra maneira, talvez não trabalhassem juntas, fazendo algo por um objetivo comum. Uma pesquisa de 2013 da UnitedHealth descobriu que 76% das pessoas que fizeram trabalhos voluntários no ano anterior disseram que o voluntariado as fez se sentir mais saudáveis e que 78% disseram que a ação reduziu o nível de estresse. E 81% dos funcionários que foram voluntários através do seu local de trabalho "concordaram que o voluntariado em conjunto fortalece o relacionamento entre os colegas".[43]

Feriados, festas de aniversário e eventos que celebram sucessos compartilhados, como lançamentos de produtos ou outros marcos comerciais — quase tudo que coloca as pessoas em contato em um contexto agradável e significativo — ajudam a cultivar um senso de identidade compartilhada e fortalecem os laços sociais. A Southwest Airlines é famosa por suas festas de Halloween, em que as pessoas se fantasiam e se divertem.[44] O ex-CEO Herb Kelleher era famoso por suas fantasias — às vezes, de Elvis Presley. Divertir-se juntos cria laços sociais e um senso de comunidade.

A mensagem deste capítulo é simples, embora seja muito pouco implementada. Dar às pessoas mais controle sobre sua vida profissional e proporcionar-lhes apoio social promove níveis mais elevados de saúde física e mental. E essas práticas de gerenciamento também aumentam a permanência e o engajamento dos funcionários, proporcionando retornos tanto para a empresa quanto para seu pessoal.

Capítulo 7
Por que as Pessoas Permanecem em Locais de Trabalho Tóxicos?

Pessoas que trabalham em circunstâncias prejudiciais, até mesmo tóxicas, sabem que estão sofrendo. Elas sentem o estresse, entendem o que estão fazendo para lidar com ele e, de muitas maneiras, estão bastante cientes do impacto psicológico e físico causado.

Não apenas isso. Elas muitas vezes se juntam às empresas com a consciência de que não encontrarão o nirvana ou algo parecido. Quando uma jovem coreano-americana, que chamaremos de Kim, formada em interação humano-computador (IHC), entrou para o departamento de comércio eletrônico da Amazon.com, em Seattle, ela sabia sobre o ambiente de trabalho e a cultura da empresa. Como ela me disse, "eu sabia que havia um estigma negativo sobre a empresa, mas tudo era abafado. Não se fala sobre esse tipo de coisa porque não é profissional". Kim aceitou a oferta de emprego, apesar dos rumores sobre um local de trabalho desagradável, por causa do prestígio da empresa. "Todo mundo diz: 'Se você trabalha na Amazon, pode trabalhar em qualquer lugar', então aceitei devido ao status e por ser uma empresa nova e em expansão."

Bem cedo, Kim já estava sofrendo com o estresse ocupacional causado pelas longas jornadas e pela pressão advinda de uma estrutura organizacional caótica, disputas políticas internas e um chefe difícil, a quem nunca conseguia agradar. Ela tinha dores de cabeça, dores de estômago e erupções cutâneas. Sentia-se mal consigo mesma. Para superar a depressão, ela me disse que começou a comer compulsivamente e consumir álcool em excesso. Antes de ingressar na Amazon, ela sonhava em ir para a faculdade, conseguir um bom emprego e contribuir para a sociedade. "Depois de trabalhar ali passei a pensar: 'Não me importo mais. Vou usar qualquer droga que aparecer no meu caminho. Aproveitarei qualquer oportunidade para sentir algo melhor do que o que estou sentindo atualmente.'" Kim me disse que os asiáticos muitas vezes parecem mais jovens do que realmente são. Sobre seu próprio caso, ela disse que logo parecia tão velha quanto sua mãe.

A história de Kim é bem comum. Uma funcionária contou que, durante as férias, ia a uma Starbucks todos os dias para usar o Wi-Fi e trabalhar. "Foi quando a úlcera apareceu."[1] E isso não acontece só na Amazon. Várias pessoas me contaram como entraram em colapso devido ao trabalho e aos vários sintomas relacionados ao estresse, como dores de cabeça, erupções cutâneas e desconfortos estomacais. Pessoas que trabalham em ambientes tóxicos que comprometem sua saúde física e mental sabem que não estão em lugares que incentivem a prosperidade. Assim como Kim, algumas aceitam esses empregos sabendo que o lugar não será bom para seu bem-estar. Mesmo assim, aceitam e permanecem na empresa.

Um ex-executivo sênior da General Electric descreveu que reconheceu os efeitos negativos do ambiente de trabalho em seu peso, saúde e família, e que pensou várias vezes em desistir. Ele viajava entre 240 mil e 320 mil quilômetros por ano e chegava a ficar três semanas longe de casa, de sua esposa e de seus dois filhos. "Que tipo de empresa mantém você longe de sua família por tanto tempo?", ele disse. A diretora financeira de uma firma de assistência médica, que descrevi anteriormente, tinha conhecimento do preço das longas horas de trabalho e de como a "automedicação" — álcool, estimulantes e narcóticos — não resolvia o problema nem melhorava sua saúde. Na verdade, encontrei pouquíssimas pessoas em minha pesquisa que não estivessem cientes da toxicidade de seus ambientes de trabalho.

Tudo isso levanta uma questão fundamental: por que as pessoas que, em sua maioria, reconhecem trabalhar em ambientes nocivos, optam por permanecer neles?

ECONOMIA

Uma resposta para essa pergunta é, obviamente, a necessidade econômica. A menos que tenham herdado riquezas, elas precisam de um emprego lucrativo para adquirir meios de pagar suas contas. Uma pessoa contou que trabalhava em um lugar onde "tudo deveria ser feito o mais rápido possível e as pessoas trabalhavam até tarde quase todos os dias. Faziam reuniões semanais em que o CEO criticava o trabalho sem nenhum feedback construtivo". Mesmo assim, ela permaneceu no emprego porque seu marido estava fazendo pós-graduação e ela sustentava a casa. Ficou para manter a família economicamente viável.

Além disso, algumas organizações deliberadamente situam suas subsidiárias em locais onde podem encontrar mão de obra disponível disposta a aceitar salários menores e pouco exigentes sobre as condições de trabalho. Quando fábricas e empresas fecham, as opções de emprego diminuem e as pessoas têm que trabalhar em algum lugar. A Amazon tende a localizar seus depósitos em áreas em dificuldades econômicas para explorar o excedente de mão de obra, que agradecerá qualquer tipo de emprego remunerado. Por exemplo, um artigo sobre a decisão da Amazon de abrir centros de distribuição em Chattanooga, Tennessee, e na Carolina do Sul observou:

> O anúncio da Amazon representa o maior acréscimo de novos empregos para o Tennessee esse ano... recrutadores locais e funcionários da empresa observam que os centros... estão dentro de um mercado de trabalho que poderia suprir os milhares de trabalhadores sazonais que a Amazon precisa... No entorno de algumas instalações da empresa, "trabalhadores acampados" vivem em veículos enquanto realizam trabalho sazonal para a gigante da internet.[2]

A Amazon dificilmente é a única empresa a tomar decisões sobre localização usando esse critério. A mão de obra excedente e os salários baixos correspondentes que o alto nível de desemprego produz, bem como pessoas dispostas a aceitar ambientes de trabalho difíceis, são características que atraem muitas empresas. Uma pesquisa na internet por critérios de localização produz dezenas de listas e artigos, muitos dos quais listam "custos e disponibilidade de mão de obra" em primeiro lugar na lista ou próximo ao topo. Um exemplo foi um artigo sobre a localização de *call centers* ou *data centers*.[3]

Colocar *call centers* em regiões com salários mais baixos e alto índice de desemprego e fábricas em áreas onde outras companhias fecharam as portas também permite que as empresas aproveitem os incentivos do governo para abrir essas instalações. Tais incentivos incluem renúncia fiscal de propriedades e de outros impostos, empréstimos a juros baixos e, ocasionalmente, terrenos grátis ou mesmo prédios oferecidos por comunidades ansiosas por oportunidades de emprego. Em Chattanooga, a Amazon conseguiu o terreno de graça e um acordo que lhe permitiu pagar apenas 27% do imposto predial normal. Uma vez abertas as instalações, as empresas podem recrutar uma força de trabalho mais propensa a suportar difíceis condições de trabalho e, mesmo assim, permanecer — porque os trabalhadores têm menos opções.

Assim, a estagnação dos salários e a insegurança econômica tão presentes nos noticiários fazem com que as pessoas sejam gratas por qualquer emprego. Melhor ainda se ele proporcionar uma boa renda e o status de estar associado a uma organização de prestígio para reforçar o currículo. Outros aspectos do trabalho, como seu efeito na saúde física e mental, tornam-se secundários à necessidade de ganhar a vida.

PRESTÍGIO EMPRESARIAL E TRABALHO INTERESSANTE

Um segundo motivo para tolerar condições profissionais difíceis é a credibilidade proveniente de trabalhar para uma companhia de prestígio. Como disse o diretor-geral da GE: "Aceitei o emprego porque nunca havia administrado algo tão grande antes e imaginei que, aos 36 anos, seria bom investir em minha carreira... E, para ser claro, eu me beneficiei da liderança de uma das divisões da GE. Volto ao Vale do Silício, e quando as pessoas descobrem que gerenciei uma divisão na GE elas olham e pensam: 'Ele deve saber o que está fazendo.'" Kim citou justamente o prestígio da Amazon como uma razão que a fez decidir trabalhar lá e, de fato, poucas pessoas com quem conversei não mencionaram os benefícios para a reputação advindos de serem contratados por uma conhecida e prestigiada companhia, apesar dos possíveis aspectos negativos de seus empregos.

Além disso, mesmo em lugares onde viviam estressadas, as pessoas estavam, na maior parte do tempo, fazendo um trabalho interessante e estimulante em sua profissão escolhida. Uma organizadora de eventos me contou sobre os eventos emocionantes que ela planejou, ainda que sob condições de trabalho bastante estressantes. A pessoa que deixou o emprego em uma concessionária de energia elétrica com estresse pós-traumático (TEPT) me disse que, antes do esgotamento devido ao excesso de trabalho, gostava de interagir com as autoridades locais enquanto participava das relações da empresa com o governo. O executivo da GE gostava dos desafios de liderança que enfrentou ao administrar uma grande companhia. Uma viúva que escreveu ao *The New York Times* sobre seu ex-marido advogado, que morreu em decorrência de complicações associadas ao abuso de drogas e trabalhava para um prestigiado escritório de advocacia no Vale do Silício, observou: "Ele amava o desafio intelectual do seu ofício."[4]

As pessoas obtêm prestígio e fazem coisas das quais gostam e para as quais são treinadas. Por isso decidem ficar. E permanecem, em parte, porque não percebem os custos físicos e psicológicos diários e também porque acreditam — ou se convencem — que as coisas provavelmente não seriam tão diferentes em outro lugar.

Sem diminuir a importância dessas explicações, as pessoas em todos os empregos e profissões têm pelo menos certo grau de escolha. Há ambientes de trabalho mais e menos saudáveis em praticamente todos os setores de atividade. E alguns dos lugares mais saudáveis e mais humanos — o Google ou a SAS Institute, por exemplo, que muitas vezes estão no topo das listas de melhores lugares para se trabalhar e dos melhores empregadores para famílias — são bastante prestigiados e bons para o currículo.

Por exemplo, o setor de varejo é conhecido pelos baixos salários, insegurança econômica devido às horas flutuantes, softwares de agendamento que tornam os calendários de trabalho imprevisíveis e benefícios limitados. No entanto, a Container Store, uma varejista de produtos e materiais de embalagem, frequentemente aparece no topo da lista dos melhores empregadores. Pelo menos enquanto o fundador George Zimmer a administrava, a Men's Wearhouse, varejista de roupas masculinas sob medida, oferecia salários mais altos, tinha menos profissionais de meio período e apresentava uma cultura empregatícia que a colocava na lista dos Melhores Lugares para Trabalhar. Costco, sob a liderança do cofundador e ex-CEO Jim Sinegal, oferecia salários mais altos e mais benefícios do que sua concorrente, a Sam's Club. Também cultivou um ambiente de trabalho humano, o que levou as pessoas a permanecerem por anos no que normalmente é um ramo de alta rotatividade. As companhias aéreas variam entre demissões e demandas por concessões salariais. Por exemplo, a Southwest, ao contrário de suas concorrentes norte-americanas, nunca demitiu ninguém nem pediu cortes salariais.

A questão é: alguns ambientes de trabalho são tóxicos; outros, no mesmo setor ou área geográfica e com os mesmos níveis de prestígio, são menos. Portanto, as pessoas têm escolhas. Elas seriam mais felizes se considerassem as consequências para a saúde na hora de decidir onde trabalhar; isso é verdade independentemente do nível de instrução, localização geográfica ou trabalho específico.

DUAS EXPLICAÇÕES SEM FUNDAMENTO

Existem outras explicações econômicas para as pessoas permanecerem em empregos que colocam em risco sua saúde, embora as evidências desses relatos sejam surpreendentemente escassas.

Economistas e outros que acreditam na racionalidade das pessoas argumentam que os ambientes de trabalho não podem ser tão ruins quanto eu os tenho descrito ou ninguém permaneceria neles. O conceito de preferências reveladas, originalmente desenvolvido para estudar o comportamento do consumidor, mas posteriormente estendido a outras situações de escolha, afirma que os indivíduos, por meio de seu comportamento em um mercado (neste caso, o mercado de trabalho), revelam suas preferências.[5] De acordo com Amartya Sen, economista ganhador do Prêmio Nobel, a ideia de preferências reveladas torna "possível definir os interesses de uma pessoa de tal maneira que, não importa o que ela faça, tal comportamento será visto como um meio de promover seus próprios interesses em cada ato isolado de escolha".[6] A preferência revelada, em outras palavras, é tautológica. Portanto, as pessoas não se revelam masoquistas por permanecerem em locais de trabalho pouco saudáveis, nem necessariamente "preferem" esses lugares ou não reconhecem as desvantagens desses ambientes.

Outra ideia apresentada para explicar o porquê de as pessoas permanecerem em lugares insalubres é compensar os diferenciais. Essa ideia sustenta que, mesmo que trabalhem em ambientes nocivos, a remuneração aumentará proporcionalmente para recompensá-los pelos riscos e encargos extras que enfrentam.[7] Esse relato argumenta que os indivíduos escolhem, de forma consciente e deliberada, ganhar mais em troca de assumir mais riscos com a segurança e a saúde no trabalho. Há apenas um problema. Apesar da lógica intuitiva dessa ideia, as evidências empíricas sobre compensação dos diferenciais — de que as pessoas são pagas pelos riscos que assumem no trabalho — são fracas.

Os indivíduos compreendem plenamente as condições de trabalho. Sabem se recebem folgas remuneradas e quantos dias de férias, se tiverem direito a elas, foram desfrutados. Férias e faltas por motivos de saúde são muitas vezes impressas nos holerites. Quando o marido de uma executiva do setor de alta tecnologia reclamou sobre a agenda de viagens e as jornadas de trabalho dela, ela, talentosa e inteligente, obviamente percebeu os custos familiares de suas escolhas profissionais.

Eu não acredito que as pessoas não estejam cientes de suas condições de trabalho — embora possam não reconhecer a magnitude dos custos de saúde em que estão incorrendo. Também não creio que muitos indivíduos tenham, de modo consciente e racional, "escolhido" se arriscar para ganhar a vida ou para receber um pagamento (inexistente) pelo "risco" de permanecer em ambientes profissionais nocivos. Cada vez mais pesquisas demonstram que as pessoas não são racionais ao tomar decisões — sobre empregos ou outras situações.[9] Em vez disso, ficam presas, de várias maneiras, em armadilhas que as fazem permanecer em ambientes de trabalho prejudiciais.

AS PESSOAS NÃO TÊM ENERGIA PARA SAIR

A inércia ajuda a explicar por que as pessoas permanecem em ambientes de trabalho ruins. Muitas me disseram que, às vezes, era mais fácil ficar onde estavam, por mais desagradável que fosse.

Procurar um novo emprego é, por si só, um trabalho e consome energia. As pessoas algumas vezes ficam presas em locais de trabalho prejudiciais porque, com poucas noites de sono e muito estresse, não têm energia física ou mental para cumprir suas obrigações profissionais atuais e, ao mesmo tempo, procurar um novo emprego. De certo modo, o próprio fato de estarem estressadas e sobrecarregadas impossibilita que escapem de situações que as adoecem. Um funcionário de marketing da Salesforce explica o seguinte:

> Você está entre o fogo e a frigideira. Eu não estava em meu melhor momento. Veja só, no ano passado, se me convidassem para jantar na sexta-feira eu diria: "Claro", e um minuto depois perguntaria: "Quando?" Eu não estava em condições de fazer uma entrevista de emprego, ser contratado e bem-sucedido nos primeiros seis meses.

O executivo continuou:

> Você tem toda essa vergonha e constrangimento porque está estressado e pensa que o problema é você. Sentia como se meu cérebro não funcionasse. Eu literalmente não conseguia me lem-

brar de conversas dez segundos depois de elas acontecerem. Pensei que seria demitido. A razão pela qual eu queria tirar licença médica é que eu tinha uma marca pessoal realmente boa, mas nos últimos meses não havia conseguido fazer nada. E estava preocupado que isso afetaria minha marca na Salesforce. Senti que seria melhor tirar uma licença. Eu chegava no trabalho com lágrimas escorrendo pelo rosto porque pensava: "Não quero trabalhar. Não consigo, não sei como vou passar por esse dia."

Nessa condição, procurar — e encontrar — outro emprego parece, e provavelmente é, impossível. Portanto, uma razão simples, mas importante, é que as pessoas permanecem em ambientes de trabalho prejudiciais porque estão muito feridas psicologicamente, estressadas e sobrecarregadas fisicamente para conseguir a energia necessária para sair.

VOCÊ NÃO É BOM O SUFICIENTE? ORGULHO E EGO

Um diretor-geral da GE com quem conversei ficou na empresa apenas três anos, por causa da cultura de trabalho. Mas sua permanência poderia ter sido ainda menor. Em várias ocasiões, quando ele dizia que sairia, seus chefes lhe perguntavam: "Você não é bom o suficiente para ser um líder da GE?" Claro que ele era bom o suficiente, ele dizia a si mesmo, e então ele ficava na empresa, pelo menos por um tempo. Como ele me disse, uma vez que ele começou a trabalhar, "havia um senso de 'oh meu Deus, basicamente, eles não me disseram o que realmente estava acontecendo nesta divisão porque o lugar era uma tremenda bagunça'. Então eu tenho uma escolha. Posso enfrentar ou posso sair correndo porta afora. Eu decidi enfrentar — é por isso que eles me contrataram".

Se desistir, você é, por definição, um "desistente". Quem quer ser considerado, até por si mesmo, um desistente? Seus chefes na GE lhe disseram: "Se você for um líder, será capaz de descobrir como fazer as coisas acontecerem e navegar nesse ambiente." A implicação: se você for bom, será capaz de lidar com as demandas de trabalho e alcançar o sucesso. Então, o que há de errado com você? E quem quer admitir que não é bom o bastante?

A primeira reação de Kim a seu crescente sentimento de desconforto na Amazon foi: "O que há de errado comigo? Comecei a me culpar." A empresa deixa claro que o lugar não é para todos, apenas para os melhores. Subentendido fica: se consegue lidar com o ambiente de trabalho, você é bom; se não, você é um fraco, um fracasso. Em um vídeo de recrutamento da Amazon, uma jovem diz: "Ou você se encaixa aqui ou não."[10] O principal recrutador da companhia observou: "Essa é uma empresa que se esforça para fazer coisas realmente grandes, inovadoras, pioneiras e isso não é fácil... Quando se mira alto, a natureza do trabalho é desafiadora. Para algumas pessoas isso é demais."[11] Uma reportagem sobre a empresa reprisou o ditado: "A Amazon é o lugar onde os bem-sucedidos se sentem mal consigo mesmos."[12] Em um local de trabalho competitivo, motivado pelo desempenho e obcecado por métricas, você pode prosperar, ou pode sair — e assim admitir para si mesmo e sua família e amigos que não pode suportar a pressão e que não é bom o suficiente para competir com os melhores.

As pessoas preferem pensar em si mesmas como competentes e eficazes, e são motivadas a isso. Um dos estímulos humanos mais poderosos é a motivação do autoaperfeiçoamento — o desejo de pensar bem de nós mesmos.[13] Existem inúmeras manifestações dessa busca por autoafirmação. Se convidadas a fazer uma autoavaliação anonimamente, atribuindo a si mesmas notas sobre qualquer traço positivo, do senso de humor, inteligência e atratividade física à capacidade de escrever, mais da metade das pessoas de um grupo dirão que estão acima da média — um fenômeno chamado de "efeito acima da média".[14] Se as pessoas souberem que têm uma quantidade anormalmente grande de algum atributo ou qualidade pessoal, esses indivíduos enfatizarão e supervalorizarão a importância desse traço específico para o sucesso. Assim, as pessoas pensam que estão acima da média em atributos positivos e acreditam que as qualidades que possuem são de importância maior que o normal para o sucesso.

O desejo das pessoas de se autoaperfeiçoarem e pensarem bem de si mesmas também se manifesta na ideia de que qualquer coisa que tenham tocado será melhor e mais bem-sucedida por terem se envolvido no seu desenvolvimento e criação. Como descrevi no Capítulo 6, quando as pessoas forneciam feedback sobre o desenvolvimento de um anúncio, elas viam o anúncio (idêntico) como melhor; consideravam-se melhores gerentes e seus subordinados como superiores a outros. Além do mais, uma vez que alguém possui algo, esse item passa a ser valorizado, seja uma caneca, uma caneta ou uma barra de chocolate, simplesmente porque pertencem ao indivíduo — um fenômeno chamado de efeito posse ou dotação.[15] As maneiras pelas quais nos autoaperfeiçoamos e as implicações disso para a compreensão do comportamento humano são numerosas e generalizadas.

Poucas pessoas querem admitir para si mesmas ou para os outros que não são boas em alguma coisa, especialmente se esse "algo" implica a autoestima. E, para muitas delas, o trabalho é essencial para o autoconceito e autoimagem. Particularmente para aquelas que fazem um trabalho de prestígio em organizações conceituadas, não há preço alto demais ou circunstâncias muito difíceis de serem enfrentadas — porque a alternativa é admitir fraqueza ou fracasso. Então, resistir em circunstâncias impossíveis torna-se algo a ser buscado para demonstrar competência, energia e dedicação.

Consequentemente, a capacidade de sobreviver a circunstâncias difíceis de trabalho tornou-se um emblema de honra. Um amigo que, em determinado momento, ocupou um cargo em marketing no alto escalão da Hewlett-Packard, contou que viajava 400 mil ou mais quilômetros por ano, principalmente pela American Airlines. Ele voava tanto e por tanto tempo que tinha o número de telefone pessoal de um alto executivo da companhia aérea para ajudá-lo a lidar com o inevitável caos das viagens. Na Amazon, Dina Vaccari se gabou de não dormir por quatro dias seguidos para cumprir um prazo.[16] Os engenheiros do Vale do Silício se orgulham de suas prodigiosas horas de trabalho, da capacidade de varar noites e de realizar o trabalho sob quaisquer circunstâncias.

E as empresas ajudam as pessoas a manter o ritmo. Fornecem serviços *in loco*, como limpeza, refeitórios e manutenção de carros (e às vezes até camas) para que os funcionários não precisem sair do local. Proporcionam bebidas alcoólicas e comida para garantir que as pessoas tenham combustível para continuar trabalhando. Como comentou uma astuta observadora de empresas de alta tecnologia, muitas companhias ajustam os cardápios para ajudar os profissionais a se manterem firmes no momento em que poderiam ir para casa exaustos. Ele observou que enquanto as empresas oferecem saladas e proteínas no almoço: "Se você for ao Facebook, veja o que proporcionam ao seu pessoal durante o *happy hour*, que é quando começa o segundo turno de trabalho. Será muita gordura, muito açúcar, comida pesada." Pode não ser saudável, mas a gordura e o açúcar são úteis para fornecer o estímulo temporário de energia para ajudá-los a continuar trabalhando à noite. E, é claro, as empresas também oferecem reforço e incentivo para os funcionários continuarem trabalhando — a promessa de promoções, status, reconhecimento, premiação ocasional e assim por diante. E sempre perguntam, direta ou implicitamente: "Você não é bom o suficiente para ter sucesso aqui?"

VOCÊ ESCOLHEU ESTAR AQUI: EFEITOS DO COMPROMETIMENTO E RACIONALIZAÇÃO

Quando as pessoas tomam uma decisão, particularmente se a decisão é pública — como a escolha de um emprego do qual os amigos e familiares sabem — e voluntária, pois o indivíduo não foi forçado, existe comprometimento psicológico. Isso significa que ele se identifica psicologicamente com sua escolha e suas implicações e sente-se motivado a continuar se comportando de maneira coerente com o compromisso assumido.[17] O comprometimento é um processo psicológico poderoso que pode levar as pessoas a aumentar o investimento de recursos em ações fracassadas, adotar atitudes consistentes com suas decisões, como reavaliar a conveniência de grupos e empregos, e se comportar de maneira coerente com sua escolha original. Por exemplo, uma pessoa que faz uma doação ou uma pequena ação, como divulgar um cartaz político apoiando um candidato, tomará, então, atitudes mais significativas na mesma direção. Isso porque, uma vez que tenha feito algo favorável a uma causa ou candidato, esse indivíduo agora está comprometido com as implicações daquele primeiro ato — deve, portanto, se comportar de maneira a apoiar tal objetivo.

Comprometimento implica vários processos psicológicos. Uma decisão tomada é a "sua" decisão, e se gostamos de nossas canecas de café ou barras de chocolate porque são "nossas", certamente gostaremos de nossas decisões. Desse modo, as pessoas permanecerão com a decisão inicial de se juntar a uma empresa porque foi escolha *delas*. Outro processo: autoaperfeiçoamento. Se quisermos nos sentir bem com relação a nós mesmos, certamente não vamos querer admitir que cometemos um erro ou fizemos algo estúpido. Isso produz uma outra razão pela qual as pessoas ficam em um ambiente difícil e permanecem comprometidas com sua decisão de trabalhar ali: a relutância em admitir o erro. Em vez de assumir ou distanciar-se, é mais fácil racionalizar a deliberação inicial e a escolha de permanecer. As pessoas são ótimas nisso.

Uma maneira de racionalizar o compromisso com um ambiente desagradável é dizer a si mesmo que, por mais que as circunstâncias atuais sejam ruins, não serão eternas, e que há outras razões para ficar. Um profissional de finanças observou: "Eles estavam me pagando muito bem e eu trabalhava perto de casa." Um consultor comentou que vivemos em melhores condições do que nossos ancestrais e não amar o emprego é um "problema de primeiro mundo". Eu ouvi inúmeras racionalizações para justificar a permanência em ambientes de trabalho prejudiciais.

Como uma *coach* executiva observou sobre por que seus clientes submetiam-se a longas jornadas e faziam muitos sacrifícios:

> A maneira como a maioria das pessoas racionaliza é: "Vou fazer isso um pouco mais." "Só mais três meses." "É só mais esse lançamento." A verdade é que se pode fazer isso por muitos anos. As pessoas não estão dormindo, estão tremendo em reuniões, não estão cientes se estão respirando ou não. Frequentemente, são muito jovens, então ainda não sofreram as consequências.

O comprometimento também funciona através do desejo das pessoas de parecerem firmes e consistentes. A consistência parece ser valorizada; o termo "vira-casaca" raramente é visto como um elogio. É por isso que, uma vez tomada uma decisão, as pessoas se sentem obrigadas a segui-la — incluindo aquelas sobre o local de trabalho. Quem muda demais levanta suspeitas em futuros empregadores — o que há de errado com esse indivíduo que não consegue ficar em um lugar só? E a pressão por coerência também aumenta a má vontade em admitir um erro. Então, acreditamos que as coisas melhorarão, ou que talvez estejamos exagerando, ou que a situação não seja tão ruim ou prejudicial quanto parece. Tudo isso conspira para manter as pessoas trabalhando em ambientes reconhecidamente prejudiciais ao bem-estar.

PROVA SOCIAL: QUANDO O TÓXICO SE TORNA A NORMA

Aprendemos o que esperar, querer e o que é normativo observando o comportamento dos outros. Os psicólogos descreveram o conceito de influência social informativa há mais de 60 anos e ele continua fundamentalmente importante.[18] A premissa: somos influenciados pelos outros porque seus comportamentos nos fornecem informações úteis sobre quais são as atitudes e comportamentos apropriados — especialmente em se tratando de pessoas socialmente semelhantes a nós. Como escreveu o psicólogo social Robert Cialdini, confiar na prova social — o que os outros fazem — economiza esforço cognitivo.[19] Precisamos apenas observar o comportamento dos demais. E se acreditarmos que as multidões são sábias e pensaram nas coisas com cuidado, confiar nelas para guiar nossas próprias atitudes e comportamentos parece, e muitas vezes é, sensato. Considere que a palavra *norma* tem a mesma raiz que *normativa*, e o que é uma norma e normativo é, no final, o que a maioria das pessoas faz e pensa. Nesse sentido, o coletivo define uma versão da realidade do que é esperado e aceitável.

A influência externa no comportamento no que diz respeito ao trabalho é profunda. Um renomado contador que trabalhou em finanças observou: "Meus pais me disseram para ser contador, ter um bom salário e plano de saúde." Muitas pessoas que entrevistei comentaram como seus amigos achavam que tinham sucesso porque tinham um bom emprego em uma empresa de prestígio. Por isso, desistir era difícil porque implicava ir contra as expectativas dos pais e colegas e dizer a si mesmos — e aos entes queridos — que o trabalho "maravilhoso" estava, na verdade, deixando-os doentes.

A influência social é potente. Um estudo sobre a rotatividade em restaurantes de fast-food descobriu, e de certo modo isso não surpreende, que a rotatividade era socialmente contagiosa.[20] Quando algumas pessoas em uma unidade saíam, outras eram muito mais propensas a fazer o mesmo — e, inversamente, se poucos ou nenhum funcionário saíam, seus colegas de trabalho permaneciam. Embora o trabalho nesses restaurantes não pague bem e nem seja muito gratificante, a resposta das pessoas a esse ambiente, em termos de permanecer ou sair, foi afetada pelo comportamento dos colegas. Da mesma forma, as atitudes em relação aos empregos — às tarefas específicas — e às organizações, são influenciadas pelas reações dos colegas.[21] Se todos pensam que um trabalho é interessante e estimulante, então deve ser verdade; por outro lado, se todos no local de trabalho acham que o serviço — e o chefe — são uma droga, então provavelmente sejam.

A influência social e os comportamentos e crenças das pessoas em nossa rede social são importantes. Isso não é nenhuma grande novidade. A novidade está na implicação. Sim, nós sabemos que para abandonar a bebida é preciso parar de se relacionar com outras pessoas que bebem. O mesmo acontece com o vício em cigarro e drogas. E podemos ter lido que o excesso de peso parece se difundir pelas redes sociais à medida que as pessoas definem socialmente qual o peso e o comportamento alimentar normativos e apropriados. Essas mesmas forças influenciam como, por que e se toleramos ambientes profissionais nocivos. Cercado por pessoas que agem como se longas jornadas de trabalho, ausência de controle sobre as próprias funções e conflitos trabalho-família fossem normais, todos passam a aceitar essa definição da situação. Eles concordam e permanecem, mesmo que no fundo reconheçam o custo para seu bem-estar e que talvez aquele ambiente prejudicial não seja realmente "normal".

Infelizmente, no mundo trabalhista, longas jornadas e outros aspectos de ambientes de trabalho tóxicos tornaram-se a norma em muitos lugares. Por isso, ao se deparar com esses ambientes, ninguém vê nada de incomum. Portanto, os indivíduos se sentem estranhos ao reclamar sobre os mesmos ambientes profissionais que seus amigos e colegas vivenciam ou deixar os locais de trabalho onde outros escolheram ficar. Além disso, se as práticas trabalhistas como jornadas longas são normativas, haveria pouca possibilidade de encontrar facilmente um emprego mais saudável.

Kim foi informada por um de seus gerentes da Amazon que ele havia trabalhado para muitas empresas piores, então, em comparação, a Amazon era um ótimo lugar. A *coach* executiva disse a seus clientes que todos estavam trabalhando as mesmas horas. Longas jornadas e ambientes difíceis estão em toda parte, e todos estão cumprindo as horas e aguentando as condições de trabalho. Então você também deveria.

De fato, trabalhar horas impossíveis sob prazos irreais se torna parte da cultura e como as pessoas definem a normalidade. Como a *coach* executiva comentou: "Quando as coisas se acalmam e as pessoas não trabalham até as duas da manhã, elas se perguntam: 'O que aconteceu conosco? Quando nos tornamos preguiçosos? Quando paramos de trabalhar?' Isso é o que quero dizer com 'normalização' — depois de um tempo, existe essa doutrinação, essa expectativa, de que é assim que se deve trabalhar e viver." O anormal e o prejudicial se definem como normais, aceitáveis, esperados — e até mesmo buscados como uma marca de sucesso e realização.

NARRATIVAS ALTERNATIVAS E AUTOPERCEPÇÃO

Implícita em algumas das renúncias, mas distinta o suficiente para justificar atenção separada, está a ideia das narrativas que nós e outros construímos sobre situações (e pessoas). As narrativas nos ajudam a entender nossos ambientes, e, uma vez construídas, tendemos a assimilar novas informações de maneira consistente com elas, desconsiderando e esquecendo mais rapidamente as informações que não se encaixam na história que desenvolvemos.

Existem duas narrativas concorrentes sobre ambientes de trabalho tóxicos. Uma é que esses ambientes existem em empresas competitivas e exigentes. Esses locais de trabalho, tão intensos e estressantes, "devem" ser assim para realizar seu caráter de disrupção do setor e produzir as conquistas econômicas que tais empresas buscam. Essa é a história da Amazon, de acordo com alguns, e uma razão pela qual a empresa de transporte Uber e seu polêmico ex-CEO, Travis Kalanick, são como são. Como argumentou o investidor e analista do Vale do Silício, Jason Calacanis: "Quando se olha para as empresas de tecnologia, é possível contar nos dedos o número de executivos que transformaram uma empresa de 5 pessoas em 5 mil ou 50 mil pessoas... A Uber teve que lutar para existir... Se você passa todo o tempo lutando, permanece com uma mentalidade de lutador."[22]

Conclusão: as pessoas devem ficar felizes e orgulhosas de trabalhar em tais lugares e estarem dispostas a ignorar seus próprios interesses pequenos e egoístas e, talvez, até mesmo seu bem-estar para o crescimento e sucesso da coletividade. Como o ex-contador da One Medical me disse:

> Era o paraíso para mim, porque tinha uma missão. Eu acreditava no objetivo de tornar o atendimento ao paciente e a assistência médica acessíveis. Eu acreditava que estávamos fazendo o bem. Quando cheguei à empresa, era o que todos nós fazíamos. O que fosse preciso para que funcionasse. Nós entregamos nossas vidas em troca do sucesso da empresa. Construímos essa cultura de nos desdobrarmos... mas começamos a fazer isso sem realmente cuidar de nós mesmos.
>
> O que posso dizer sobre os locais de trabalho e suas toxicidades é que priorizamos as ideias de salário, sucesso, cargo e dinheiro sobre ter qualquer tipo de significado ou qualquer tipo de vida... Ser parte de uma empresa guiada por uma missão é uma coisa. Mas um propósito, como ter seu próprio sentido na vida, é outra. Eu perdi meu sentido na vida para esse outro propósito.

Essa ideia de doar-se por uma causa tem a virtude de atuar nos desejos das pessoas de alcançar a imortalidade ou uma versão dela ao se unir a uma instituição maior — e mais longeva — do que elas mesmas.

A contradição é a seguinte: algumas empresas são ambientes tóxicos onde o bem-estar humano, até mesmo a saúde e a vida, estão subordinadas às ambições de um líder e muitas vezes à agenda de poder, prestígio e riqueza dessa pessoa, assim como às medidas de desempenho econômico que não capturam totalmente, se é que capturam, o custo humano. Na One Medical, "o líder da empresa não acreditava em se cuidar. Ele acreditava em sacrificar sua saúde pelo sucesso da empresa, e isso influencia a todos". Mas o fato de o líder ser desequilibrado não significa que todos os funcionários precisem perder o senso de equilíbrio também. Sob essa narrativa, a atitude certa, que cultiva a autoafirmação e é parte do autoconceito pessoal, é exercer o direito de sair. E, ao partirem, as pessoas podem compelir mudanças para enfrentar a alta rotatividade e os custos associados, bem como para atrair substitutos.

As narrativas muitas vezes parecem contrastar entre o sacrifício altruísta pela instituição e as elevadas ambições desta e as buscas egoístas da saúde e do bem-estar individuais. Deixe-me oferecer uma terceira narrativa, que integra as duas e legitima mais o cuidar de si mesmo: uma vez que você esteja doente, incapacitado ou, pior ainda, morto devido a práticas profissionais prejudiciais, não será de muita utilidade para a organização ou para si mesmo. Então, se o empregador realmente estiver interessado em sua contribuição única e distinta, ele cuidará melhor de você, não é? Se a empresa realmente se preocupa com a produtividade e o desempenho, pode adotar práticas de gerenciamento que produzam bem-estar e alto desempenho e evitar elementos que degradam o bem-estar do trabalhador e o seu próprio. E, particularmente, as empresas que promovem suas credenciais ambientais ou sociais podem gastar mais tempo e esforço para garantir que seus próprios sistemas humanos e locais de trabalho sejam sustentáveis.

COMO AS PESSOAS FINALMENTE VÃO EMBORA

Apesar dos muitos processos psicológicos que induzem as pessoas a permanecerem em locais de trabalho tóxicos, muitas conseguem sair. Na verdade, praticamente todas que entrevistei para este livro haviam deixado um emprego prejudicial. Fizeram isso sob três situações.

Primeiro, devido a um evento precipitante, a fagulha que começou o incêndio — um incidente tão ultrajante que funcionou como um tapa na cara e levou o indivíduo a enxergar a realidade de seu ambiente profissional. Uma pessoa me contou sobre alguém que havia sido chamada de volta ao trabalho durante o funeral de um amigo. Ao chegar no dia seguinte, eles disseram àquela pessoa: "Oh, já cuidamos disso." Ela decidiu que não queria passar a vida em um lugar que a tratasse daquela maneira.

Em segundo lugar, a família (na maioria das vezes) ou os amigos ajudam as pessoas a superarem sua relutância psicológica de sair e não toleram suas racionalizações. Uma pessoa que trabalhava em um local estressante, mas onde havia ganhado muita experiência e aprendizado, motivos pelos quais permanecia, observou: "A gota d'água foi quando fui trabalhar mesmo estando doente. Meu marido sentou-se comigo e me disse que eu não poderia mais continuar assim. Saí assim que encontrei outro emprego."

O funcionário da GE chegou ao trabalho, um dia, pronto para pedir demissão, mas voltou para casa ainda empregado porque era "bom o suficiente para ser um líder da GE". Sua esposa disse que ele poderia ser bom o suficiente para ser um líder da GE, mas, se não pedisse demissão, não seria mais seu marido. Isso o livrou da situação.

E, terceiro, as pessoas saem quando ficam tão psicologicamente e fisicamente doentes que simplesmente não conseguem continuar. Uma pessoa relatou: "Eu fiquei em Wall Street porque achei que não tinha outras opções, porque meu conjunto de habilidades era muito limitado para ser transferido e porque Wall Street é uma bolha e qualquer coisa fora dela é vista como 'outra'. Eu saí porque não podia mais aguentar o ambiente esmagador e tive um colapso mental. Saí para proteger minha sanidade."

Uma pessoa deixou uma concessionária de energia elétrica quando foi afastada por incapacidade em decorrência de TEPT. Kim deixou a Amazon quando ficou tão exausta e deprimida que não aguentava mais. Nesse sentido, as pessoas deixam locais de trabalho prejudiciais. Mas muitas vezes só depois de terem pago um alto preço psicológico ou físico.

PARE DE ACEITAR O INACEITÁVEL

A capacidade humana de racionalizar — não é tão ruim assim, é só por um tempo — e dar desculpas — é por uma boa causa, eu faço parte de um esforço para mudar o mundo (*sério*, facilitando encontros românticos casuais ou desaparecendo com fotos ou adquirindo mais coisas mais rapidamente) — é enorme. Uma vez que os indivíduos tenham escolhido um lugar para trabalhar, uma vez que estejam cercados por outros que vivem a mesma insanidade e aparentemente a toleram, uma vez expostos à narrativa que os pinta como leais, esforçados, bem-sucedidos ou não bons o bastante, ir embora é difícil. Ter consciência de que estão se automedicando, colocando em risco relacionamentos com familiares e amigos e arruinando sua saúde física e mental não facilita essa decisão.

Então, aqui estão algumas ideias práticas. Primeiro, como somos influenciados por outras pessoas, encontre aquelas que não trabalham o tempo todo, têm relacionamentos com familiares e amigos que se estendem além das imagens na tela do computador ou celular e cujo trabalho proporcione um senso de autonomia e controle. Em seguida, cultive relacionamentos com essas pessoas e passe tempo com elas. Elas podem fornecer informações e influências sociais que o ajudarão a tomar melhores decisões.

Segundo, reconheça e não sucumba aos apelos ao ego (*você não é bom o suficiente?*). Esteja disposto a admitir que ao escolher um empregador, como qualquer outra decisão que você tome, é possível ter cometido um erro e, uma vez admitido esse erro, agir para corrigi-lo.

Terceiro, entenda que, como muitas pessoas com quem conversei me disseram, mesmo depois de deixar um local de trabalho difícil e insalubre, os efeitos não desaparecem imediatamente. Uma pessoa com formação em programação de computador, bem como consultoria, descreveu o estresse da política interna na Hulu. Depois de mudar para um novo emprego, ela ainda sentia estresse residual e os efeitos persistentes de seu trabalho anterior. Ela comentou: "Descobri que há essa coisa chamada bagagem profissional. É interessante o que carregamos conosco de emprego para emprego, de modo que, mesmo mudando para um ambiente mais saudável, os resíduos das más experiências do passado não somem completamente."

E o mais importante: ao escolher um emprego e avaliar seu empregador, reconheça que, em nossos trabalhos, precisamos enfatizar a saúde e o bem-estar como resultados importantes. O trabalho é mais do que dinheiro, e o dinheiro não pode desfazer completamente os danos a relacionamentos ou à sua saúde física e mental. Até que as pessoas assumam a responsabilidade de encontrar lugares onde possam ser saudáveis, não podemos esperar que nossos empregadores valorizem a saúde.

Capítulo 8

O que Pode — e Deve — Ser Diferente

BOB CHAPMAN, CEO DA Barry-Wehmiller (e nomeado o CEO número três do mundo em um artigo da revista *Inc.*),[1] está certo: "Eu estava na frente de mil CEOs outro dia em San Antonio, Texas, e disse a eles: 'Vocês são a causa da crise de saúde, porque 74% de todas as doenças são crônicas. A maior causa de doenças crônicas é o estresse, e a maior causa de estresse é o trabalho.'"

Para reprisar a sabedoria da tirinha de jornal *Pogo*: "Nós encontramos o inimigo e somos nós." As empresas estão deixando seus funcionários doentes, os governos não estão fazendo muito a respeito e *todos* estão pagando o preço.

Mas não precisa ser assim. É completamente possível salvar dezenas de milhares de vidas, economizar bilhões de dólares em assistência médica e outros custos anualmente e, ao mesmo tempo, tornar organizações de todos os tipos mais eficazes e produtivas. Tudo o que as empresas, políticas públicas e funcionários precisam fazer é entender o que apresentei neste livro — detalhes sobre quais aspectos do ambiente de trabalho causam mais danos — e trabalhar incansavelmente para mudá-los, seguindo alguns dos exemplos positivos sobre os quais escrevi.

Lugares como Barry-Wehmiller, Patagonia, Zillow, Collective Health, Google e DaVita, entre muitos outros, mostram que é, ao mesmo tempo, viável e imperativo criar locais de trabalho saudáveis onde o bem-estar prospere. É possível e, de fato, necessário cultivar ambientes profissionais que promovam, em vez de diminuírem, a sustentabilidade humana. Na verdade, é bom para os negócios.

Muitas organizações maravilhosas — embora ainda sejam poucas — fizeram isso.

Suponha que o trabalho não fosse um fardo e que os ambientes físicos não fossem perigosos para a saúde física e mental das pessoas. Os custos de saúde seriam mais baixos tanto para os empregadores quanto para a sociedade, e a produtividade e o desempenho seriam maiores. Não deveriam ser necessários dados para demonstrar algo que é senso comum: pessoas com problemas físicos ou psicossociais não realizam seu melhor trabalho, embora, no Capítulo 2, sobre o custo dos locais de trabalho, eu tenha analisado evidências e situações consistentes com essa noção. Se mudássemos as práticas e os ambientes profissionais para reduzir as condições estressantes, os empregadores não prejudicariam ou matariam seu pessoal. E essas pessoas não precisariam "morrer por um salário".

Não tive a intenção de compilar uma lista abrangente de todas as maneiras pelas quais o que acontece com os indivíduos no trabalho afeta os níveis de estresse e, portanto, a saúde. Dessa forma, sem dúvidas, subestimei o impacto negativo tanto econômico e na saúde quanto a perda de produtividade devido às más escolhas empresariais sobre a estrutura de seus ambientes profissionais.

Outros Aspectos Importantes dos Ambientes de Trabalho

Cito um exemplo de um aspecto importante do ambiente profissional que não foi considerado aqui: o assédio moral no trabalho é tanto generalizado quanto estressante e causa problemas psicológicos e físicos.[2] O comportamento abusivo é surpreendentemente comum. Um estudo com profissionais de enfermagem do Serviço Nacional de Saúde no Reino Unido descobriu que 44% deles sofreram assédio moral nos 12 meses anteriores,[3] enquanto uma pesquisa com mais de 1.100 pessoas relatou que mais de 50% passaram por tais situações no trabalho em algum momento de suas carreiras.[4] O assédio moral traz consequências importantes para o bem-estar dos indivíduos. Por exemplo, profissionais de enfermagem que foram assediados moralmente apresentaram níveis significativamente mais altos de ansiedade e depressão.[5] Um estudo longitudinal de dois anos com mais de 540 funcionários de hospitais na Finlândia relatou que, mesmo após os ajustes para idade, sexo e renda, indivíduos assediados tinham duas vezes mais probabilidades de desenvolver doenças cardiovasculares e quatro vezes mais probabilidades de sofrer depressão.[6] Embora o comportamento abusivo por parte de chefes ou colegas de trabalho seja visto como um comportamento individual que não está sob controle organizacional, as organizações e seus líderes podem decidir tolerar ou não ambientes profissionais desagradáveis, algo que meu colega Robert Sutton deixou claro em seu livro, *Chega de Babaquice!*.[7]

Ou considere o impacto nocivo da discriminação contra mulheres, minorias étnicas ou outros grupos, que afeta não só as perspectivas de emprego e segurança econômica, mas também o senso de controle sobre o ambiente profissional e, portanto, os níveis de estresse. Um estudo com 215 adultos de origem mexicana constatou que a discriminação percebida estava correlacionada tanto à depressão quanto à saúde geral mais defasada.[8] Uma pesquisa com 197 afro-americanos, em Atlanta, reforçou a associação entre discriminação racial no trabalho e hipertensão, com evidências de que o estresse ocasionado pelo racismo aumentou as leituras de pressão arterial sistólica e diastólica.[9] Uma metanálise de 134 amostras relatou que "a discriminação percebida teve um efeito negativo significativo na saúde mental e física".[10]

Ou a questão da segurança do trabalho e do ambiente físico, incluindo fatores como temperatura, iluminação e ruídos, que afetam a saúde[11] e eram o foco original dos regulamentos de segurança e saúde ocupacional. Por exemplo, um estudo com 374 trabalhadores de fábricas de automóveis constatou que o uso de proteção auditiva diminuiu os efeitos adversos na pressão sanguínea e na frequência cardíaca.[12]

O simples fato é que os locais de trabalho são ambientes importantes para os funcionários. Pesquisas de longa data examinaram os efeitos dos ambientes profissionais na saúde — veja, por exemplo, artigos do *The Journal of Occupational Health Psychology* [Revista de Psicologia da Saúde Ocupa-

cional, em tradução livre], *The Journal of Occupational and Environmental Medicine* [*Revista de Medicina Ambiental e Ocupacional*, em tradução livre] e vários artigos em muitos dos periódicos médicos e de saúde pública. E, no entanto, a literatura gerencial, os líderes organizacionais e os gestores de políticas públicas prestam pouca atenção ao papel desses ambientes. Quando uma pesquisa perguntou aos entrevistados o que seus empregadores faziam para aliviar o estresse no local de trabalho, 66% deles, quase dois terços, responderam "nada".[13]

CONSERTANDO O PROBLEMA

Algumas empresas optaram voluntariamente por tornar a saúde e o bem-estar dos funcionários parte de sua estratégia competitiva e essenciais para a cultura e valores organizacionais. Porém, muitas delas tomam decisões que matam pessoas ou lhes causam dor e sofrimento físico e mental desnecessários. Apesar de uma enorme literatura epidemiológica sobre os efeitos da exposição a práticas organizacionais tóxicas nos custos de saúde, essas decisões e suas consequências passam despercebidas, invisíveis para os formuladores de políticas e, em muitos casos, para os líderes organizacionais. Se quisermos reduzir os custos para a sociedade e para as empresas e eliminar as mortes desnecessárias decorrentes de práticas de gestão prejudiciais, cinco coisas precisam acontecer.

Primeiro, precisamos medir a saúde e o bem-estar, assim como medimos rotineiramente os níveis de poluição e impacto ambiental. Em segundo lugar, precisamos chamar a atenção dos "poluidores sociais" por suas práticas e locais de trabalho tóxicos, da mesma forma que destacamos empresas que prejudicam o meio ambiente. Além disso, precisamos celebrar aqueles que encorajam os funcionários a prosperar. Podemos usar advertência pública e a pressão social para produzir locais de trabalho mais saudáveis. Terceiro, precisamos de políticas que reflitam os verdadeiros custos e consequências das decisões administrativas. Isso envolve fazer com que as empresas paguem por sua parte dos custos de saúde que criam, custos estes que são amplamente externalizados e assumidos pela sociedade como um todo.

Em quarto lugar, devemos considerar as desculpas e falsas compensações — a realidade de que a maioria das empresas *não* enfrenta uma difícil escolha entre melhorar a saúde dos funcionários, por um lado, ou aumentar seus lucros, por outro. Como vimos ao longo deste livro, assumir posturas que melhoram a saúde e o bem-estar dos funcionários aumenta a produtividade e a lucratividade organizacional, às vezes em quantias significativas. Como tal, os dois objetivos de diminuir os custos com saúde/melhorar a saúde dos funcionários e o desempenho organizacional são bastante compatíveis.

Finalmente, devemos insistir que os líderes organizacionais e os grupos de políticas públicas priorizem a sustentabilidade humana e não permitam que ela seja sacrificada ao primeiro sinal de dificuldades econômicas ou menosprezada para aumentar o retorno dos acionistas, independentemente dos custos sociais. Como uma sociedade civilizada, deve haver limites sobre o que as empresas podem fazer com seu pessoal. Afinal, não vejo ninguém defendendo a escravidão ou o trabalho infantil apenas porque tais sistemas de trabalho podem aumentar os lucros. Assim como se tornou inaceitável que as companhias prejudiquem o meio ambiente, por meio de regulamentações e aprovação cívica, deveríamos proibir as empresas de "sujar o meio ambiente humano" e criar poluição social. Em outras palavras, certas dimensões do bem-estar humano devem ser vistas como sagradas. Eu considero cada uma dessas recomendações por vez.

MEDINDO A SAÚDE E O BEM-ESTAR DOS FUNCIONÁRIOS

Se há uma coisa que aprendi em minha pesquisa, e aprendi muito, é isto: há pouca ou nenhuma atenção sistemática (ou mesmo não sistemática) para medir a saúde e o bem-estar dos funcionários nas empresas. Os grandes empregadores que oferecem plano de saúde podem obter, e frequentemente o fazem, com os administradores de seus convênios, informações sobre o pagamento de sinistros, mas esses dados não dizem nada sobre o que aconteceu com as pessoas que procuraram serviços médicos ou medicamentos prescritos. Alguns lugares, como a Patagonia, medem a rotatividade como forma de identificar problemas com gerentes específicos ou com sua capacidade de manter talentos. A Patagonia e outras empresas também contam com entrevistas demissionais para trazer à tona questões de bem-estar. Nomes como Barry-Wehmiller, DaVita e Patagonia medem, formal ou informalmente, a adesão aos valores da empresa. Muitos medem o envolvimento dos funcionários e sua satisfação no trabalho. Pouquíssimas empresas podem ou realmente ignoram os relatórios online sobre seu ambiente de trabalho apresentados em sites como o Glassdoor. Profissionais de recursos humanos, encarregados de garantir uma cultura empresarial saudável e atrair e manter uma força de trabalho talentosa, certamente passam tempo conversando com as pessoas em suas organizações e se preocupam com o equilíbrio entre vida pessoal e profissional, horas trabalhadas e se seus funcionários estão bem. Não é que não haja preocupação com os empregados. Há muita preocupação, pelo menos em algumas empresas, sobre a saúde e o bem-estar deles. Apenas não existem muitos dados sistemáticos para as empresas usarem.

O que é medido chama a atenção. O que não é medido geralmente é ignorado. O aforismo de que não se consegue administrar o que não se mede é verdade. Então, se vamos levar a sério a melhoria dos efeitos dos locais de trabalho na saúde e bem-estar dos funcionários, precisamos de medidas.

Aqui está a boa notícia: várias medidas estão disponíveis. Muitas delas são curtas e um grande número tem sido extensivamente pesquisado para demonstrar validade e confiabilidade. Essas mensurações de saúde e bem-estar, bem como das dimensões do ambiente de trabalho que os afetam, podem ser implementadas com um custo ou esforço surpreendentemente baixos.

A saúde dos funcionários é crucial, tanto como uma medida da eficiência do sistema social quanto por suas consequências econômicas. Então, comecemos com uma medida única de saúde autorrelatada: "Como está sua saúde geral?" As escalas de resposta podem ser: "Excelente; muito bom; bom; regular ou ruim" ou "Muito bom; bom; regular; ruim ou muito ruim". Essa medida de item único é de forte confiabilidade e valor preditivo.

O Manitoba Longitudinal Study of Aging [Estudo Longitudinal do Envelhecimento de Manitoba, em tradução livre] avaliou 3.128 idosos residentes da província canadense em 1971, usando tanto uma medida de autorrelato de saúde quanto indicadores objetivos, como a utilização de serviços médicos e condições relatadas por eles. O estudo acompanhou os entrevistados, medindo a ocorrência e a data de morte nos seis anos subsequentes. O risco de mortalidade era quase três vezes maior para aqueles que autorrelataram saúde precária em comparação com aqueles que diziam estar com saúde excelente. Além disso, o autorrelato de saúde foi um melhor preditor da ocorrência ou não de morte e do período de tempo até o óbito do que as medidas objetivas de saúde.[14] Um estudo com mais de 2.800 pessoas na Finlândia descobriu que o autorrelato de saúde era estável por um período de um ano (e, portanto, confiável) e válido na medida em que previu o uso de serviços médicos no período de um ano, autorrelato de aptidão física e mortalidade em um intervalo de dez anos.[15] Outro estudo com cerca de 700 mil pessoas constatou que aquelas que relataram estar em condições de saúde regulares ou ruins tinham mais que o *dobro* de risco de mortalidade subsequente, com o valor preditivo de autorrelato de saúde mantendo-se para ambos os sexos e todos os grupos étnicos.[16] Além do mais, as pesquisas começaram a entender o *porquê* — os mecanismos subjacentes que tornam o autorrelato de saúde um preditor útil de mortalidade.[17]

Outros estudos mostraram que o autorrelato do estado de saúde prediz absenteísmo causado por doença.[18] Outros ainda observaram que as medidas para o autorrelato do estado de saúde são preditores válidos de mortalidade subsequente para várias subpopulações, como nativos norte-americanos, ilhéus do Pacífico e hispânicos,[19] bem como para grupos de baixa renda.[20] Os estudos do valor preditivo do autorrelato de saúde abrangem vários países. Uma visão geral de mais de 24 estudos, mostrando a conexão entre autorrelato do estado de saúde e resultados em saúde, incluindo mortalidade, concluiu que "o autorrelato de saúde global é um preditor independente de mortalidade em quase todos os estudos, apesar da inclusão de inúmeros indicadores específicos de estado de saúde e outras covariáveis relevantes conhecidas por predizer a mortalidade".[21]

A Organização para a Cooperação e Desenvolvimento Econômico (OCDE) usa pesquisas nacionais sobre autorrelato de saúde como um indicador do quão saudáveis são as nações.[22] Por falar na OCDE, seus indicadores de medidas de saúde, utilizados para a avaliação desta condição dos países, poderiam ser, em muitos casos, adaptados e aplicados a populações menores, como organizações de trabalho.

A medição do bem-estar é um pouco mais complicada, mas ainda assim bastante factível. Há mais escalas para medir o bem-estar e a saúde mental profissionais do que para medir a saúde física e requerem mais perguntas em pesquisas do que um único item.[23] Entretanto, há uma literatura de pesquisa bem desenvolvida sobre avaliação do bem-estar no local de trabalho que produziu medidas confiáveis correlacionadas a importantes resultados de trabalho, como a previsão da rotatividade.

Muitas, se não todas, as dimensões dos ambientes profissionais que afetam a saúde também são facilmente avaliadas. Para jornadas de trabalho, basta perguntar às pessoas quantas horas trabalham por semana e com que frequência fazem "horas extras" (por exemplo, noites, fins de semana ou trabalho em turnos). Para o acesso a cuidados médicos, são úteis as perguntas sobre a necessidade de adiar consultas médicas, algum procedimento recomendado ou a aquisição de um medicamento prescrito por considerações de custo. Há medidas bem desenvolvidas de estresse ocupacional,[24] conflitos trabalho-família[25] e controle profissional,[26] que incluem os construtos de autoridade e liberdade para tomar decisões. A insegurança econômica pode ser avaliada por medidas ecológicas, como o nível de desemprego na área geográfica, bem como por indicadores individuais, tais como perda de um emprego, colegas de trabalho sendo demitidos e o sentimento de que perderá o trabalho em um futuro próximo.[27]

O campo da psicologia organizacional, industrial e ocupacional desenvolveu ótimas maneiras de medir a qualidade dos ambientes de trabalho. As organizações devem usar essas medidas para avaliar se os locais de trabalho são ou não saudáveis e também para acompanhar as mudanças ao longo do tempo à medida que intervêm para melhorar a saúde e o bem-estar dos funcionários.

DESTACANDO OS "POLUIDORES SOCIAIS"

Uma vez que tenhamos medidas de ambientes saudáveis e não saudáveis, é útil divulgar esses dados. No combate à poluição ambiental e à sustentabilidade de forma mais geral, uma suposição importante tem sido a de que a divulgação dos poluidores fará com que essas organizações reduzam suas atividades poluidoras para manter um valor de marca positivo com funcionários, clientes e fornecedores. E divulgar quais são as empresas ecologicamente corretas ou "verdes" incentivará outras a emular esses comportamentos para obter reconhecimento comparável.

Por exemplo, o governo canadense disponibilizou online os dados sobre quais empresas e outras entidades poluem o ambiente. Da mesma forma, prêmios e listas de organizações, como a revista *Working Mother* [*Mães Profissionais*, em tradução livre][28], e o reconhecimento de órgãos como o International Center for Work and Family [Centro Internacional Trabalho Família, em tradução livre], operado pela IESE Business School em Barcelona, são projetados para incentivar as empresas a adotar políticas que facilitem o equilíbrio entre trabalho e família. Distribuir prêmios, por um lado, e atribuir notas baixas, por outro, incentiva as organizações e seus líderes, inerentemente competitivos, a procurar melhorar. Não há razão para acreditar que tais esforços seriam menos bem-sucedidos no tópico da saúde mental e física dos funcionários. Qual organização gostaria de ser listada como um dos lugares mais insalubres para se trabalhar? E, inversamente, a maioria das empresas certamente gostaria de ser reconhecida por seus efeitos positivos no bem-estar humano.

Duas questões inter-relacionadas surgem nos esforços para nomear e envergonhar as empresas no que diz respeito às suas práticas empregatícias. Em primeiro lugar, muitas das organizações que fornecem classificações e rankings são entidades comerciais cujos clientes são as mesmas companhias sendo classificadas ou ranqueadas. Isso vale para o Great Place to Work Institute [Instituto Ótimos Lugares para Trabalhar, em tradução livre], uma instituição com fins lucrativos que vende serviços de consultoria para empresas, ao mesmo tempo em que as classifica em suas listas de melhores lugares para trabalhar. Também o Glassdoor, que é ao mesmo tempo um site de empregos e recrutamento e um agregador de avaliações de funcionários sobre empresas e CEOs. O Glassdoor atende a muitos dos mesmos empregadores avaliados em seu site. A empresa enfrenta o problema adicional de que os comentários postados são enviados voluntariamente, assim como os comentários feitos em sites como o Yelp e o TripAdvisor. Isso significa que o Glassdoor, como esses outros sites, tem que usar algoritmos (que não revela) para detectar tentativas de manipulação do sistema. Pouquíssimas organizações, sendo a Gallup uma exceção, usam amostras aleatórias para fornecer uma avaliação objetiva e imparcial dos ambientes de trabalho. E a Gallup não publica dados sobre empresas específicas.

Segundo, ao contrário do caso de poluição ambiental, em que os governos coletam dados razoavelmente objetivos sobre descargas, utilização de energia e reciclagem, que podem ser objetivamente avaliados, poucas entidades "independentes" coletam informações de saúde e bem-estar. Na maior parte, as medidas de qualidade dos ambientes de trabalho são fornecidas voluntariamente quando as empresas decidem participar ou não de concursos de "melhores lugares", deixando em aberto a possibilidade de tendenciosidade e preocupações sobre a precisão das medidas.

Mas essas dificuldades não são intransponíveis. O Sustainability Accounting Standards Board [SASB; Conselho de Padrões de Contabilidade de Sustentabilidade, em tradução livre], fundado em 2011, trabalhou assiduamente para desenvolver padrões auditáveis e objetivos que as empresas reportariam aos investidores em relação a impactos ambientais, sociais e de governança. Infelizmente, o SASB, na maior parte, negligenciou o foco da sustentabilidade humana, uma vez que enfatiza questões de impacto ambiental. Mas o SASB fornece um modelo do que pode ser testado no domínio dos relatórios sobre locais de trabalho, se houver interesse suficiente em como as empresas afetam a vida e a mortalidade de seus funcionários. Enquanto isso, listas de lugares bons para mães trabalhadoras (famílias) e avaliações de locais de trabalho, mesmo que não sejam perfeitas, são melhores do que nada para destacar ambientes profissionais e definir os melhores e os piores.

CAPTURAR EXTERNALIDADES

Precisamos de políticas que capturem a magnitude dos custos externalizados para que todas as partes possam tomar decisões de melhor qualidade. Para dar um exemplo, é moralmente errado e economicamente ineficiente deixar que eu descarte meu lixo jogando-o na propriedade de meus vizinhos — mesmo que isso aparentemente ajude a mim e ao meu bem-estar econômico, fornecendo uma maneira barata de descartar o lixo. Como eu imponho um custo real a uma outra entidade para qual passo — externalizo — custos com a finalidade de reduzir os meus, tenho poucos ou nenhum incentivo para usar recursos de forma eficiente e diminuir a quantidade de lixo que produzo ou descobrir formas de me desfazer dele mais eficazmente. Porque o preço pago pelo meu "desperdício" é essencialmente zero, eu produzo resíduos em excesso e sou indiferente à forma como são geridos.

Como os economistas e outros reconhecem bem, os mercados e os preços de mercado são mecanismos maravilhosos para garantir a alocação e utilização eficiente dos recursos. Mas os preços de mercado *somente* funcionam no grau em que os preços refletem, na medida do possível, informações completas e custos reais. Preços distorcidos criam incentivos distorcidos que produzem decisões distorcidas e ineficientes.

No caso dos custos de saúde, essa questão da externalização de custos privados para o grande público está longe de ser hipotética. Por exemplo, empresas que não oferecem os benefícios de plano de saúde a seus funcionários (geralmente de baixa renda) os deixam desamparados, pois eles dificilmente terão seguro. Quando os não segurados ficam doentes, eles procuram os prontos-socorros dos hospitais. Prontos-socorros são locais com custo extremamente ineficiente para prestar atendimento primário e, muitas vezes, quando se chega ali, a saúde já se deteriorou a um ponto em que os requisitos e despesas com o tratamento são maiores do que seriam com diagnósticos e intervenções precoces. Quando o sistema de saúde tem que prestar cuidados que não são reembolsados pelo seguro, a carga recai sobre os provedores de saúde. Esses provedores, então, tentam recapturar esses custos elevando os preços pagos pelos empregadores e empregados que fazem parte do sistema de seguro-saúde ou buscando dinheiro público para reembolsar os cuidados prestados àqueles sem plano. Em ambos os casos, os custos dos cuidados médicos são pagos não pelos empregadores que se esquivaram de suas obrigações com sua força de trabalho, mas por outros. Por exemplo, um estudo de 2005 da organização sem fins lucrativos Families USA estimou que "o custo anual médio do plano de saúde foi US$341 mais caro para cobertura individual e US$922 a mais para cobertura familiar, devido aos custos dos tratamentos não compensados".[29]

Da mesma forma, quando alguém é despedido, deixa de ser responsabilidade do empregador e passa a ser do público em geral. Pessoas mal pagas podem precisar de assistência pública, de modo que, enquanto os empregadores se beneficiam da redução de seus custos, o público tem que pagar as despesas dos trabalhadores. A extensão e o custo desse problema da transferência de assistência médica e outros custos empregatícios é difícil de estimar, mas estudos sugerem que é significativa. Uma pesquisa na Califórnia estimou que dois milhões de famílias trabalhadoras — com pelo menos um membro economicamente ativo — receberam várias formas de assistência pública em 2002, custando ao Estado cerca de US$10 bilhões. Além disso, quase 46% das famílias que utilizaram serviços médicos pagos pelo Medi-Cal eram famílias trabalhadoras.[30] O custo para os governos estadual e federal foi de mais de US$5,7 bilhões.[31] Ademais, estudos mostram que as pessoas beneficiadas com recursos financeiros federais e estaduais para a saúde não são apenas empregadas por pequenas empresas menos capazes de arcar com o ônus dos custos do seguro de saúde. Cerca de 700 mil inscritos no Medi-Cal eram trabalhadores ou dependentes de trabalhadores em empresas com mil ou mais empregados e outros 440 mil trabalhavam para organizações entre cem e mil indivíduos.[32]

O Walmart, o maior empregador do setor privado nos Estados Unidos, atraiu considerável atenção de pesquisas porque, mesmo comparado a outros grandes varejistas, paga salários mais baixos e oferece benefícios de plano de saúde a uma porcentagem menor de sua força de trabalho. Por causa de vários processos contra a empresa, muita informações vieram à tona. Resumidamente, o Walmart "gastou 38% menos em assistência médica por trabalhador segurado do que outros atacadistas/varejistas" e "os planos de saúde do Walmart cobriam uma porcentagem menor de seus trabalhadores (48% a 61%) do que outros grandes varejistas na Califórnia".[33] Não é de se surpreender que, de acordo com os dados do próprio Walmart, "24% de sua força de trabalho e 46% dos filhos dependentes não tenham seguro ou estejam inscritos em um programa público de saúde",[34] números mais altos do que para outros grandes varejistas. É importante notar que os trabalhadores do varejo ganham menos do que o médio funcionário privado, são mais propensos a trabalhar meio período e, portanto, desfavorecidos em comparação à maioria dos demais trabalhadores, o que torna a comparação do Walmart com outros grandes varejistas particularmente relevante.

O estado da Geórgia divulgou dados sobre a inscrição no Medicaid por funcionários de vários empregadores. "Dependentes dos funcionários do Walmart foram responsáveis por 10 mil das 166 mil crianças inscritas no Programa de Seguro-Saúde Infantil do estado em 2003." Usando dados sobre a extensão da cobertura e o valor gasto com seguro-saúde pelo Walmart, Ken Jacobs, presidente do Center for Labor Research da Universidade de Berkeley, estimou que "o Medicaid para funcionários do Walmart e seus dependentes custam US$455 milhões por ano" e que "os cuidados não cobertos com trabalhadores do Walmart acrescentam US$220 milhões em custos transferidos para fontes públicas e privadas".[35]

Como o exemplo do Walmart e as evidências de múltiplas fontes, métodos e regiões geográficas sugerem, a questão dos custos externalizados — valores transferidos para o público em geral por empregadores privados — especificamente para os cuidados de saúde, mas também de outros aspectos da relação de emprego, como baixos salários que levam as pessoas a depender da assistência pública, são economicamente substanciais.

Embora ainda ocorra a transferência de custos com assistência médica, outros sistemas de seguro social implantaram políticas que reduzem a capacidade das empresas de externalizar completamente os custos de suas decisões relacionadas à força de trabalho e, com isso, as incentivam a se tornarem empregadoras mais responsáveis. Dois exemplos relevantes são o seguro-desemprego e o seguro de indenização dos trabalhadores. Em ambos os casos, os tributos que os empregadores pagam por funcionário para o governo estadual ou seguradoras privadas são ajustados para refletir a experiência do empregador.

Assim como outros sistemas de seguro (como seguro de automóvel), os prêmios de seguro de acidentes de trabalho são ajustados aos registros de ocorrências indenizadas — quanto mais trabalhadores feridos e reclamações resultantes, maiores as taxas do seguro. Esse custo baseado na experiência fornece um incentivo econômico para os empregadores manterem um ambiente de trabalho mais seguro e, assim, economizar em prêmios, do mesmo modo como as avaliações dos seguros de automóveis encorajam os motoristas a evitarem acidentes e multas.

Os tributos de seguro-desemprego também são normalmente estabelecidos para refletir a experiência do empregador com a demissão de funcionários que, em seguida, recebem esse benefício enquanto estão desempregados. Consequentemente, os empregadores que têm um número maior de ex-funcionários recebendo benefícios pagam taxas mais altas ao governo para, pelo menos em parte, compensar essa experiência adversa e o ônus imposto aos orçamentos governamentais.

Com relação à saúde física e mental, a menos e até que os empregadores confrontem os custos de seus efeitos sobre seus funcionários, eles não terão nem os dados, nem o incentivo para fazer um trabalho melhor na manutenção do bem-estar.

Um Exemplo de Como Reduzir a Transferência de Custos

Como todas as cidades dos Estados Unidos, São Francisco tinha pessoas empregadas, porém, sem plano de saúde. A cidade mantinha uma série de clínicas e um departamento de saúde pública, bem como um hospital, o San Francisco General Hospital, onde os não segurados recebiam cuidados custeados por impostos. Em 2007, o então prefeito Gavin Newsom e o conselho de supervisores aprovaram o Healthy San Francisco [São Francisco Saudável, em tradução livre]. Uma parte do programa exigia que os empregadores investissem um mínimo de US$1,37 por hora por funcionário nos custos de saúde. Isso poderia ser feito de três maneiras: contratar plano de saúde privado para seu pessoal, contribuir para o Healthy San Francisco ou investir em um fundo de reembolso médico para funcionários que moravam fora da cidade (todos os atendimentos eram feitos por clínicas dentro dos limites da cidade) ou cujos salários fossem muito altos para se qualificar para o programa. "A lei The Health Care Security Ordinance [Lei Municipal de Garantia de Assistência Médica, em tradução livre] exige que empresas com 20 ou mais trabalhadores e organizações sem fins lucrativos com 50 ou mais funcionários invistam pelo menos US$2.849 por ano por funcionário em tempo integral em assistência médica. Para empregadores maiores, a taxa é de US$4.285."[36]

Quando o programa foi posto em prática, os protestos foram ensurdecedores. A associação de restaurantes Golden Gate foi apenas um dos muitos grupos de empregadores que previam tragédias — que as empresas fugiriam da cidade por causa dos custos incrementais salariais, que atrair outras companhias para a cidade seria mais difícil e que o sistema não funcionaria. Nenhuma das terríveis previsões se concretizou — o setor de restaurantes de São Francisco continua a prosperar e as taxas de emprego na cidade cresceram. O que aconteceu foi que os não segurados caíram para apenas 3% da população da cidade e que o programa "reduziu drasticamente o uso dos prontos-socorros para atendimentos de rotina pelos participantes do programa", economizando dinheiro.[37] Alguns restaurantes acrescentaram uma linha separada às contas dos clientes, mostrando o custo da contribuição empregatícia; outros apenas cobriram os custos com preços mais altos. Enquanto isso, empresas de alta tecnologia, como o Twitter, continuaram a se instalar na cidade e o clima econômico permanece vibrante. Mais importante, os empregadores não podem transferir os custos dos cuidados médicos de sua responsabilidade para o público.

A curta, mas triste, história é que a transferência de custos não é apenas inerentemente injusta, ela também aumenta os custos totais no sistema. Isso porque adiar um tratamento por falta de seguro e acesso a médicos resulta em despesas maiores posteriormente, já que quando as pessoas finalmente chegam ao sistema de saúde, suas condições estão avançadas e a oportunidade de prevenção ou progressão da doença foi perdida. Em São Francisco, "'no início, ouvimos histórias surpreendentes sobre pessoas que viveram na cidade a vida toda e nunca tiveram acesso a cuidados de saúde", disse a Dra. Hali Hammer (diretora do Centro de Saúde Familiar do San Francisco General Hospital). "As pessoas apareceram com diabetes não diagnosticado, pressão alta ou até mesmo cânceres com metástases. Algumas mulheres nunca haviam feito exame de Papanicolau."[38] É por isso que a ênfase na intervenção precoce, tanto na promoção de estilos de vida mais saudáveis e ambientes de trabalho mais benéficos quanto na obtenção de tratamento médico precoce, economiza dinheiro, resultando em menos hospitalizações e menos dias em instalações de alto custo. Reduzir ou eliminar a transferência de custos não é apenas mais justo no sentido de tornar empresas responsáveis pelas consequências de suas decisões empregatícias, mas também reduz os custos totais.

O que é verdade para o plano de saúde também é verdade para outras práticas trabalhistas prejudiciais. Se as empresas não precisam arcar com os custos das demissões sem justa causa, então demitirão mais pessoas do que se tivessem que assumir as consequências adversas à saúde resultantes dessa prática. Companhias que sobrecarregam seus funcionários não enfrentam nenhum ônus quando essas pessoas deixam de trabalhar por esgotamento — elas se tornam responsabilidade da sociedade. Portanto, há menos incentivo para gerenciar as horas de trabalho ou outros aspectos do ambiente profissional de forma mais eficaz. Essa socialização ou externalização dos custos privados da operação de locais de trabalho insalubres é um problema sério que pode ser resolvido. Se as empresas fossem responsáveis pelos custos sociais do que fazem a seus funcionários, tomariam decisões melhores com base nos custos (e benefícios) reais das escolhas sobre as práticas de trabalho.

SEM CONFLITO ENTRE SAÚDE E LUCROS

Como vimos nos exemplos e pesquisas sistemáticas revisadas ao longo deste livro, induzir as empresas a se preocuparem com a saúde dos funcionários invariavelmente *não* compromete a produtividade, a qualidade ou a lucratividade. Na verdade, locais de trabalho saudáveis geralmente são mais lucrativos e produtivos. Além dos funcionários fisicamente saudáveis serem mais produtivos e faltarem com menos frequência, eles impõem custos mais baixos aos empregadores que oferecem plano de saúde ou assistência médica.

Para dar apenas um exemplo, considere o caso do Walmart, que, como já foi observado, historicamente tem sido mesquinho com seus benefícios de saúde e demitido sem motivo plausível, o que aumenta a insegurança econômica. A empresa também pagou menos a seus funcionários em comparação com outros varejistas. Conforme relatado pela revista *Bloomberg Businessweek*, entre 2008 e 2013 o Walmart abriu 455 lojas nos Estados Unidos, um aumento de 13%, enquanto reduziu sua força de trabalho em cerca de 20 mil pessoas ou 1,4%. O resultado? Por seis anos consecutivos, o Walmart ficou em último ou empatou em último lugar nas classificações de lojas de departamento da American Customer Satisfaction Index [Índice Norte-americano de Satisfação de Clientes, em tradução livre]. O Walmart sofreu com as prateleiras vazias, já que o número reduzido de funcionários por loja, de 343 em 2008 para uma média de 301 em 2013, deixou as lojas carentes de pessoal, resultando em longas filas nos caixas e poucas pessoas para reabastecer as mercadorias.[39] O crescimento das vendas nas mesmas lojas do Walmart estagnou.

Zeynep Ton, professor de administração do MIT, argumentou que salários mais altos, que melhoram a segurança econômica das pessoas, ajudam os varejistas a atrair uma força de trabalho melhor e a reduzir os custos.[40] Empresas como a Trader Joe's e Costco, concorrentes diretos do Walmart, pagam mais, oferecem melhores benefícios, incluindo seguro-saúde, e são capazes de realizar quase o dobro das vendas por funcionário do Walmart. Portanto, mesmo depois de contabilizar os custos incrementais, os lucros por funcionário são maiores.

Então, se ambientes de trabalho mais saudáveis beneficiam tanto funcionários quanto empregadores, por que mais empresas não se preocupam com isso? É suficiente dizer que, primeiro, as empresas não implementam seu conhecimento, algo que meu colega Bob Sutton e eu chamamos de distância entre o saber e o fazer.[41] Segundo, a atração da sabedoria convencional é forte e poucas empresas querem arriscar ser diferentes. Anos atrás, comentei sobre o paradoxo de desejar obter retornos excepcionais, mas fazendo o mesmo que todos os outros — algo que provavelmente não acontecerá.

Em terceiro lugar, há uma descontinuidade no tempo. Para obter retorno sobre um investimento é necessário, por definição, primeiro investir. Não existe retorno sobre nada. A espera entre mudar as práticas de gestão para melhorar a saúde e o bem-estar e ter um retorno provavelmente não será tão longa. Mas no mundo de hoje é inaceitável para uma empresa de capital aberto esperar mais do que um ou dois trimestres, e a incerteza do resultado e do *timing* faz muitos líderes buscarem estratégias aparentemente menos arriscadas, como aquisições — mesmo que raramente compensem — ou os implacáveis cortes de custos.

No entanto, incentivar os empregadores a adotar práticas de gestão que melhorem a saúde dos funcionários é, certamente, a melhor e mais econômica maneira de reduzir as centenas de bilhões de dólares e de vidas perdidas por causa das escolhas prejudiciais. Os empregadores têm melhores condições para prevenir e remediar os problemas de saúde dos funcionários com muito mais eficiência de custos do que o governo, pois têm as informações e os incentivos para fazê-lo. O Walmart, ironicamente, já está inserindo aspectos da prestação de cuidados de saúde, não apenas através de suas farmácias, mas também através de clínicas que administram vacinas contra a gripe e realizam outras atividades preventivas de rotina em suas lojas. Há poucas dúvidas de que o Walmart e outros empregadores possam modificar suas práticas de gestão para evitar efeitos nocivos à saúde — a maneira mais econômica de proporcionar melhor saúde — e também estejam posicionados para reconhecer problemas de saúde mais cedo e intervir para remediá-los antes de se tornarem mais caros.

TORNANDO A SAÚDE HUMANA UMA PRIORIDADE

Em 3 de março de 1993, Scott Adams publicou uma das minhas tirinhas favoritas do Dilbert. No primeiro quadro, o chefe diz o que tantas empresas prometem ritualisticamente: "Eu digo há anos que 'os funcionários são nosso bem mais valioso'." No segundo quadro, o chefe admite que estava errado e que "o dinheiro é o nosso bem mais valioso. Os funcionários são o nono". No quadro final, Wally pergunta o que vem em oitavo lugar? A resposta: "papel-carbono".[43]

Triste, mas é verdade. As pessoas e seu bem-estar são mais alvos de conversas do que prioridade nas decisões organizacionais. Mesmo as empresas que, presumivelmente, enfatizam a saúde, não implementam políticas consistentes com a construção de uma força de trabalho saudável. Considere a provedora de seguros-saúde Aetna. Por um lado, o CEO está em uma maré saudável e a empresa implementou políticas de meditação e promoção da saúde, mas, por outro lado, praticamente todos os anos a firma realiza atividades de *downsizing* nas quais são oferecidas às pessoas aposentadoria antecipada ou dispensas.[44] Sabemos que as demissões têm sérias consequências adversas à saúde. Além disso, como resultado das rotatividades de *downsizing*, o CEO, Mark Bertolini, observou que "dos 50 mil funcionários, provavelmente menos de 1.600 estão na empresa há mais de 20 anos".

As companhias estão sob pressão para obter lucros e aumentar o preço das ações, e as políticas voltadas para os funcionários que são percebidas como contrárias a esses objetivos são descartadas. A rede de supermercados Whole Foods Market, sob a liderança do CEO John Mackey, enfatizou valores que incluíam cuidar dos membros da equipe. Durante a recessão de 2008, a empresa demitiu menos de cem pessoas, segundo um líder da Whole Foods na Área da Baía de São Francisco. A confiança da empresa em equipes autogerenciadas para tomar decisões proporcionou às pessoas um senso de controle profissional, e sua política interna de promoções possibilitou que até mesmo indivíduos sem um diploma universitário avançassem aos níveis gerenciais. A companhia oferecia benefícios razoavelmente generosos, incluindo "um desconto de pelo menos 20% nos itens da loja, um plano de saúde de baixo custo e a capacidade de votar em benefícios importantes".[45] Mas, quando o preço de suas ações estagnou, a Whole Foods foi acossada por investidores de fundos hedge, que acabaram forçando a venda para a Amazon. Em uma audiência pública com funcionários após a transação ter sido anunciada, Mackey, líder do movimento capitalismo consciente, comentou que a Whole Foods tinha "um foco grande demais nos membros de sua equipe"[46] e falou em retirar US$300 milhões da estrutura de custos da empresa.

Em resposta a um crescente reconhecimento que fatores como PIB ou PIB per capita, em nível nacional, e lucros e preço das ações, em nível empresarial, são indicadores limitados de desempenho, houve uma proliferação de outros indicadores de desempenho do sistema social. A partir de 2012, a pedido das Nações Unidas, passou a existir um Relatório Mundial sobre a Felicidade.[47] O Índice de Desenvolvimento Inclusivo do Fórum Econômico Mundial (e o relatório correspondente) reconhece a necessidade de medir a extensão da participação e os benefícios do crescimento econômico — o quão compartilhada é a prosperidade.[48] O Índice para uma Vida Melhor, da OCDE, lançado em 2011, busca unir medidas de bem-estar internacionalmente reconhecidas, concebidas de forma mais ampla. As dimensões de bem-estar incluem moradia, renda, emprego, comunidade (qualidade da rede de apoio social), educação, qualidade ambiental, governança, saúde, satisfação de vida, segurança e equilíbrio entre a vida profissional e pessoal.[49] No âmbito empresarial, há discussões sobre a base tripla, um arcabouço contábil que busca ir além de apenas medidas econômicas, como lucros e retorno sobre o investimento, para considerar também os aspectos ambientais e sociais do desempenho.[50] Embora todos esses esforços e inúmeros outros similares que ampliam as dimensões e as medições de desempenho sejam bem-intencionados, poucas medidas desviaram as atenções dos focos econômicos. Como uma pessoa disse sobre o movimento Balanced Scorecard [BSC], embora existam várias medidas, raramente há muito equilíbrio, já que as medidas contábeis de lucros e fluxos de caixa dominam a atenção e a tomada de decisões.

Mas isso precisa mudar. Existem claros limites morais sobre o que uma sociedade humana e civilizada permite ou deveria permitir que ocorra. Algumas dessas restrições delimitam o que os empregadores podem fazer a seus trabalhadores. Por exemplo, a Carta das Nações Unidas proíbe a escravidão, mesmo que o sistema possa aumentar os lucros, já que os custos trabalhistas seriam drasticamente menores. As diretrizes da ONU também proíbem a exploração de crianças, e as leis sobre trabalho infantil existem em praticamente todos os países da OCDE, incluindo os Estados Unidos. A ideia subjacente é que investir nas crianças é bom para a sociedade; crianças educadas, em vez de passarem o dia todo no trabalho, transformam o capital humano de um país. Mesmo que os empregadores, ou as crianças, queiram explorar o trabalho infantil, é do interesse coletivo do país impedir esse comportamento. O mesmo acontece com a segurança no trabalho. Embora obviamente existam variações nos perigos inerentes às diferentes ocupações — a mineração de carvão é mais perigosa do que ser professor universitário, para dar um exemplo claro —, países civilizados impõem regulamentos que tentam delimitar os danos causados no exercício da atividade mesmo de profissões perigosas. Valorizamos a vida humana e tentamos protegê-la, pelo menos dentro do possível.

Pesquisas do campo da psicologia social mostram que, para a maioria das pessoas, há limites para as decisões que permitirão ao mercado o controle da precificação e negociações. Como o psicólogo social da Universidade da Pensilvânia Philip Tetlock resumiu:

> Por um lado, como economistas frequentemente nos lembram, vivemos em um mundo de recursos escassos onde, gostemos ou não, cada coisa deve assumir um preço implícito ou explícito... Por outro lado, observadores sociológicos apontam que as pessoas muitas vezes insistem, aparentemente com grande convicção, que certos compromissos e relacionamentos são sagrados e que até mesmo contemplar perdas e ganhos com valores seculares como dinheiro ou conveniência é uma heresia.[51]

Pesquisas mostram que as pessoas respondiam aos tabus das perdas e ganhos com tentativas de se purificar fisicamente e com indignação moral.[52] É claro que o considerado sagrado e inegociável depende do momento histórico e do contexto cultural. Entretanto, em parte porque a maioria das tradições religiosas considera que a vida humana é tanto valiosa quanto sagrada, ela e o bem-estar humano, por extensão, não são, em grande parte, passíveis de trocas nos mercados. A ideia de vender partes do corpo por dinheiro parece inapropriada para a maioria das pessoas, assim como as condições que degradam a dignidade humana.

Enquadrado dessa maneira, o custo de 120 mil vidas humanas perdidas para as condições de trabalho que são conhecidas e, pelo menos até certo ponto, remediáveis, parece inconsistente com os preceitos e valores morais fundamentais. Deixando de lado os custos de saúde dessas práticas de gestão, parece tabu e inaceitável negociar a vida das pessoas por considerações organizacionais de custo e eficiência. Se isso for verdade, então a saúde e o bem-estar humanos necessariamente deveriam desempenhar um papel muito maior nas decisões e discussões sobre políticas públicas e organizacionais.

O QUE VALORIZAMOS?

De várias maneiras documentadas neste livro vimos que as organizações têm uma escolha: criar locais de trabalho e implementar práticas de gerenciamento que gerem problemas de saúde física e mental, que literalmente matam pessoas e aumentam os custos de saúde no processo; ou fazer escolhas diferentes que produzam resultados exatamente opostos. Se uma sociedade acredita que a vida humana é importante e, de fato, sagrada, então ela não ignoraria o grande volume de pesquisas que resumi brevemente neste volume sobre os efeitos dos locais de trabalho na saúde, nem permitiria que mortes desnecessárias de seres humanos continuassem. Nós nos preocuparíamos tanto com a saúde humana em nossas atividades econômicas e de desenvolvimento quanto nos preocupamos com as espécies ameaçadas de extinção e com a poluição do ar e da água.

E, implicitamente, os funcionários também têm algumas escolhas a fazer. As pessoas escolhem onde vão trabalhar. Ao tomar essa decisão, precisam considerar o efeito do empregador e suas práticas profissionais em seu bem-estar físico e mental e, de fato, em sua própria expectativa de vida. Longas jornadas de trabalho, ausência de controle profissional, conflitos trabalho-família, falta de apoio social para lidar com o estresse, instabilidade criada por demissões e a falta de planos de saúde são mais do que apenas inconveniências ou incômodos. Essas condições são, como amplamente documentado por décadas de pesquisas empíricas, uma ameaça à vida dos funcionários. Assim, as decisões sobre empregadores devem considerar o ambiente de gerenciamento que enfrentarão, não apenas o salário e se o trabalho parece interessante ou não. Afinal, o dinheiro não pode trazer de volta a saúde ou ressuscitar pessoas que perderam suas vidas por causa de seus ambientes de trabalho.

Se este livro estimular análises e intervenções que melhorem a saúde humana e reduzam os custos de saúde, ficarei feliz. Se provocar uma discussão mais profunda sobre como os empregadores podem mudar seus ambientes profissionais para diminuir os danos causados, meus esforços de pesquisa terão valido a pena. Se, na verdade, mudar o debate político para focar um aspecto negligenciado, mas criticamente importante, de saúde e bem-estar, tanto o livro quanto eu teremos conseguido muito. E talvez algumas pessoas tenham vidas mais longas e saudáveis.

Mas considero esse esforço com realismo acerca dos obstáculos. Porque lembro-me vividamente de uma conversa com uma líder religiosa envolvida na prestação de cuidados médicos e promoção da saúde humana.

Em julho de 1999, em um resort em Florida Keys, liderei uma reunião do conselho de administração do Hospital Holy Cross, de Fort Lauderdale, na Flórida, para convencê-los a seguir os desejos de seu CEO, John Johnson, de implementar um conjunto de práticas trabalhistas que exigiriam alto grau de compromisso. No jantar, certa noite, estava sentado à direita da freira que, na época, cuidava das operações de saúde das Irmãs da Misericórdia, a ordem religiosa católica que patrocinava o Holy Cross, e era membro do conselho do hospital. Enquanto conversávamos, perguntei-lhe como ela competia na arena política de Washington, D.C., contra pessoas de companhias de seguros e empresas farmacêuticas com muitas contribuições de campanha para distribuir. Não me lembro do nome dela, mas nunca esquecerei sua resposta e nossa interação:

"Eu digo aos senadores ou aos representantes que ninguém tem certeza do que acontece depois da morte, mas, considerando a possibilidade de que eles se encontrem com o criador e sejam julgados, eles devem pensar nas consequências das decisões que estão tomando para as pessoas e seu bem-estar."

"Isso é eficaz?", perguntei.

"Jeffrey, posso chamar você de Jeffrey?" Ela continuou. "Quando nossos representantes eleitos têm que escolher entre o dinheiro da campanha e suas almas imortais, lamento dizer que, na maioria das vezes, o dinheiro ganha."

Muitas vezes os líderes organizacionais terão que tomar uma decisão similar — quanta prioridade dar à saúde, vida e bem-estar das pessoas ou ao "dinheiro", à medida que decidem sobre as práticas trabalhistas e o ambiente profissional. Eu gostaria de pensar que a importância e a santidade da vida e do bem-estar humano vencerão. Mas acompanho as notícias e vejo como firmas como a 3G Capital, empresa de investimentos bastante respeitada, demitiu dez mil pessoas, *um quinto* da força de trabalho da Kraft e da Heinz, após a aquisição da Kraft pela Heinz[53] — e recebeu aplausos em vez de críticas severas da comunidade de investimentos.

Quando penso na minha conversa com a irmã, naquela noite tão longínqua na Flórida, fico me perguntando o que acontecerá com as almas das pessoas que lideram as empresas de maneiras que mostram desdém pelo bem-estar e, de fato, pela vida de outros seres humanos. Mas a freira, minha companheira de jantar naquela noite, não precisou imaginar. Ela sabia.

Notas

Introdução

1. Estatísticas Comuns Usadas pela Administração de Segurança e Saúde Ocupacional, www.osha.gov/oshstats/commonstats.html.
2. "Causes of Stress", WebMD, www.webmd.com/balance/guide/causes-of-stress.
3. "Stress in America", Associação Americana de Psicologia, 4 de fevereiro, 2015, www.apa.org/news/press/releases/stress/2014/stress-report.pdf.
4. Douglas LaBier, "Another Survey Shows the Continuing Toll of Workplace Stress", *Psychology Today*, 23 de abril, 2014, www.psychologytoday.com/blog/the-new-resilience/201404/another-survey-shows-the-continuing-toll-work pla-ce-stress.
5. Rita Pyrillis, "Employers Missing the Point of Rising Employee Stress", *Workforce*, março/abril 2017, 18.
6. LaBier, "Another Survey".
7. Ver, por exemplo, J. Combs, Y. Liu, A. Hall e D. Ketchen, "How Much Do High-Performance Work Practices Matter? A Meta-Analysis of Their Effects on Organizational Performance", *Personnel Psychology*, 59 (2006): 501–28; e Jody Hoffer Gittell, Rob Seidner e Julian Wimbush, "A Relational Model of How High-Performance Work Systems Work", *Organization Science, 21* (2009): 490–506.
8. Jeffrey Pfeffer, *Competitive Advantage Through People* (Boston: Harvard Business School Press, 1994); e Jeffrey Pfeffer, *The Human Equation: Building Profits by Putting People First* (Boston: Harvard Business School Press, 1998).
9. Jeffrey Pfeffer, *Leadership BS: Fixing Workplaces and Careers One Truth at a Time* (Nova York: HarperCollins, 2015), Introdução.
10. Doug Lederman, "412 Stanford Layoffs", *Inside Higher Ed*, 3 de setembro, 2009, www.insidehighered.com/quicktakes/2009/09/03/412-stanford-layoffs.
11. Stanford University Report, carta de Provost John Etchemendy, 5 de março, 2003, http://news.stanford.edu/news/2003/march5/freezeletter-35.html.

12. "Mausoleum's Heritage Oak Tree to Be Removed in March", Stanford University News Service, News Release, 23 de fevereiro, 1993, http://news.stanford.edu/pr/93/930223Arc3393.html.
13. Eric Van Susteren, "Stanford Cuts Down Oak Tree at Soccer Stadium", 7 de agosto, 2013, www.paloaltoonline.com/news/2013/08/07/stanford-cuts-down-oak-tree-at-soccer-stadium.
14. Pfeffer, *The Human Equation*, Introdução.
15. "An Inconvenient Truth", *Wikipedia*, https://en.wikipedia.org/wiki/An_Inconvenient_Truth.
16. Jeffrey Pfeffer, "Building Sustainable Organizations: The Human Factor", *Academy of Management Perspectives*, 24 (2010): 34–45.

Capítulo 1: Decisões de Gestão e Sustentabilidade Humana

1. Carolyn Said, "Suicide of an Uber Engineer: Widow Blames Job Stress", *San Francisco Chronicle*, 25 de abril, 2017, www.sfchronicle.com/business/article/Suicide-of-an-Uber-engineer-widow-blames-job-11095807.php.
2. Caroline O'Donovan e Priya Anand, "How Uber's Hard-Charging Corporate Culture Left Employees Drained", *BuzzFeed*, 17 de julho, 2017, www.buzzfeed.com/carolineodonovan/how-ubers-hard-charging-corporate-culture-left-employees.
3. David Jolly, "Critics Exploit Telecom Suicides, Ex-Executive Says", *The New York Times*, 1 de abril, 2010.
4. David Barboza, "String of Suicides Continues at Electronics Supplier in China". *The New York Times*, 25 de maio, 2010.
5. Tom Sykes, "Did Bank of America Merrill Lynch Intern Moritz Erhardt Die of Stress?" *Daily Beast*, 22 de novembro, 2013, www.thedailybeast.com/did-bank-of-america-merrill-lynch-intern-moritz-erhardt-die-of-stress.
6. Cara Clegg, "Five Things that Keep Japanese People Chained to Their Jobs", *SoraNews24*, 26 de agosto, 2013, http://rocketnews24.com/2013/08/26/five-things-that-keep-japanese-people-chained-to-their-jobs.
7. Akash Kapur, "Letter from India: Agriculture Left to Die at India's Peril", *The New York Times*, 29 de janeiro, 2010.
8. Eve Tahmincioglu, "Workplace Suicides in the U.S. on the Rise", NBCNews.com, 1 de junho, 2010, www.nbcnews.com/id/37402529/ns/buisness-careers/t/workplace-suicides-us-rise/.
9. Ver, por exemplo, os estudos resumidos em J. Paul Leigh, "Raising the Minimum Wage Could Improve Public Health", Economic Policy Institute, 28 de julho, 2016, www.epi.org/blog/raising-the-minimum-wage-could-improve-public-health/.

10. Jeroen Ansink, "C-Suite Suicides: When Exec Life Becomes a Nightmare", *Fortune*, 10 de setembro, 2013, http://fortune.com/2013/09/10/c-suite-suicides-when-exec-life-becomes-a-nightmare/.

11. Christine Hauser, "Five Killed in Orlando Workplace Shooting, Officials Say", 5 de junho, 2017, https://nyti.ms/2rL70pX.

12. "Workplace Violence", *Wikipedia*, https://en.wikipedia.org/wiki/Workplace_violence.

13. Ibid.

14. Bryce Covert, "Getting Murdered at Work Is Incredibly Common in the U.S.", *ThinkProgress*, 26 de agosto, 2015, http://thinkprogress.org/getting-murdered-at-work-is-incredibly-common-in-the-u-s-4caf76dfe4cb.

15. L. H. Tsoi, S. Y. Ip e L. K. Poon, "Monday Syndrome: Using Statistical and Mathematical Models to Fine-tune Services in an Emergency Department", *Hong Kong Journal of Emergency Medicine, 18* (2011): 150–54.

16. "Workplace Stress", American Institute of Stress, www.stress.org/workplace-stress/.

17. Sharon Jayson, "Bad Bosses Can Be Bad for Your Health", *USA Today*, 5 de agosto, 2012.

18. Pesquisas anuais de estresse na Austrália são divulgadas pela Sociedade Australiana de Psicologia. Ver, por exemplo, "Australians' Stress Levels Remain High, Survey Reveals", https://www.psychology.org/au/inpsych/2014/deceember/npw.

19. Jeff Cottrill, "Putting Stress on Stress", *OHS Canada*, 22 de abril, 2015, www.ohscanada.com/features/putting-stress-on-stress/.

20. www.workstress.net/sites/default/files/stress.pdf.

21. Devin Fidler, "Work, Interrupted: The New Labor Economics of Platforms". Institute for the Future, Novembro, 2016. Citação da p. 4.

22. Erika Fry e Nicolas Rapp, "Sharing Economy: This Is the Average Pay at Lyft, Uber, Airbnb and More", *Fortune*, 27 de junho, 2017, http://fortune.com/2017/06/27/average-pay-lyft-uber-airbnb/.

23. Jia Tolentino, "The Gig Economy Celebrates Working Yourself to Death", *The New Yorker*, 22 de março, 2017, www.newyorker.com/culture/jia-tolentino/the-gig-economy-celebrates-working-yourself-to-death.

24. Michael Quinlan, Claire Mayhew e Philip Bohle, "The Global Expansion of Precarious Employment, Work Disorganization, and Consequences for Occupational Health: A Review of Recent Research", *Globalization and Occupational Health, 31* (2001): 335–414. Citação da p. 335.

25. Joel Goh, Jeffrey Pfeffer e Stefanos A. Zenios, "Workplace Practices and Health Outcomes: Focusing Health Policy on the Workplace", *Behavioral Science and Policy*, 1 (2015), 43-52.

26. E-mail pessoal da Professora Carol Black, 4 de maio, 2015.

27. Douglas R. Stover e Jade Wood, "Most Company Wellness Programs Are a Bust", *Gallup Business Journal*, 4 de fevereiro, 2015, www.gallup.com/business-journal/181481/company-wellness-programs-bust.aspx.

28. "Aetna's 'Social Compact' Continues to Support Employees", Aetna News, https://news.aetna.com/2017/01/aetnas-social-compact-continues-support-employees/.

29. David Gelles, "At Aetna, A C.E.O.'s Management by Mantra" *The New York Times*, 27 de fevereiro, 2015, https://nyti.ms/1JVrksM.

30. Bob Chapman e Raj Sisodia, *Everybody Matters: The Extraordinary Power of Caring for Your People Like Family* (Nova York: Portfolio, 2015).

31. Ver, por exemplo, John Mackey e Rajendra Sisodia, *Capitalismo Consciente: Como Libertar o Espírito Heroico dos Negócios* (Alta Books, 2018); e Rajendra Sisodia, Jagdish N. Sheth e David Wolfe, *Firms of Endearment: How World-Class Companies Profit from Passion and Purpose*, 2. Ed. (Nova York: Pearson FT Press), 2014.

32. Houve ampla cobertura da mídia sobre essa disputa, porque os Estados Unidos e países asiáticos, como a China, opuseram-se tenazmente. Para um artigo relevante, ver Mark Schapiro, "Green War in the Skies: Can Europe Make U.S. Planes Pay for Pollution?" *Atlantic*, 5 de outubro, 2011.

33. http://gmsustainability.com; pesquisa realizada em 21 de outubro, 2014.

34. "Sustainability: Enhancing Sustainability of Operations and Global Value Chains", Walmart, http://corporate.walmart.com/global-responsibility/environmental-sustainability.

35. Ibid.

36. Larry W. Beeferman, Diretor do projeto Pensions e Capital Stewardship Project da Harvard Law School, "Memo RE: Incorporating Labor and Human Rights and Human Capital Risks into Investment Decisions: Conference and Research/Action Agenda", 12 de agosto, 2008.

37. www.btplc.com/Responsiblebusiness/ourstory/sustainabilityreport/report/Bbus/G2W/health.aspx.

38. Louise C. O'Keefe, Kathleen C. Brown e Becky J. Christian, "Policy Perspectives on Occupational Stress", *Workplace Health and Safety*, 62 (2014): 432–38.

39. Para uma análise, ver Steven L. Sauter, Lawrence R. Murphy e Joseph J. Hurrell Jr., "Prevention of Work-Related Psychological Disorders: A National Stra-

tegy Proposed by the National Institute for Occupational Safety and Health (NIOSH)", *American Psychologist, 45 (1990)*: 1146-58.

40. "What Is Total Worker Health?" National Institute for Occupational Safety and Health, www.cdc.gov/niosh/twh/totalhealth.html.
41. O'Keefe, et al., "Policy Perspectives", 432.
42. Comunicação pessoal da professora Carol Black, 4 de maio, 2015.
43. Robert Kerr, Marie McHugh e Mark McCrory, "HSE Management Standards and Stress-Related Work Outcomes", *Occupational Medicine, 59* (2009): 574-79.
44. Health and Safety Executive, *Annual Statistics Report for Great Britain, 2012- 2013*.
45. Jeff Hilgert, "A New Frontier for Industrial Relations: Workplace Health and Safety as a Human Right", em James A. Gross e Lance Compa, eds., *Human Rights in Labor and Employment Relations: International and Domestic Perspectives* (Champaign, IL: Labor and Employment Relations Association, 2009), 43-71.
46. Michael Marmot, *The Status Syndrome: How Social Standing Affects Our Health and Longevity* (Londres, UK: Bloomsbury Publishing, 2004), p. 247.
47. Amartya Sen, *Desenvolvimento como Liberdade* (Companhia de Bolso, 2010).
48. Ibid., 196. Ver o Capítulo 8 para uma discussão interessante sobre tal fenômeno.
49. Marmot, *The Status Syndrome*, p. 191.
50. Ver, por exemplo, Ed Diener, "Subjective Well-Being: The Science of Happiness and a Proposal for a National Index", *American Psychologist, 55* (2000): 34-43.
51. Noreen E. Mahon, Adela Yarcheski e Thomas J. Yarcheski, "Happiness as Related to Gender and Health in Early Adolescents", *Clinical Nursing Research, 14* (2005): 175-90.
52. Midge N. Ray, Kenneth G. Saag e Jeroan J. Allison, "Health and Happiness Among Older Adults: A Community-Based Study", *Journal of Health Psychology, 14* (2009): 503-12.
53. J. F. Helliwell, "How's Life? Combining Individual and National Variations to Explain Subjective Wellbeing", *Economic Modelling, 20* (2003): 331-60.
54. *World Database of Happiness: Archive of Research Findings on Subjective Enjoyment of Life* (Rotterdam, Holanda: Universidade Erasmus Rotterdam), http://worlddatabaseof happiness.eur.nl.
55. Elena Cottini e Claudio Lucifora, "Mental Health and Working Conditions in Europe", *Industrial and Labor Relations Review, 66* (2014): 958-82. Citação da p. 958.
56. Fórum Econômico Mundial, *Working Towards Wellness: The Business Rationale*.

57. S. Mattke, H. Liu, J. P. Caloyeras, C. Y. Huang, K. R. Van Busum, D. Khodya- kov e V. Shier, "Workplace Wellness Programs Study: Final Report" (Santa Monica, CA: RAND Corporation, 2013).

58. Katie Thomas, "Companies Get Strict on Health of Workers", *The New York Times*, 25 de março, 2013.

59. G. Bensinger, "Corporate Wellness, Safeway Style", *San Francisco Chronicle*, 4 de janeiro, 2009.

60. Há uma vasta literatura sobre os efeitos das condições de trabalho em comportamentos individuais relacionados à saúde. Ver, por exemplo, M. Harris e M. Fennell, "A Multivariate Model of Job Stress and Alcohol Consumption", *Sociological Quarterly*, 29 (1988): 391–406; A. Kouvonen, M. Kivimaki, M. Virtanen, J. Pentti e J. Vahtera, "Work Stress, Smoking Status, and Smoking Intensity: An Observational Study of 46.190 Employees", *Journal of Epidemiology and Community Health*, 59 (2005): 63–69; e N. Nishitani e H. Sakakibara, "Relationship of Obesity to Job Stress and Eating Behavior in Male Japanese Workers", *International Journal of Obesity*, 30 (2006): 528–33.

61. Eilene Zimmerman, "The Lawyer, the Addict", *The New York Times*, 15 de julho, 2017, www.nytimes.com/2017/07/15/business/lawyers-addiction-mental-health.html.

62. Richard A. Friedman, "What Cookies and Meth Have in Common", *The New York Times*, 30 de junho, 2017, https://nyti.ms/2usEBTH.

63. Watson Wyatt Worldwide, "Building an Effective Health and Productivity Framework: 2007/2008", *Staying@Work Report*.

64. Leonard L. Berry, Ann M. Mirabito e William B. Baun, "What's the Hard Return on Employee Wellness Programs?" *Harvard Business Review*, 88, no. 12 (2010): 104–12.

65. Douglas R. Stover e Jade Wood, "Most Company Wellness Programs Are a Bust", *Gallup Business Journal*, 04 de fevereiro, 2015, www.gallup.com/businessjournal/181481/company-wellness-programs-bust.aspx.

66. Katherine Baicker, David Cutler e Zirui Song, "Workplace Wellness Programs Can Generate Savings", *Health Affairs*, 29 (2010): 304–11. Citação da p. 304.

67. Al Lewis, Vik Khanna e Shana Montrose, "Workplace Wellness Produces No Savings", http://healthaffairs.org/blog/2014/11/25/workplace-wellness-produces-no-savings/.

68. John P. Caloyeras, Hangsheng Liu, Ellen Exum, Megan Broderick e Soeren Mattke, "Managing Manifest Diseases, But Not Health Risks, Saved PepsiCo Money over Seven Years". *Health Affairs*, 33 (2014): 124–31. Citação da p. 124.

69. Mattke, et al., "Workplace Wellness Programs Study".

70. Ralph L. Keeney, "Personal Decisions Are the Leading Cause of Death", *Operations Research*, 56 (2008): 1335-47.

71. A OCDE publica extensivos dados de saúde que são atualizados anualmente e disponibiliza tabelas estatísticas e dados brutos em seu site, www.oecd.org, *Health at a Glance*, 2015.

72. Ver, por exemplo, S. Woolhandler e D. Himmelstein, "The Deteriorating Administrative Efficiency of the US Health Care System", *New England Journal of Medicine*, 324 (1991): 1253-58.

73. Ver, por exemplo, J. Wennberg, E. Fisher, L. Baker, S. Sharp e K. Bronner, "Evaluating the Efficiency of California Providers in Caring for Patients with Chronic Illness", *Health Affairs*, 24 (2005): 526-43; e Y. Ozcan e R. Luke, "A National Study of the Efficiency of Hospitals in Urban Markets", *Health Services Research*, 27 (1993): 719-39.

74. J. Paul Leigh e Juan Du, "Are Low Wages Risk Factors for Hypertension?" *European Journal of Public Health*, 22 (2012): 854-59.

Capítulo 2: As Graves Consequências de Ambientes de Trabalho Tóxicos

1. J. Paul Leigh, "Economic Burdens of Occupational Injury and Illness in the United States", *Millbank Quarterly*, 89 (2011): 728-72. Citação da p. 729.

2. Kyle Steenland, Carol Burnett, Nina Lalich, Elizabeth Ward e Joseph Hurrell, "Dying for Work: The Magnitude of US Mortality from Selected Causes of Death Associated with Occupation", *American Journal of Industrial Medicine*, 43 (2009): 461-82.

3. "Psychological Wellbeing Boosts Productivity", *Occupational Health News* (Thomson Reuters), Publicação 1088, 12 de novembro, 2014.

4. "Demedicalize Disgruntled Worker Claims or They'll Get Worse", *Occupational Health News* (Thomson Reuters), Publicação 1089, 19 de novembro, 2014.

5. Soeren Mattke, Aruna Balakrishnan, Giacomo Bergamo e Sydne J. Newberry, "A Review of Methods to Measure Health-related Productivity Loss", *American Journal of Management Care*, 13 (2007): 211-17. Citação da p. 211.

6. "Death from Overwork in China", *China Labour Bulletin*, 11 de agosto, 2006, www.clb.org/hk/en/content/death-overwork-china.

7. Deborah Imel Nelson, Marisol Concha-Barrientos, Timothy Driscoll, Kyle Steenland, Marilyn Fingerhut, Laura Punnett, Annette Pruss-Ustun, James Leigh e Carlos Corvalan, "The Global Burden of Selected Occupational Diseases and Injury Risks: Methodology and Summary", *American Journal of Industrial Medicine*, 48 (2005): 400-418.

8. John Daly, "Stress Accounts for 60% of All Lost Days in the Workplace", *Irish Examiner*, 9 de outubro, 2015, www.irishexaminer.com/business/stress-accounts-for-60-of-all-lost-days-in-the-workplace-358497.html.
9. Theodore J. Litman, "The Family as a Basic Unit in Health and Medical Care: A Social Behavioral Overview", *Social Science and Medicine*, 8 (1974): 495–519.
10. Stephen Birch, Michael Jerrett, Kathi Wilson, Michael Law, Susan Elliott e John Eylers, "Heterogeneities in the Production of Health: Smoking, Health Status, and Place", *Health Policy*, 72 (2005): 301–10.
11. Christopher R. Browning e Kathleen A. Cagney, "Neighborhood Structural Disadvantage, Collective Efficacy, and Self-Rated Physical Health in an Urban Setting", *Journal of Health and Social Behavior*, 43 (2002): 383–99.
12. Nicholas A. Christakis e James H. Fowler, "The Spread of Obesity in a Large Social Network Over 12 Years", *New England Journal of Medicine*, 357 (2007): 370–79.
13. Brian Borsari e Kate B. Carey, "Peer Influences on College Drinking: A Review of the Research", *Journal of Substance Abuse*, 13 (2001): 391–424.
14. Justin C. Strickland e Mark A. Smith, "The Effects of Social Contact on Drug Use: Behavioral Mechanisms Controlling Drug Intake", *Experimental and Clinical Psychopharmacology*, 22 (2014): 23–34. Citação da p. 23.
15. Ellen Wright Clayton, "Ethical, Legal, and Social Implications of Genomic Medicine", *New England Journal of Medicine*, 349 (2003): 562–69.
16. Para uma revisão recente desta literatura, ver Daniel C. Ganster e Christopher C. Rosen, "Work Stress and Employee Health: A Multidisciplinary Review", *Journal of Management*, 39 (2013): 1085–122.
17. Existem dezenas de estudos sobre esta questão. Ver, por exemplo, T. Chandola, E. Brunner e M. Marmot, "Chronic Stress at Work and the Metabolic Syndrome: Prospective Study", *British Medical Journal*, 332 (2006): 521–525; e M. Kivimaki, P. Leino-Arjas, R. Luukkonen, H. Riihimai, J. Vahtera e J. Kirjonen, "Work Stress and Risk of Cardiovascular Mortality: Prospective Cohort Study of Industrial Employees", *British Medical Journal*, 325 (2002): 857–60.
18. Ver Joel Goh, Jeffrey Pfeffer e Stefanos A. Zenios, "The Relationship Between Workplace Stressors and Mortality and Health Costs in the United States", *Management Science*, 62 (2016): 608-628.
19. Os resultados das metanálises descritas neste capítulo também foram publicados em Joel Goh, Jeffrey Pfeffer e Stefanos A. Zenios, "Workplace Practices and Health Outcomes: Focusing Health Policy on the Workplace", *Behavioral Science and Policy*, 1 (2015): 43-52.

20. Ver, por exemplo, M. Sverke, J. Hellgren e K. Naswall, "No Security: A Meta-Analysis and Review of Job Insecurity and Its Consequences", *Journal of Occupational Health Psychology, 7* (2002): 242–64.

21. Ver, A. Bannai e A. Tamakoshi, "The Association Between Long Working Hours and Health: A Systematic Review of the Epidemiological Evidence", *Scandinavian Journal of Work and Environmental Health, 40* (2014): 5–18; e K. Sparks, C. Cooper, Y. Fried e A. Shirom, "The Effects of Hours of Work on Health: A Meta-Analytic Review", *Journal of Occupational and Organizational Psychology, 70* (1997): 391–408.

22. C. Viswesvaran, J. Sanchez e J. Fisher, "The Role of Social Support in the Process of Work Stress: A Meta-Analysis", *Journal of Vocational Behavior, 54* (1999): 314–34.

23. Ver, por exemplo, M. Kivimaki, S. T. Nyberg, G. D. Batty, E. I. Fransson, K. Heikkila, I. Alfredsson e T. Theorell, "Job Strain as a Risk Factor for Coronary Heart Disease: A Collaborative Meta-Analysis of Individual Participant Data", *Lancet, 380* (2012): 1491–97.

24. E. L. Idler e Y. Benyamini, "Self-Rated Health and Mortality: A Review of Twenty-seven Community Studies", *Journal of Health and Social Behavior, 38* (1997): 21–37.

25. Por exemplo, ver S. Miilunpalo, I. Vuon, P. Oja, M. Pasanen e H. Urponen, "Self-Rated Health Status as a Health Measure: The Predictive Value of Selfreported Health Status on the Use of Physician Services and on Mortality in the Working-Age Population", *Journal of Clinical Epidemiology, 50* (1997): 517–28; e D. L. McGee, Y. Liao, G. Cao e R. S. Cooper, "Self-Reported Health Status and Mortality in a Multiethnic US Cohort", *American Journal of Epidemiology, 149* (1999): 41–46.

26. Para uma explicação do cálculo e a interpretação das razões de possibilidades, ver www.biochemia-medica.com/content/odds-ratio-calculation-usage-and-interpretation.

27. Joel Goh, Jeffrey Pfeffer e Stefanos A. Zenios, "Workplace Stressors and Health Outcomes: Health Policy for the Workplace", *Behavioral Science and Policy, 1* (2015): 33–42.

28. "Deaths and Mortality", Centers for Disease Control and Prevention", www.cdc.gov/nchs/fastats/deaths.htm.

29. Grande parte desta pesquisa está resumida em Michael Marmot, *The Status Syndrome: How Social Standing Affects Our Health and Longevity* (Londres, UK: Bloomsbury Publishing, 2004).

30. A. Wilper, S. Woolhandler, K. Lasser, D. McCormich, D. Bor e D. Himmestein, "Health Insurance and Mortality in U.S. Adults", *American Journal of Public Health, 99* (2009): 2289-95.

31. Ralph L. Keeney, "Personal Decisions Are the Leading Cause of Death", *Operations Research, 56* (2008): 1335-47.

32. Paul A. Schulte, Gregory R. Wagner, Aleck Ostry, Laura A. Blanciforti, Robert G. Cutlip, Kristine M. Krajnak, Michael Luster, Albert E. Munson, James P. O'Callaghan, Christine G. Parks, Petia P. Simeonova e Diane B. Miller, "Work, Obesity, and Occupational Safety and Health", *American Journal of Public Health, 97* (2007): 428-36.

33. Michael R. Frone, "Work Stress and Alcohol Use", *Alcohol Research and Health, 23* (1999): 284-91.

34. Anne Kouvonen, Mika Kivimaki, Marianna Virtanen, Jaana Pentti e Jussi Vahtera, "Work Stress, Smoking Status, and Smoking Intensity: An Observational Study of 46.190 Employees", *Journal of Epidemiology and Community Health, 59* (2005): 63-69.

35. Rajita Sinha, "Chronic Stress, Drug Use, and Vulnerability to Addiction", *Annals of the New York Academy of Sciences, 1141* (2008): 105-30.

36. "Prolonged Exposure to Work-Related Stress Thought to Be Related to Certain Cancers", *ScienceDaily*, 17 de janeiro, 2017, www.sciencedaily.com/releases/2017/01/170117105044.htm.

37. Jeffrey Pfeffer e Dana Carney, "The Economic Evaluation of Time May Cause Stress", *Academy of Management Discoveries* (in press).

38. Ver, por exemplo, S. S. Dickerson e M. E. Kemeny, "Acute Stressors and Cortisol Responses: A Theoretical Integration and Synthesis of Laboratory Research", *Psychological Bulletin, 130* (2004): 355-91; R. G. Reed e C. L. Raison, "Stress and the Immune System", em C. Esser, ed., *Environmental Influences on the Immune System* (Nova York: Springer, 2016), 97-126; e S. E. Segerstrom e G. E. Miller, "Psychological Stress and the Human Immune System: A Meta-Analytic Study of 30 Years of Inquiry", *Psychological Bulletin, 130* (2004): 601-30.

39. Marmot, *The Status Syndrome*.

40. S. Jay Olshansky, Toni Antonucci, Lisa Berkman, Robert H. Binstock, Axel Boersch-Supan, John T. Cacioppo, Bruce A. Carnes, Laura L. Carstensen, Linda P. Fried, Dana P. Goldman, James Jackson, Martin Kohli, John Rother, Yuhui Zheng e John Rowe, "Differences in Life Expectancy Due to Race and Educational Differences are Widening, and Many May Not Catch Up", *Health Affairs, 8* (2012): 1803-13.

41. Michael Marmot, "Social Determinants of Health Inequalities", *Lancet, 365* (2005): 1099-104.
42. Marmot, *The Status Syndrome*.
43. S. Anand, "The Concern for Equity in Health", *Journal of Epidemiological and Community Health, 56* (2002): 485-87.
44. E. E. Gakidou, C. J. L. Murray e J. Frenk, "Defining and Measuring Health Inequality: An Approach Based on the Distribution of Health Expectancy", *Bulletin of the World Health Organization, 78* (2000): 42-54. Citação da p. 42.
45. Ver, por exemplo, Amy M. Christie e Julian Barling, "Disentangling the Indirect Links Between Socioeconomic Status and Health: The Dynamic Roles of Work Stressors and Personal Control", *Journal of Applied Psychology, 94* (2009): 1466-78.
46. Jane C. Clougherty, Kerry Souza e Mark R. Cullen, "Work and Its Role in Shaping the Social Gradient in Health", *Annals of the New York Academy of Sciences, 1186* (2010): 102-24. Citação da p. 102.
47. Joel Goh, Jeffrey Pfeffer e Stefanos A. Zenios, "How Differences in Work Environments Help Account for Inequality in Lifespans", *Health Affairs, 34* (2015): 1761-68.
48. L. T. Yen, D. W. Edington e P. Witting, "Associations Between Health Risk Appraisal Scores and Employee Medical Claims Costs in a Manufacturing Company", *American Journal of Health Promotion, 6* (1991): 46-54.
49. Dee Edington, "Helping Employees Stay Healthy Is a Good Investment", Society for Human Resource Management, 10 de fevereiro, 2014, www.shrm.org/resourcesandtools/hr-topics/benefits/pages/dee-edington.aspx.
50. Alicia A. Grandey e Russell Cropanzano, "The Conservation of Resources Model Applied to Work-Family Conflict and Strain", *Journal of Vocational Behavior, 54* (1999): 350-70.
51. Antonio Chirumbolo e Johnny Hellgren, "Individual and Organizational Consequences of Job Insecurity: A European Study", *Economic and Industrial Democracy, 24* (2003): 217-40.
52. Shirley Musich, Deborah Napier e D. W. Edington, "The Association of Health Risks with Workers' Compensation Costs", *Journal of Occupational and Environmental Medicine, 43* (2001): 534-41.
53. W. N. Burton, D. J. Conti, C. Y. Chen, A. B. Schultz e D. W. Edington, "The Role of Health Risk Factors and Disease on Worker Productivity", *Journal of Occupational and Environmental Medicine, 41* (1999): 863-77.

54. Wayne N. Burton, Glenn Pransky, Daniel J. Conti, Cin-Yu Chen e Dee W. Edington, "The Association of Medical Conditions and Presenteeism", *Journal of Occupational and Environmental Medicine, 46* (2004): S38–S45.
55. Alyssa B. Schultz e Dee W. Edington, "Employee Health and Presenteeism: A Systematic Review", *Journal of Occupational Rehabilitation, 17* (2007): 547–79.

Capítulo 3: Demissões e Insegurança Econômica

1. Michael Luo, "For Workers at Closing Plant, Ordeal Included Heart Attacks", *The New York Times,* 25 de fevereiro, 2010.
2. Michael Winerip, "Set Back by Recession, and Shut Out of Rebound, Older Workers Find Age Bias at Each Turn", *The New York Times,* 27 de agosto, 2013, B1.
3. James A. Evans, Gideon Kunda e Stephen R. Barley, "Beach Time, Bridge Time, and Billable Hours: The Temporal Structure of Technical Contracting", *Administrative Science Quarterly, 49* (2004): 1–38.
4. Lawrence F. Katz e Alan B. Krueger, "The Rise and Nature of Alternative Work Arrangements in the United States, 1995–2015", Working Paper #603 (Princeton University, Industrial Relations Section), setembro, 2016. Citação da p. 7.
5. Bryce Covert, "How Unpredictable Hours Are Screwing Up People's Lives", *ThinkProgress,* 11 de setembro, 2014, https://thinkprogress.org/how-unpredictable-hours-are-screwing-up-peoples-lives-6ebd2d393662.
6. Jonathan Rauch, "The Conservative Case for Unions", *Atlantic,* julho/agosto, 2017, 15.
7. Lydia DePillis, "The Next Labor Fight Is over When You Work, Not How Much You Make", *Washington Post,* 9 de maio, 2015.
8. Christopher Nohe, Alexandra Michel e Karlheinz Sonntag, "Family-Work Conflict and Job Performance: A Diary Study of Boundary Conditions and Mechanisms", *Journal of Organizational Behavior, 35* (2014): 339–57. Citação da p. 339.
9. Joel Goh, Jeffrey Pfeffer e Stefanos A. Zenios, "The Relationship Between Workplace Stressors and Mortality and Health Costs in the United States", *Management Science, 62* (2016): 608–28.
10. Arne L. Kalleberg, *Good Jobs, Bad Jobs* (Nova York: Russell Sage Foundation, 2011). Citação da p. 85.
11. Ibid., 100.

12. Louis Uchitelle, *The Disposable American: Layoffs and Their Consequences* (Nova York: Knopf, 2006).
13. Deepak K. Datta, James P. Guthrie, Dynah Basuil e Alankrita Pandey, "Causes and Effects of Employee Downsizing: A Review and Synthesis", *Journal of Management, 36* (2010): 281–348.
14. Peter Cappelli, *The New Deal at Work: Managing the Market-Driven Workforce* (Boston: Harvard Business School Press, 1999).
15. www.wecglobal.org/.
16. World Employment Confederation, *The Future of Work: White Paper from the Employment Industry* (Bruxelas, Bélgica: setembro 2016).
17. P. Virtanen, U. Janiert e A. Hammarstrom, "Exposure to Temporary Employment and Job Insecurity: A Longitudinal Study of Health Effects", *Occupational and Environmental Medicine, 68* (2011): 570–74. Citação da p. 570.
18. Anna-Karin Waenerlund, Pekke Virtanen e Anne Hammarstrom, "Is Temporary Employment Related to Health Status? Analysis of the Northern Swedish Cohort", *Scandinavian Journal of Public Health, 39* (2011): 533–39.
19. Minsoo Jung, "Health Disparities Among Wage Workers Driven by Employment Instability in the Republic of Korea", *International Journal of Health Services, 43* (2013): 483–98.
20. Magnus Sverke, Johnny Hellgren e Katharina Naswall, "No Security: A Meta-Analysis and Review of Job Insecurity and Its Consequences", *Journal of Occupational Health Psychology, 7* (2002): 242–64.
21. Mel Bartley, "Job Insecurity and Its Effect on Health", *Journal of Epidemiology and Community Health, 59* (2005): 718–19. Citação da p. 719.
22. Eileen Y. Chou, Bidhan L. Parmar e Adam D. Galinsky, "Economic Insecurity Increases Physical Pain", *Psychological Science, 27* (2016): 443–54.
23. Sepideh Modrek e Mark R. Cullen, "Job Insecurity During Recessions: Effects on Survivors' Work Stress", *BMC Public Health*, 6 de outubro, 2013, https:// bmcpublichealth.biomedcentral.com/articles/10.1186/1471-2458-13-929.
24. Ver, por exemplo, Mohamad Alameddine, Andrea Baumann, Audrey Laporte e Raisa Deber, "A Narrative Review on the Effect of Economic Downturns on the Nursing Labour Market: Implications for Policy and Planning", *Human Resources for Health, 10* (2012), https://human-resources-health.biomedcentral.com/articles/10.1186/1478-4491-10-23.
25. Ralph Catalano, Sidra Goldman-Mellor, Katherine Saxton, Claire Margerison-Zildo, Meenakshi Subbaraman, Kaja LeWinn e Elizabeth Anderson,

"The Health Effects of Economic Decline", *Annual Review of Public Health, 32* (2011): 431-50. Citação da p. 432.

26. 26. Ibid., 431.

27. Jane E. Ferrie, Hugo Westerlund, Marianna Virtanen, Jussi Vahtera e Mika Kivimaki, "Flexible Labor Markets and Employee Health", *Scandinavian Journal of Work, Environment, and Health, 34* (2008): 98-110.

28. Vera Keefe, Papaarangi Reid, Clint Ormsby, Bridget Robson, Gordon Purdie, Joanne Baxter e Ngati Kahungunu Iwi Incorporated, "Serious Health Events Following Involuntary Job Loss in New Zealand Meat Processing Workers", *International Journal of Epidemiology, 31* (2002): 1155-61.

29. Marcus Eliason e Donald Storrie, "Does Job Loss Shorten Life?" *Journal of Human Resources, 44* (2009): 277-301.

30. Margit Kriegbaum, Ulla Christensen, Rikke Lund e Merete Osler, "Job Losses and Accumulated Number of Broken Partnerships Increase Risk of Premature Mortality in Danish Men Born in 1953", *Journal of Occupational and Environmental Medicine, 51* (2009): 708-13.

31. Daniel Sullivan e Till von Wachter, "Mortality, Mass-Layoffs, and Career Outcomes: An Analysis Using Administrative Data", Cambridge, MA: National Bureau of Economic Research, Working Paper 13626, novembro, 2007.

32. Kate W. Strully, "Job Loss and Health in the U.S. Labor Market", *Demography, 46* (2009): 221-46. Citação da p. 233.

33. 33. Ibid., 240.

34. Matthew E. Dupre, Linda K. George, Guangya Liu e Eric D. Peterson, "The Cumulative Effect of Unemployment on Risks for Acute Myocardial Infarction", *Archives of Internal Medicine, 172* (2012): 1731-37.

35. Mika Kivimaki, Jussi Vahtera, Jaana Pentti e Jane E. Ferrie, "Factors Underlying the Effect of Organisational Downsizing on Health of Employees: Longitudinal Cohort Study", *British Medical Journal, 320* (2000): 971-75.

36. Leon Grunberg, Sarah Moore e Edward S. Greenberg, "Managers' Reactions to Implementing Layoffs: Relationship to Health Problems and Withdrawal Behaviors", *Human Resource Management, 45* (2006): 159-78.

37. Matthew B. Stannard e Rachel Gordon, "2 Men, Woman Slain in Mountain View", *San Francisco Chronicle*, 15 de novembro, 2008.

38. Joseph A. Kinney e Dennis L. Johnson, *Breaking Point: The Workplace Violence Epidemic and What to Do About It* (Charlotte, NC: National Safe Workplace Institute, 1993).

39. "Workplace Violence—Is It Getting Worse?" www.dailyhrtips.com/2010/10/01/hr-blog-workplace-violence/.

40. Ralph Catalano, Raymond W. Novaco e William McConnell, "Layoffs and Violence Revisited", *Aggressive Behavior,* 28 (2002): 233–47. Citação da p. 235. A citação se refere a um estudo anterior, R. Catalano, D. Dooley, R. Novaco, G. Wilson e R. Hough, "Using ECA Survey Data to Examine the Effect of Job Layoffs on Violent Behavior", *Hospital and Community Psychiatry,* 44 (1993): 874–78.
41. Ibid.
42. 42. Ibid., 435.
43. U. Janlert e A. Hammarstrom, "Alcohol Consumption Among Unemployed Youths: Results from a Prospective Study", *British Journal of Addiction,* 87 (1992): 703–14.
44. A. Hammarstrom, "Health Consequences of Youth Unemployment", *Public Health,* 108 (1994): 403–12.
45. A. C. Merline, P. M. O'Malley, J. E. Schulenberg, J. G. Bachman e L. D. Johnston, "Substance Use Among Adults 35 Years of Age: Prevalence, Adulthood Predictors, and Impact of Adolescent Substance Abuse", *American Journal of Public Health,* 94 (2004): 96–102.
46. Janlert e Hammatstrom, "Alcohol Consumption".
47. D. Dooley e J. Prause, "Underemployment and Alcohol Misuse in the National Longitudinal Survey of Youth", *Journal of Studies of Alcohol,* 59 (1998): 669–80.
48. Wayne F. Cascio, *Responsible Restructuring* (San Francisco, CA: Berrett-Koehler, 2002).
49. Art Budros, "The New Capitalism and Organizational Rationality: The Adoption of Downsizing Programs, 1979–1994", *Social Forces,* 76 (1997): 229–50.
50. Art Budros, "Organizational Types and Organizational Innovation: Downsizing Among Industrial, Financial and Utility Firms", *Sociological Forum,* 17 (2000): 307–42; e Art Budros, "Causes of Early and Later Organizational Adoption: The Case of Corporate Downsizing", *Sociological Inquiry,* 74 (2004): 355–80.
51. Ver, por exemplo, C. L. Ahmadjian e P. Robinson, "Safety in Numbers: Downsizing and the Deinstitutionalization of Permanent Employment in Japan", *Administrative Science Quarterly,* 46 (2001): 622–54; e C. Tsai, S. Wuy, H. Wang e I. Huang, "An Empirical Research on the Institutional Theory of Downsizing: Evidence from MNC's Subsidiary Companies in Taiwan", *Total Quality Management & Business Excellence,* 17 (2006): 633–54.
52. Dan L. Worrell, Wallace N. Davidson III e Varinder M. Sharma, "Layoff Announcements and Stockholder Wealth", *Academy of Management Journal,* 34 (1991): 662–78.
53. Robert D. Nixon, Michael A. Hitt, Ho-uk Lee e Eui Jeong, "Market Reactions to Announcements of Corporate Downsizing Actions and Implementation Strategies", *Strategic Management Journal,* 25 (2004): 1121–29.

54. Peggy M. Lee, "A Comparative Analysis of Layoff Announcements and Stock Price Reactions in the United States and Japan", *Strategic Management Journal*, 18 (1997): 879–94.
55. Morley Gunderson, Anil Verma e Savita Verma, "Impact of Layoff Announcements on the Market Value of the Firm", *Relations Industrielles/Industrial Relations*, 52 (1997): 364–81.
56. Datta, et al., "Causes and Effects of Employee Downsizing", 335.
57. Oded Palmon, Huey-Lian Sun e Alex P. Tang, "Layoff Announcements: Stock Market Impact and Financial Performance", *Financial Management*, 26 (1997): 54–68.
58. James P. Guthrie e Deepak K. Datta, "Dumb and Dumber: The Impact of Downsizing on Firm Performance as Moderated by Industry Conditions", *Organization Science*, 19 (2008): 108–23.
59. "1994 AMA Survey on Downsizing: Summary of Key Findings" (Nova York: American Management Association).
60. Ibid.
61. Martin Neil Baily, Eric J. Bartelsman e John Haltiwanger, "Downsizing and Productivity Growth: Myth and Reality", Working Paper No. 4741 (Cambridge, MA: National Bureau of Economic Research), maio de 1994.
62. Peter Cappelli, "Examining the Influence of Downsizing and Its Effect on Es- tablishment Performance", Working Paper No. 7742 (Cambridge, MA: National Bureau of Economic Research), junho, 2000.
63. Citado em Louis Uchitelle, "More Downsized Workers are Returning as Rentals", *The New York Times*, 8 de dezembro, 1996, 22.
64. Tania Marques, Isabel Suarez-Gonzalez, Pedro Pinheiro da Cruz e Manuel Portugal Ferreira, "The Downsizing Effect on Survivors: A Structural Equation Modeling Analysis", *Management Research: The Journal of the Iberoamerican Academy of Management*, 9 (2011): 174–91.
65. Teresa M. Amabile e Regina Conti, "Changes in the Work Environment for Creativity During Downsizing", *Academy of Management Journal*, 42 (1999): 630–40.
66. Datta, et al., "Causes and Effects of Employee Downsizing", 309, 321.
67. David Cote, "Honeywell's CEO on How He Avoided Layoffs", *Harvard Business Review*, junho 2013, 45.
68. Kevin F. Hallock, "Layoffs, Top Executive Pay, and Firm Performance", *American Economic Review*, 88 (1998): 711–23.

69. Matt Glynn, "Ex-Southwest CEO Offers Lessons in Leadership from Post-9/11 Crisis", *Buffalo News*, 19 de maio, 2014, www.buffalonews.com/business/ex-southwest-airlines-ceo-offers-lessons-in-leadership-from-post-911-crisis-20140519.
70. Erik Schonfeld, "The Silicon Chameleon", *Business 2.0*, setembro 2003, 84–85.
71. Frank Koller, *Spark: How Old-Fashioned Values Drive a Twenty-First-Century Corporation* (Nova York: Public Affairs Books, 2010).
72. Ver, por exemplo, Stephen Nickell, "Unemployment and Labor Market Rigidities: Europe versus North America", *Journal of Economic Perspectives, 11* (1997): 55–74; e Vicente Navarro, "Neoliberalism, 'Globalization,' Unemployment, Inequalities, and the Welfare State", *International Journal of Health Services, 28* (1998): 607–82.

Capítulo 4: Sem Plano de Saúde, Sem Saúde

1. Eduardo Porter, "When Cutting Access to Health Care, There's a Price to Pay", *The New York Times*, 27 de junho, 2017, https://nyti.ms/2tfOWoM.
2. Andrew Dugan, "Cost Still Delays Healthcare for About One in Three in U.S.", *Gallup*, 30 de novembro, 2015, www.gallup.com/poll/187190/cost-delays-healthcare-one-three.aspx.
3. Andrew P. Wilper, Steffie Woolhandler, Karen E. Lasser, Danny McCormick, David H. Bor e David U. Himmelstein, "Health Insurance and Mortality in US Adults", *American Journal of Public Health, 99* (2009): 2289–95.
4. Ver, por exemplo, J. Appleby e S. Carty, "Ailing GM Looks to Scale Back Generous Health Benefits", *USA Today*, 23 de junho, 2005; e D. P. Levine, "GM Orders Staff to Pay Part of Health-Care Cost", *New York Times*, 26 de agosto, 1992.
5. A partir dos 65 anos, as pessoas são cobertas pelo Medicare; a maioria das análises de falta de plano de saúde e suas consequências concentram-se em indivíduos com menos de 65 anos, tipicamente chamados de não idosos.
6. A Kaiser Family Foundation é um dos principais recursos para dados e discussão de questões de plano de saúde. John Holahan e Vicki Chen, "Changes in Health Insurance Coverage in the Great Recession, 2007–2009", Kaiser Commission on Medicaid and the Uninsured, dezembro 2011, http://www.kff.org.
7. "The Uninsured: A Primer: Key Facts About Americans Without Health Insurance", Kaiser Commission on Medicaid and the Uninsured, outubro, 2011, http://www.kff.org.

8. "Key Facts about the Uninsured Population", KFF.org, 29 de setembro, 2016, http://kff.org/uninsured/fact-sheet/key-facts-about-the-uninsured-population/.
9. "2015 Employer Health Benefits Survey", KFF.org, 22 de setembro, 2015, http://kff.org/report-section/ehbs-2015-summary-of-findings/.
10. "Health, United States, 2015", U.S. Department of Health and Human Services, Centers for Disease Control and Prevention, www.cdc.gov/nchs/data/hus/hus15.pdf#063.
11. Robert Kuttner, "The American Health Care System: Health Insurance Coverage", *New England Journal of Medicine, 340* (1999): 163–68.
12. 12. Ibid., 16.
13. Marsha Lillie-Blanton e Catherine Hoffman, "The Role of Health Insurance Coverage in Reducing Racial/Ethnic Disparities in Health Care", *Health Affairs, 24* (2005): 398–408.
14. Hugh Walters, Laura Steinhardt, Thomas R. Oliver e Alice Burton, "The Costs of Non-Insurance in Maryland", *Journal of Health Care for the Poor and Underserved, 18* (2007): 139–51.
15. Institute of Medicine, *Care Without Coverage: Too Little, Too Late* (Washington, D.C.,: National Academy Press, 2002).
16. Stan Dorn, *Uninsured and Dying Because of It: Updating the Institute of Medicine Analysis on the Impact of Uninsurance on Mortality* (Washington, D.C.,: The Urban Institute, janeiro, 2008).
17. J. Hadley e T. Waidmann, "Health Insurance and Health at Age 65: Implications for Medical Care Spending on New Medicare Beneficiaries", *Health Services Research, 41* (2006): 429–51.
18. Steffie Woolhandler e David U. Himmelstein, "The Relationship of Health Insurance and Mortality: Is Lack of Insurance Deadly?" *Annals of Internal Medicine,* http://annals.org/aim/article/2635326. Citação da p. 6 da versão online.
19. Ibid., p. 5.
20. Wilper, et al., "Health Insurance and Mortality in US Adults".
21. J. R. Curtis, W. Burke, A. W. Kassner e M. L. Aitken, "Absence of Health Insurance Is Associated with Decreased Life Expectancy in Patients with Cystic Fibrosis", *American Journal of Respiratory and Critical Care Medicine, 155* (1997): 1921–24.

22. Nicholas Bakalar, "Canadians with Cystic Fibrosis Live 10 Years Longer than Americans with the Disease", *The New York Times*, 15 de março, 2017, https://nyti.ms/2mJWbA2.

23. John Z. Ayanian, Betsy A. Kohler, Toshi Abe e Arnold M. Epstein, "The Relation Between Health Insurance Coverage and Clinical Outcomes Among Women with Breast Cancer", *New England Journal of Medicine*, 329 (1993): 326-31.

24. Stacey A. Fedewa, Vilma Cokkinides, Katherine S. Virgo, Priti Bandi, Debbie Saslow e Elizabeth M. Ward, "Association of Insurance Status and Age with Cervical Cancer Stage at Diagnosis: National Cancer Database, 2000-2007", *American Journal of Public Health*, 102 (2012): 1782-90.

25. J. J. Shen e E. L. Washington, "Disparities in Outcomes Among Patients with Stroke Associated with Insurance Status", *Stroke*, 38 (2007): 1010-16.

26. Joseph J. Sudano Jr. e David W. Baker, "Intermittent Lack of Health Insurance Coverage and Use of Preventive Services", *American Journal of Public Health*, 93 (2000): 130-37. Citação da p. 130.

27. Ibid.

28. 28. Ibid., p. 11.

29. Jack Hadley, "Insurance Coverage, Medical Care Use, and Short-Term Health Changes Following an Unintentional Injury or the Onset of a Chronic Condition", *Journal of the American Medical Association*, 297 (2007): 1073-84.

30. David Card, Carlos Dobkin e Nicole Maestas, "Does Medicare Save Lives?" *Quarterly Journal of Economics* (2009): 124597-636.

31. Bejamin D. Sommers, Katherine Baicker e Arnold M. Epstein, "Mortality and Access to Care Among Adults after State Medicaid Expansions", *New England Journal of Medicine*, 367 (2012): 1025-34.

32. The Henry J. Kaiser Family Foundation, "Key Facts About the Uninsured Population", http://kff.org/uninsured/fact-sheet/key-facts-about-the-uninsured-population/.

33. Há uma vasta literatura demonstrando essa relação. Ver, por exemplo, T. Chandola, E. Brunner e M. Marmot, "Chronic Stress at Work and the Metabolic Syndrome: Prospective Study", *British Medical Journal*, 332 (2006): 521-25; e M. Kivimaki, P. Leino-Arjas, R. Luukkonen, H. Riihimai, J. Vahtera e J. Kirjonen, "Work Stress and Risk of Cardiovascular Mortality: Prospective Cohort Study of Industrial Employees", *British Medical Journal*, 325 (2002): 857-60.

34. Ver, por exemplo, H. Harris e M. Fennell, "A Multivariate Model of Job Stress and Alcohol Consumption", *Sociological Quarterly*, 29 (1988): 391-406; A. Kouvonen, M. Kivimaki, M. Virtanen, J. Pentti e J. Vahtera, "Work Stress, Smoking Status, and Smoking Intensity: An Observational Study of 46,190

Employees", *Journal of Epidemiology and Community Health,* 59 (2005): 63-69; e P. Piazza e M. Le Moal, "The Role of Stress in Drug Self-Administration", *Trends in Pharmaceutical Science,* 19 (1998): 67-74.

35. David U. Himmelstein, Elizabeth Warren, Deborah Thorne e Steffie Woolhandler, "Illness and Injury as Contributors to Bankruptcy", *Health Affairs,* 24: W5-63–W5-73.

36. K. Cook, D. Dranove e A. Sfekas, "Does Major Illness Cause Financial Catastrophe?" *Health Services Research,* 45 (2010): 418–36.

37. Robert W. Seifert e Mark Rukavina, "Bankruptcy Is the Tip of a Medical-Debt Iceberg", *Health Affairs,* 25 (2006): W89–W92. Citação da p. 90.

38. Thomas C. Buchmueller e Robert G. Valletta, "The Effects of Employer-Provided Health Insurance on Worker Mobility", *Industrial and Labor Relations Review,* 49 (1996): 439–55. Citação da p. 440.

39. Alan C. Monheit e Philip F. Cooper, "Health Insurance and Job Mobility: Theory and Evidence", *Industrial and Labor Relations Review,* 48 (1994): 68–85. Citação da p. 68.

40. Buchmueller e Valletta, "The Effects of Employer-Provided Health Insurance on Worker Mobility".

41. Brigitte C. Madrian, "Employment-Based Health Insurance and Job Mobility: Is There Evidence of Job-Lock?" *Quarterly Journal of Economics,* 109 (1994): 27–54.

42. Kevin T. Stroupe, Eleanor D. Kinney e Thomas J. J. Kneisner, "Chronic Illness and Health-Insurance-Related Job-Lock", *Journal of Policy Analysis and Management,* 20 (2001): 525-44.

43. Jonathan Gruber e Brigitte C. Madrian, "Health Insurance and Job Mobility: The Effects of Public Policy on Job-Lock", *Industrial and Labor Relations Review,* 48 (1994): 86–102.

44. Victor Y. Haines III, Patrice Jalette e Karine Larose, "The Influence of Human Resource Management Practices on Employee Voluntary Turnover Rates in the Canadian Non-Governmental Sector", *Industrial and Labor Relations Review,* 63 (2010): 228–46.

45. Steffie Woolhandler e David U. Himmelstein, "The Deteriorating Administrative Efficiency of the US Health Care System", *New England Journal of Medicine,* 324 (1991): 1253–58.

46. Veja, por exemplo, Louis Tze-ching Yen, Dee W. Edington e Pam Witting, "Associations Between Health Risk Appraisal Scores and Employee Medical Claims Costs in a Manufacturing Company", *American Journal of Health Promotion,* 6 (1991): 46–54.

47. John Carroll, "Companies Switching to On-Site Medical Clinics", www.louisianamedicalnews.com/companies-switching-to-on-site-medical-clinics.

48. On-Site Health Centers: Policies to Preserve and Promote an Effective Employer solution. (Washington, D.C.,: National Business Group on Health), 15 de setembro, 2011.

49. Christopher Sears, "Is There a Doctor in the House?" 31 de dezembro, 2008, www.lorman.com/resources/is-there-a-doctor-in-the-house-15257.

50. Sam Black, "Smaller Firms Now Offering On-Site Medical Clinics", *Minneapolis/St. Paul Business Journal,* 15 de abril, 2011.

Capítulo 5: Efeitos de Longas Jornadas na Saúde e Conflitos Trabalho-Família

1. Catherine Makino, "Death from Overwork Persists Amid Economic Crunch", *Inter Press Service,* 28 de outubro, 2009, www.ipsnews.net/2009/10/japan-death-from-overwork-persists-amid-economic-crunch/.

2. Jonathan Soble, "Chief of Dentsu, Japanese Ad Agency, to Resign Over Employ- ee's Suicide", *The New York Times,* 28 de dezembro, 2016, http://nyti.ms/2iEMLCA.

3. "In China, Office Work Can Be Deadly", *Bloomberg Businessweek,* 7–13 de julho, 2014.

4. Zaria Gorvett, "Can You Work Yourself to Death?" BBC online, 13 de setembro, 2016, www.bbc.com/capital/story/20160912-is-there-such-thing-as-death-from-overwork.

5. Soble, "Chief of Dentsu, Japanese Ad Agency, to Resign".

6. Katsuo Nishiyama e Jeffrey V. Johnson, "Karoshi—Death from Overwork: Occupational Health Consequences of Japanese Production Management", *International Journal of Health Services,* 27 (1997): 625–41.

7. "In China, Office Work Can Be Deadly".

8. Ibid.

9. Paul Gallagher, "Slavery in the City: Death of a 21-year-old Intern Moritz Erhardt at Merrill Lynch Sparks Furor over Long Hours and Macho Culture at Banks", *Independent,* 20 de agosto, 2013, www.independent.co.uk/news/uk/home-news/slavery-in-the-city-death-of-21-year-old-intern-moritz-erhardt-at-merrill-lynch-sparks-furor-over-8775917.html.

10. Eilene Zimmerman, "The Lawyer, the Addict", *The New York Times,* 15 de julho, 2017, https://nyti.ms/2voimyC.

11. Jeffrey M. O'Brien, "Is Silicon Valley Bad for Your Health?" *Fortune,* 1 de novembro, 2015, p. 156.

12. Ibid.

13. Ibid., p. 157.
14. Mike Kivimaki, G. David Batty, Mark Hamer, Jane E. Ferrie, Jussi Vahtera, Marianna Virtanen, Michael G. Marmot, Archana Singh-Manoux e Martin J. Shipley, "Using Additional Information on Working Hours to Predict Coronary Heart Disease", *Annals of Internal Medicine, 154* (2011): 457–63.
15. Brigid Schulte, "Beyond Inbox Zero: The Science of Work-Life Balance", *New American Weekly*, Edition 144, 1 de dezembro, 2016, www.newamerica.org/weekly/edition-144/beyond-inbox-zero/.
16. Daniel S. Hamermesh e Elena Stancanelli, "Long Workweeks and Strange Hours", National Bureau of Economic Research, Working Paper No. 20449, setembro, 2014, www.nber.org/papers/w20449.
17. David Kelleher, "Survey: 81% of U.S. Employees Check Their Work Mail out- side Work Hours", *TechTalk*, 20 de maio, 2013, https://techtalk.gfi.com/survey-81-of-u-s-employees-check-their-work-mail-outside-work-hours/.
18. Zimmerman, "The Lawyer, the Addict".
19. Caroline O'Donovan e Priya Anand, "How Uber's Hard-Charging Corporate Culture Left Employees Drained", 17 de julho, 2017, *BuzzFeed*, www.buzzfeed.com/carolineodonovan/how-ubers-hard-charging-corporate-culture-left-employees.
20. Alissa J. Rubin, "'Right to Disconnect' from Work Email and Other Laws Go into Effect in France", *The New York Times*, 3 de janeiro, 2017, A6.
21. "After-Hours Email Expectations Negatively Impact Employee Well-Being", *ScienceDaily*, 27 de julho, 2016, www.sciencedaily.com/releases/2016/07/160727110906.htm.
22. Justin McCarthy e Alyssa Brown, "Getting More Sleep Linked to Higher Well-Being", *Gallup*, 2 de março, 2015, www.gallup.com/poll/181583/getting-sleep-liniked-higher.aspx.
23. Alina Tugend, "Vacations Are Good for You, Medically Speaking", *The New York Times*, 7 de junho, 2008, www.nytimes.com/2008/06/07/business/yourmoney/07shortcuts.html.
24. Kathryn Vasel, "Half of American Workers Aren't Using All Their Vacation Days", *CNN Money*, 10 de dezembro, 2016, http://moneyi.cnn.com/2016/12/19/pf/employees-unused-paid-vacation-dyas/index.html.
25. Rebecca Ray e John Schmitt, "No-Vacation Nation", Washington, D.C.: Center for Economic and Policy Research, maio 2007, http://cepr.net/publications/reports/no-vacation-nation.

26. Brian Wheeler, "Why Americans Don't Take Sick Days", *BBC News*, 14 de setembro, 2016, www.bbc.com/news/world-us-canada-37353742.

27. "Survey Shows Workers Often Go to Work Sick", Cision PR Newswire, 12 de janeiro, 2016, www.prnewswire.com/news-releases/survey-shows-workers-often-go-to-work-sick-300202979.html.

28. Wheeler, "Why Americans Don't Take Sick Days".

29. Anders Knutsson, Bjorn G. Jonsson, Torbjom Akerstedt e Kristina Orth-Gomer, "Increased Risk of Ischaemic Heart Disease in Shift Workers", *Lancet, 338* (1986): 89–92.

30. Mark. L. Bryan, "Workers, Workplaces, and Working Hours", *British Journal of Industrial Relations, 45* (dezembro, 2007): 735–59. Citação da p. 735.

31. Richard Newton, "Dublin Goes Dark: Google's Experiments with Employee Wellbeing", 21 de março, 2015, www.virgin.com/disruptors/dublin-goes-dark--googles-experiments-employee-wellbeing.

32. Schulte, "Beyond Inbox Zero".

33. Sylvia Ann Hewlett e Carolyn Buck Luce, "Extreme Jobs: The Dangerous Allure of the 70-Hour Workweek", *Harvard Business Review, 84* (2006, Issue 12): 49–59.

34. Drake Baer, "When Did Busy Become Cool?" *Thrive Global*, 23 de maio, 2017, https://journal.thriveglobal.com/when-did-busy-become-cool-8ca13f5f54f9.

35. Olivia A. O'Neill e Charles A. O'Reilly, "Careers as Tournaments: The Impact of Sex and Gendered Organizational Culture Preferences on MBA's Income Attainment", *Journal of Organizational Behavior, 31* (2010): 856–76.

36. Ken Belson, "At I.B.M., a Vacation Anytime, or Maybe None", *The New York Times*, 31 de agosto, 2007.

37. J-P. Chaput, A. M. Sjodin, A. Astrup, J-P. Despres, C. Bouchard e A. Tremblay, "Risk Factors for Adult Overweight and Obesity: The Importance of Looking Beyond the 'Big Two'", *Obesity Facts, 3* (2010): 320–27.

38. G. Copinschi, "Metabolic and Endocrine Effects of Sleep Deprivation", *Essential Pharmacology, 6* (2005): 341–47.

39. www.drugabuse.gov/publications/drugfacts/cocaine.

40. Alan Schwarz, "Workers Seeking Productivity in a Pill are Abusing A.D.H.D. Drugs", *The New York Times*, 18 de abril, 2015, https://nytimes.com/2015/04/19/us/workers-seeking-productivity-in-a-pill-are-abusing-adhd-drugs.html.

41. P. Buell e L. Breslow, "Mortality from Coronary Heart Disease in California Men Who Work Long Hours", *Journal of Chronic Diseases, 11* (1960): 615–26.

42. Haiou Yang, Peter L. Schnall, Maritza Jauregui, Tai-Chen Su e Dean Baker, "Work Hours and Self-Reported Hypertension among Working People in Cali- fornia", *Hypertension, 48* (2006): 744–50.

43. A. Shimazu e B. Schaufeli, "Is Workaholism Good or Bad for Employee Well-Being? The Disincentiveness of Workaholism and Work Engagement Among Japanese Employees", *Industrial Health, 47* (2009): 495–502.

44. Kate Sparks, Carry Cooper, Yitzhad Fried e Arie Shirom, "The Effects of Hours of Work on Health: A Meta-Analytic Review", *Journal of Occupational and Organizational Psychology, 70* (1997): 391–408.

45. Claire C. Caruso, Edward M. Hitchcock, Robert B. Dick, John M. Russo e Jennifer M. Schmit, National Institute for Occupational Safety and Health, *"Overtime and Extended Work Shifts: Recent Findings on Illnesses, Injuries, and Health Behaviors*, Washington, D.C.: National Institute for Occupational Safety and Health, abril, 2004.

46. Jeanne Geiger-Brown, Carles Muntaner, Jane Lipscomb e Alison Trinkoff, "Demanding Work Schedules and Mental Health in Nursing Assistants Working in Nursing Homes", *Work and Stress, 18* (2004): 292–304.

47. Elizabeth Kleppa, Bjarte Sanne e Grethe S. Tell, "Working Overtime Is Associated with Anxiety and Depression: The Hordaland Health Study", *Journal of Occupational and Environmental Medicine, 50* (2008): 658–66.

48. O'Donovan e Anand, "Uber's Hard-Charging Corporate Culture".

49. Emma Luxton, "Does Working Fewer Hours Make You More Productive?" World Economic Forum, 4 de março, 2016, www.weforum.org/agenda/2016/03/does-working-fewer-hours-make-you-more-productive.

50. Ibid.

51. Lonnie Golden, "The Effects of Working Time on Productivity and Firm Performance: A Research Synthesis Paper", (Genebra, Suíça: International Labour Organization, 2012).

52. E. Shepard e T. Clifton, "Are Longer Hours Reducing Productivity in Manufacturing?" *International Journal of Manpower, 21* (2000): 540–53.

53. G. Cette, S. Change e M. Konte, "The Decreasing Returns on Working Time: An Empirical Analysis on Panel Country Data", *Applied Economics Letters, 18* (2011): 1677–82.

54. M. White, *Working Hours: Assessing the Potential for Reduction* (Genebra, Suíça: International Labour Organization, 1987).

55. E. E. Kossek e M. D. Lee, "Implementing a Reduced-Workload Arrangement to Retain High Talent: A Case Study", *Psychologist-Manager Journal, 43* (2008): 49–64.

56. Ulrica von Thiele Schwarz e Henna Hasson, "Employee Self-Rated Productivity and Objective Organizational Production Levels: Effects of Worksite Health Interventions Involving Reduced Work Hours and Physical Exercise", *Journal of Occupational and Environmental Medicine, 53* (2011): 838–44.

57. Ver, por exemplo, Jeffrey H. Greenhaus e Nicholas J. Beutell, "Sources of Conflict Between Work and Family Roles", *Academy of Management Review, 10* (1985): 76–88; e Tammy D. Allen, David E. L. Herst, Carly S. Bruck e Martha Sutton, "Consequences Associated with Work-to-Family Conflict: A Review and Agenda for Future Research", *Journal of Occupational Health Psychology, 5* (2000): 278–308.

58. Michael H. Frone, Marcia Russell e Grace M. Barnes, "Work-Family Conflict, Gender, and Health-Related Outcomes: A Study of Employed Parents in Two Community Samples", *Journal of Occupational Health Psychology, 1* (1996): 57–69.

59. Michael R. Frone, "Work-Family Conflict and Employee Psychiatric Disorders: The National Comorbidity Survey", *Journal of Applied Psychology, 85* (2000): 888–95.

60. Michael R. Frone, Marcia Russell e M. Lynne Cooper, "Relation of Work-Family Conflict to Health Outcomes: A Four-Year Longitudinal Study of Employed Parents", *Journal of Occupational and Organizational Psychology, 70* (1997): 325–35.

61. Karyl E. Macewen, Julian Barling e E. Kevin Kelloway, "Effects of Short-Term Role Overload on Marital Interactions", *Work and Stress, 6* (1992): 117–26.

62. Shelly Coverman, "Role Overload, Role Conflict, and Stress: Addressing Consequences of Multiple Role Demands", *Social Forces, 67* (1989): 965–82.

63. Steven L. Grover e Chun Hui, "The Influence of Role Conflict and Self-Interest on Lying in Organizations, *Journal of Business Ethics, 13* (1994): 295–303.

64. N. W. H. Jansen, I. J. Kant, L. G. P. M. van Amelsvaart, T. S. Kristensen, G. M. H. Swaen e F. J. N. Nijhuis, "Work-Family Conflict as a Risk Factor for Sickness Absence", *Occupational and Environmental Medicine, 63* (2006): 488–94.

65. Jennifer Paterson, "Employee Benefits Live: Google Focuses on Emotional Well-being to Make Staff Healthiest on the Planet, 27 de setembro, 2011, www.employeebenefits.co.uk/issues/september-2011-online/employee-benefits-life-google-focuses-on-emotional-wellbeing-to-make-staff-healthiest-on-the-planet/.

66. http://reviews.greatplacetowork.com/whole-foods-market.

67. Ariane Hegewisch e Janet C. Gornick, "Statutory Routes to Workplace Flexibility in Cross-National Perspective", Washington, D.C.: Institute for Women's Policy Research, 2008, vii.

68. Ibid., p. 2.

Capítulo 6: Dois Elementos Fundamentais de um Local de Trabalho Saudável

1. "Does Silicon Valley Have a Perks Problem?" *Rocketrip*, 1 de fevereiro, 2016, http://blog.rocketrip.com/silicon-valley-have-a-perks-problem.
2. Maarit A-L Vartia, "Consequences of Workplace Bullying with Respect to the Well-Being of Its Targets and the Observers of Bullying", *Scandinavian Journal of Work, Environment & Health*, 27 (2011): 63–69.
3. Francesco Gamberale, Anders Kjellberg, Torbjom Akerstedt e Gunn Johansson, "Behavioral and Psychophysiological Effects of the Physical Work Environ- ment: Research Strategies and Measurement Methods", *Scandinavian Journal of Work, Environment & Health*, 16, Supplement 1 (1990): 5–16.
4. M. G. Marmot, G. Rose, M. Shipley e P. J. S. Hamilton, "Employment Grade and Coronary Heart Disease in British Civil Servants", *Journal of Epidemiology and Community Health*, 32 (1978): 244–49.
5. M. G. Marmot, H. Bosma, H. Hemingway, E. Brunner e S. Stansfeld, "Contribution of Job Control and Other Risk Factors to Social Variations in Coronary Heart Disease Incidence", *Lancet*, 350 (1997): 235–39. Citação da p. 235.
6. Michael Marmot, Amanda Feeney, Martin Shipley, Fiona North e S. I. Syme, "Sickness Absence as a Measure of Health Status and Functioning from the UK Whitehall II Study", *Journal of Epidemiology and Community Health*, 49 (1995): 124–30.
7. Tarani Chandola, Eric Brunner e Michael Marmot, "Chronic Stress at Work and the Metabolic Syndrome: Prospective Study", *British Medical Journal*, 332 (2005): 521–25.
8. John Robert Warren, Pascale Carayon e Peter Hoonakker, "Changes in Health Between Ages 54 and 65: The Role of Job Characteristics and Socioeconomic Status", *Research on Aging*, 30 (2008): 672–700.
9. Tjasa Pisijar, Tanja van der Lippe e Laura den Dulk, "Health Among Hospital Employees in Europe: A Cross-National Study of the Impact of Work Stress and Work Control", *Social Science and Medicine*, 72 (2011): 899–906.
10. Robert Karasek, "Lower Health Risk with Increased Job Control among White Collar Workers", *Journal of Organizational Behaviour*, 11 (1990): 171–85.
11. "Worked to Death? IU Study Says Lack of Control over High-stress Jobs Leads to Early Grave", *EurekAlert!*, 17 de outubro, 2016, https://www.eurekalert.org/pub_releases/2016-10/iu-wtd101416.php.

12. Chester S. Spell e Todd Arnold, "An Appraisal of Justice, Structure, and Job Control as Antecedents of Psychological Distress", *Journal of Organizational Behavior*, 28 (2007): 729-51.
13. Martin E. P. Seligman, "Learned Helplessness", *Annual Review of Medicine*, 23 (1972): 407.
14. Steven F. Maier e Martin E. P. Seligman, "Learned Helplessness: Theory and Evidence", *Journal of Experimental Psychology: General*, 105 (1976): 3-46.
15. 15. Ibid., p. 13.
16. Philip M. Boffey, "Satisfaction on the Job: Autonomy Ranks First", *The New York Times*, 28 de maio, 1985.
17. Frederick P. Morgeson, Kelly Delaney-Klinger e Monica A. Hemingway, "The Importance of Job Autonomy, Cognitive Ability, and Job-Related Skill for Predicting Role Breadth and Job Performance", *Journal of Applied Psychology*, 90 (2005): 399-406.
18. "Netherlands: Steady Decline in Job Autonomy", European Foundation for the Improvement of Living and Working Conditions (Eurofound), 6 de maio, 2015. O relatório observa que "autonomia profissional... tem declinado há décadas em grande parte da Europa". Esse site tem uma grande quantidade de informações sobre as condições de trabalho e seus efeitos.
19. Ellen J. Langer, "The Illusion of Control", *Journal of Personality and Social Psychol- ogy*, 32 (1975): 311-28.
20. Jeffrey Pfeffer, Robert B. Cialdini, Benjamin Hanna e Kathleen Knopoff, "Faith in Supervision and the Self-Enhancement Bias: Why Managers Don't Empower Workers", *Basic and Applied Social Psychology*, 20 (1998): 313-21.
21. W. Eugene Broadhead, Berton H. Kaplan, Sherman A. James, Edward H. Wagner, Victor J. Schoenbach, Roger Grimson, Siegfried Heyden, Gosta Tibblin e Stephen H. Gehrlach, "The Epidemiological Evidence for a Relationship Between Social Support and Health", *American Journal of Epidemiology*, 117 (1983): 521-37.
22. Markham Heid, "You Asked: How Many Friends Do I Need?" *Time Health*, 18 de março, 2015, http://time.com/3748090/friends-social-health/.
23. Bert N. Uchino, "Social Support and Health: A Review of Physiological Processes Potentially Underlying Links to Disease Outcomes", *Journal of Behavioral Medicine*, 29 (2006): 377-87. Citações da p. 377.
24. Steve Crabtree, "Social Support Linked to Health Satisfaction Worldwide", *Gallup*, 17 de fevereiro, 2012, www.gallup.com/poll/152738/social-support-linked-health-satisfaction-worldwide.aspx.

25. James M. LaRocco, James S. House e John R. P. French Jr., "Social Support, Occupational Stress, and Health", *Journal of Health and Social Behavior, 21* (1980): 202-18.

26. Chockalingam Viswesvaran, Juan I. Sanchez e Jeffrey Fisher, "The Role of Social Support in the Process of Work Stress: A Meta-Analysis", *Journal of Vocational Behavior, 54* (1999): 314-34.

27. Sheldon Cohen e Thomas Ashby Wills, "Stress, Social Support, and the Buff- ering Hypothesis", *Psychological Bulletin, 98* (1985): 310-57.

28. Uchino, "Social Support and Health", 377.

29. Roy F. Baumeister e Mark R. Leary, "The Need to Belong: Desire for Interpersonal Attachments as a Fundamental Human Motivation", *Psychological Bulletin, 117* (1995): 497-529. Citação da p. 497.

30. Andrew Hill, "Forced Ranking Is a Relic of an HR Tool", *Financial Times*, 16 de julho, 2012, www.ft.com/content/0243818e-cd09-11e1-92c1-00144feabdc0.

31. "It's Official: Forced Ranking Is Dead", *Wall Street Journal*, http://deloitte.wsj.com/cio/2014/06/10/its-official-forced-ranking-is-dead/.

32. Alison Griswold, "Uber Is Designed So That for One Employee to Get Ahead, Another Must Fail", *Quartz*, 27 de fevereiro, 2017, https://qz.com/918582/uber--is-designed-so-that-for-one-employee-to-succeed-another-must-fail.

33. "SAS Institute (B): The Decision to Go Public", Stanford, CA: Graduate School of Business Case #HR-6B, 16 de setembro, 2003.

34. "Gary's Greeting: Taking Care of Each Other", https:.//issuu.com/southwestmag/docs/02_february_2016/18.

35. DaVita Reports on 2015 Corporate Social Responsibility and Innovation, Bridge of Life, 18 de abril, 2016, www.bridgeoflifeinternational.org/davita-reports-on--2015-corporate-social-responsibility-and-innovation/.

36. "Trilogy of Care II: A Day in the Life of a Dialysis Healthcare Administrator", 5 de fevereiro, 2014, http://careers.davita.com/our-story/blogs/trilogy-care-ii.

37. Laszlo Bock, *Um Novo Jeito de Trabalhar* (Sextante, 2015), p. 278.

38. Ibid.

39. Ibid., p. 279.

40. Ibid., p. 263.

41. D. Byrne, "Interpersonal Attraction and Attitude Similarity", *Journal of Abnormal and Social Psychology, 62* (1961): 713-15.

42. Jerry M. Burger, Nicole Messian, Shebani Patel, Alicia del Prado e Carmen Anderson, "What a Coincidence! The Effects of Incidental Similarity on Compliance", *Personality and Social Psychology Bulletin, 30* (2004): 35-43.

43. UnitedHealth Group, "Doing Good Is Good for You: 2013 Health and Volunteering Study", Minnetonka, MN: UnitedHealth Group, 2013.
44. www.southwest.com/html/about-southwest/careers/benefits.html.

Capítulo 7: Por que as Pessoas Permanecem em Locais de Trabalho Tóxicos?

1. Jodi Kantor e David Streitfeld, "Inside Amazon: Wrestling Big Ideas in a Bruising Workplace", *The New York Times*, 16 de agosto, 2015, http://nyti.ms/1T-FqcOG.
2. Mike Pare, "Inside the Deal that Lured Amazon to Chattanooga", *Chattanooga Times Free Press*, 26 de dezembro, 2010, www.timesfreepress.com/news/news/story/2010/dec/26/inside-the-deal-that-lured-amazon/37827/.
3. Larry Gigerich, "Siting a Contact Center or Data Center Requires Supreme Diligence", *Trade and Industry Development*, 30 de junho, 2012.
4. Eilene Zimmerman, "The Lawyer, the Addict", *The New York Times*, 15 de julho, 2017, https://nyti.ms/2voimyC.
5. Paul A. Samuelson, "Consumption Theory in Terms of Revealed Preference", *Economica*, 15 (1948): 243–53.
6. Amartya K. Sen, "Rational Fools: A Critique of the Behavioral Foundation of Economic Theory", *Philosophy and Public Affairs*, 6 (1977): 322.
7. Sherwin Rosen, "The Theory of Equalizing Differentials", *Handbook of Labor Economics*, 1 (1986): 641–92.
8. Ver, por exemplo, Randall W. Eberts e Joe A. Stone, "Wages, Fringe Benefits, and Working Conditions: An Analysis of Compensating Differentials", *Southern Economic Journal*, 52 (1985): 274–80; e Stephanie Bonhomme, "The Pervasive Absence of Compensating Differentials", *Journal of Applied Econometrics*, 24 (2009): 763–95.
9. Ver, por exemplo, Dan Ariely, *Predictably Irrational: The Hidden Forces That Shape Our Decisions* (Nova York: HarperCollins, 2008).
10. Kantor e Streitfeld, "Inside Amazon".
11. Ibid.
12. Ibid.
13. Vera Hoorens, "Self-Enhancement and Superiority Biases in Social Comparison", *European Review of Social Psychology*, 4 (1993): 113–39.
14. Zlartan Krizan e Jerry Suls, "Losing Sight of Oneself in the Above-Average Effect: When Egocentrism, Focalism, and Group Diffuseness Collide", *Journal of Experimental Social Psychology*, 44 (2008): 929–42.

15. Leaf Van Boven, David Dunning e George Loewenstein, "Egocentric Empathy Gaps between Owners and Buyers: Misperceptions of the Endowment Effect", *Journal of Personality and Social Psychology*, 79 (2000): 66–76.

16. Kantor e Streitfeld, "Inside Amazon".

17. A literatura sobre comprometimento é vasta. Ver, por exemplo, Robert B. Cialdini e Noah J. Goldstein, "Social Influence: Compliance and Conformity", *Annual Review of Psychology*, 55 (2004): 591–621; e Gerald R. Salancik, "Commitment Is Too Easy!" *Organizational Dynamics*, 6 (1977): 62–80.

18. Ver, por exemplo, Leon Festinger, "A Theory of Social Comparison Processes", *Human Relations*, 7 (1954): 117–40; e Morton Deutsch e Harold B. Gerard, "A Study of Normative and Informational Social Influences Upon Individual Judgment", *Journal of Abnormal and Social Psychology*, 5 (1955): 629–36.

19. Robert B. Cialdini, *Influence: The Psychology of Persuasion* (Nova York: HarperCollins, 2009).

20. David Krackhardt e Lyman W. Porter, "The Snowball Effect: Turnover Embedded in Communications Networks", *Journal of Applied Psychology*, 71 (1986): 50–55.

21. Gerald R. Salancik e Jeffrey Pfeffer, "A Social Information Processing Approach to Job Attitudes and Task Design", *Administrative Science Quarterly*, 23 (1978): 224–53.

22. Harriet Taylor, "Travis Kalanick Will Be 'Legendary' Like Bill Gates, Says Uber Investor", CNBC, 1 de março, 2017, www.cnbc.com/2017/03/01/uber-ceo-travis-kalanick-needs-to-stop-self-inflicted-wounds-jason-calacanis.html.

Capítulo 8: O que Pode — e Deve — Ser Diferente

1. Barry-Wehmiller, site, www.barrywehmiller.com/our-business/leadership-team/bob-chapman.

2. Ver, por exemplo, Robert I. Sutton, *Chega de Babaquice! Como transformar um inferno em um ambiente de trabalho sensacional* (Elsevier, 2007).

3. Lyn Quine, "Workplace Bullying in Nurses", *Journal of Health Psychology*, 6 (2001): 73–84.

4. Charlotte Rayner, "The Incidence of Workplace Bullying", *Journal of Community and Applied Social Psychology*, 7 (1997): 199–208.

5. Quine, "Workplace Bullying in Nurses".

6. M. Kivimaki, M. Virtanen, M. Vartia, M. Elovainio, J. Vahtera e L. Keltikangas-Jarvinen, "Workplace Bullying and the Risk of Cardiovascular Disease and Depression", *Occupational and Environmental Medicine*, 60 (2003): 779–83.

7. Sutton, *Chega de Babaquice!*, Elsevier, 2007.

8. Elena Flores, Jeanne M. Tschann, Juanita M. Dimas, Elizabeth A. Bachen, Lauri A. Pasch e Cynthia L. de Groat, "Perceived Discrimination, Perceived Stress, and Mental and Physical Health Among Mexican-Origin Adults", *Hispanic Journal of Behavioral Sciences, 30* (2008): 401-24.
9. Rebecca Din-Dzietham, Wendy N. Nembhard, Rakale Collins e Sharon K. Davis, "Perceived Stress Following Race-Based Discrimination at Work Is Associated with Hypertension in African-Americans: The Metro Atlanta Heart Disease Study, 1999-2001", *Social Science and Medicine, 58* (2004): 449-61.
10. Elizabeth A. Pascoe e Laura Smart Richman, "Perceived Discrimination and Health: A Meta-Analytic Review, *Psychological Bulletin, 135* (2009): 531-554. Citação da p. 531.
11. Judith H. Heerwagen, Janet G. Heubach, Joseph Montgomery e Wally C. Weimer, "Environmental Design, Work, and Well-Being: Managing Occupational Stress through Changes in the Workplace Environment, *AAOHN Journal, 43* (1995): 458-68.
12. Sally L. Lusk, Bonnie M. Hagerty, Brenda Gillespie e Claire C. Caruso, "Chronic Effects of Workplace Noise on Blood Pressure and Heart Rate", *Archives of Environmental Health: An International Journal, 57* (2002): 273-81.
13. Douglas LaBier, "Another Survey Shows the Continuing Toll of Workplace Stress, *Psychology Today*, 23 de abril, 2014, www.psychologytoday.com/blog/the-new-resilience/201404/another-survey-shows-the-continuing-toll-workplace-stress.
14. J. M. Mossey e E. Shapiro, "Self-Rated Health: A Predictor of Mortality Among the Elderly", *American Journal of Public Health, 72* (1982): 800-808.
15. Seppo Miilunpalo, Ilkka Vuori, Pekka Oja, Matti Pasanen e Helka Urponen, "Self-Rated Health Status as a Health Measure: The Predictive Value of Self-Reported Health Status on the Use of Physician Services and on Mortality in the Working-Age Population", *Journal of Clinical Epidemiology, 50* (1997): 517-28.
16. Daniel L. McGee, Youlian Liao, Guichan Cao e Richard S. Cooper, "Self-Reported Health Status and Mortality in a Multiethnic US Cohort", *American Journal of Epidemiology, 149* (1999): 41-46.
17. Marja Jylha, "What Is Self-Rated Health and Why Does It Predict Mortality? Towards a Unified Conceptual Model", *Social Science and Medicine, 69* (2009): 307-16.
18. M. Marmot, A. Feeney, M. Shipley, F. North e S. L. Syme, "Sickness Absence as a Measure of Health Status and Functioning: From the UK Whitehall II Study", *Journal of Epidemiology and Community Health, 49* (1995): 124-30.
19. Daniel L. McGee, Youlian Liao, Guichan Cao e Richard S. Cooper, "Self-Reported Health Status and Mortality in a Multiethnic US Cohort", *American Journal of Epidemiology, 149* (1999): 41-46.

20. Elizabeth Frankenberg e Nathan R. Jones, "Self-Rated Health and Mortality: Does the Relationship Extend to a Low Income Setting?" *Journal of Health and Social Behavior*, 45 (2004): 441-52.

21. Ellen L. Idler e Yael Benyamini, "Self-Rated Health and Mortality: A Review of Twenty-Seven Community Studies", *Journal of Health and Social Behavior*, 38 (1997): 21-37. Citação da p. 21.

22. OECD Health Statistics 2017, www.oecd.org/els/health-systems/health-data.htm.

23. Ver, por exemplo, Kevin Daniels, "Measures of Five Aspects of Affective Well-Being at Work", *Human Relations*, 53 (2000): 275-94; e Peter Warr, "The Measurement of Well-being and Other Aspects of Mental Health", *Journal of Occupational and Organizational Psychology*, 63 (1990): 193-210.

24. Peter R. Vagg e Charles D. Spielberger, "Occupational Stress: Measuring Job Pressure and Organizational Support in the Workplace", *Journal of Occupational Health Psychology*, 3 (1998): 294-305; e Paul E. Spector e Steve M. Jex, "Development of Four Self-Report Measures of Job Stressors and Strain: Interpersonal Conflict at Work Scale, Organizational Constraints Scale, Quantitative Workload Inventory, and Physical Symptoms Inventory", *Journal of Occupational Health Psychology*, 3 (1998): 356-67.

25. Dawn S. Carlson, K. Michele Kacmar e Larry J. Williams, "Construction and Validation of a Multidimensional Measure of Work-Family Conflict", *Journal of Vocational Behavior*, 56 (2000): 249-76.

26. M. G. Marmot, H. Bosma, H. Hemingway, E. Brunner e S. Stansfeld, "Contribution of Job Control and Other Risk Factors to Social Variations in Coronary Heart Disease Incidence", *Lancet*, 350 (1997): 235-39.

27. Ralph Catalano, "The Health Effects of Economic Insecurity", *American Journal of Public Health*, 81 (1991): 1148-52.

28. 2016 *Working Mother* 100 Best Companies, www.workingmother.com/2016-Working-Mother-100-Best-Companies.

29. Ken Jacobs, "The Hidden Cost of Jobs Without Health Care Benefits", *Perspectives on Work*, 11 (Inverno, 2007): 14.

30. Carol Zabin, Arindrajit Dube e Ken Jacobs, "The Hidden Public Costs of Low-Wage Jobs in California", Berkeley, CA: University of California Institute for Labor and Employment, 2004, http://escholarship.org/uc/item/9hb1k75c.

31. Jacobs, "The Hidden Cost", p. 15.

32. Ibid.

33. Arindrajit Dube e Steve Wertheim, "Wal-Mart and Job Quality—What Do We Know, and Should We Care", Paper prepared for Presentation at the Center for American Progress, 16 de outubro, 2005. Berkeley, CA: Institute of Industrial Relations, University of California.
34. Ibid.
35. Jacobs, "The Hidden Cost", p. 16.
36. Barbara Grady, "Healthy San Francisco, City's Universal Health Plan, Rests on Unstable Funding", *Huffington Post San Francisco*, 19 de novembro, 2011, www.huffingtonpost.com/2011/11/19/healthy-san-francisco_n_1102978.html.
37. Ibid.
38. "Aspiring to Universal Access: Healthy San Francisco Opens Up Care", http://www.amednews.com/article/10530/government/305309949/4/.
39. Renee Dudley, "Walmart Faces the Cost of Cost-Cutting: Empty Shelves", *BusinessWeek*, 28 de março, 2013, www.bloomberg.com/news/articles/2013-03-28/walmart-faces-the-cost-of-cost-cutting-empty-shelves.
40. Zeynep Ton, "Why 'Good Jobs' are Good for Retailers", *Harvard Business Review*, janeiro–fevereiro, 2012, http://hbr.org/2012/01/why-good-jobs-are-good-for-retailers.
41. Jeffrey Pfeffer e Robert I. Sutton, *The Knowing-Doing Gap: How Smart Companies Turn Knowledge into Action* (Boston: Harvard Business School Press, 2000).
42. Jeffrey Pfeffer, *The Human Equation: Building Profits by Putting People First* (Boston: Harvard Business School Press, 1998), Capítulo 5.
43. Scott Adams, Dilbert cartoon, 10 de setembro, 2017, http://dilbert.com/strip/1993-03-03.
44. Mara Lee, "Aetna to Cut Workforce, Reduce Work-at-Home Policy", *Hartford Courant*, 11 de outubro, 2016, www.courant.com/business/hc-aetna-work-at-home-20161010-story.html.
45. Jena McGregor, "Five Telling Things the Whole Foods CEO Said About the Amazon Deal in an Employee Town Hall", *Washington Post*, 20 de junho, 2017.
46. Rick Wartzman, "Amazon and Whole Foods Are Headed for a Culture Clash", *Fortune*, 26 de junho, 2017, http://fortune.com/2017/06/26/amazon-whole-foods-corporate-culture-clash-jeff-bezos-john-mackey/.
47. "World Happiness Report", *Wikipedia*, https://en.wikipedia.org/wiki/World_Happiness_Report.
48. www.weforum.org/reports/the-inclusive-growth-and-development-report-2017.
49. "OECD Better-Life Index", *Wikipedia*, https://en.wikipedia.org/wiki/OECD_Better-Life_Index.

50. Timothy F. Slaper e Tanya J. Hall, "The Triple Bottom Line: What Is It and How Does It Work?" *Indiana Business Review*, 86 (2011): 4-8. www.ibrc.indiana.edu/ibr/2011/spring/article2.html.

51. Philip E. Tetlock, "Thinking the Unthinkable: Sacred Values and Taboo Cognitions", *Trends in Cognitive Sciences*, 7 (2003): 320-24. Citação da p. 320.

52. Ver, por exemplo, Philip E. Tetlock, Orie V. Kristel, S. Beth Elson, Melanie C. Green e Jennifer S. Lerner, "The Psychology of the Unthinkable: Taboo Trade-offs, Forbidden Base Rates, and Heretical Counterfactuals", *Journal of Personality and Social Psychology*, 78 (2000): 853-70.

53. Scheherazade Daneshkhu, Lindsay Whipp e James Fontanella-Kahn, "The Lean and Mean Approach of 3G Capital", *Financial Times*, 7 de maio, 2017.

Índice

A

abuso de drogas, 134
abuso de substâncias, 31–32
acidentes de trabalho, 16
acidentes ocupacionais, 25
ações políticas, 4
agroindústria, 10
alto comprometimento, 5
altruísmo, 19
alucinações, 135
ambiente de trabalho, 8
ambiente social, 7
ambientes profissionais, 196
ambientes tóxicos, 174
ameaças, 52
análises de sensibilidade, 43
ansiedade, 80, 135, 137, 197
antidepressivos, 12
apoio social, 45, 150, 163–164
aprendizagem, 155
assédio, 40
assédio moral, 135, 150, 196, 196–197
assistência médica, 97
   in loco, 115–116
ataques cardíacos, 13, 77
ativos domésticos, 110
ausências, 30

autoestima, 72
autonomia, 153, 163
autorrelato de saúde, 45, 200–201
autovalorização, 161
avaliação de desempenho, 154
aviação civil, 88

B

bagagem profissional, 193
bem-estar
   medição, 202
buffering, 163

C

cadeias de suprimentos, 120
caos organizacional, 166
capital humano, 6, 111, 143
carrossel mágico, 122
colaboração, 165
compensação dos diferenciais, 179
comportamentos, 187
   abusivos, 196
   individuais, 30–32
comprometimento

   organizacional, 131
   psicológico, 184
comunidade, 41–42
concentração, 131
condições de trabalho, 31
conflito de papéis, 141
conflito trabalho-família, 202
consequências, 155
contágio social, 71
controle sobre o trabalho, 150, 154–162, 197
copagamentos, 102, 116
cortisol, 52
crenças, 187
criatividade, 86, 131
cultura, 129, 164, 173, 198
custos, 3, 5, 29
   administrativos, 117
   com assistência médica, 3
   comerciais, 14
   de queda de produtividade, 4
   de rotatividade, 4, 112
   de saúde, 3, 5, 16, 73
   econômicos, 14
   externalizados, 207
   humanos, 14, 38
   públicos, 4
   sociais, 199

D

danos psicológicos, 40
decisões individuais, 29
dedicação, 130–131
delegação, 161
demandas psicológicas, 45
demissões, 53, 65, 72–92, 210
    em massa, 69
    sem justa causa, 24
Dentsu, 119
departamentos de RH, 17
dependência, 135
depressão, 80, 137, 197
desamparo aprendido, 155
desempenho, 190, 196
    econômico, 80–83
    profissional, 141
desemprego, 50
desenvolvimento econômico, 21
desigualdade, 60–61
    de renda, 60
    de saúde, 60
desmotivação, 96
deterioração da saúde, 16
dificuldades administrativas, 117
direito à desconexão, 125
direitos humanos, 22
disparidades
    de renda, 103
    raciais, 103
disputas internas, 165
disrupção, 189
dívida médica, 110
doenças, 45
    arteriais coronárias, 150–153
    cardíacas coronarianas, 136
    cardiovasculares, 150–153
    crônicas, 28
dor, 71
downsizing, 77, 82–83, 213

E

economia, 27
efeito posse ou dotação, 183
efeitos agregados sobre a saúde, 49
efeitos situacionais, 80
eficácia organizacional, 28
eficiência, 113
elementos psicossociais, 56
e-mail, 125
empregadoras, 62–63
empregos precários, 14–15
endividamento, 10
energia, 22
engajamento, 3, 114
erros, 140
escolha forçada, 165–167
escravidão, 215
esforço cognitivo, 186
estado infantilizado, 157
estimulantes, 134
estresse, 40, 67, 127, 150, 174, 195
    crônico, 16
    econômico, 66
    efeitos adversos, 42
    ocupacional, 9, 13, 37, 77, 125, 152
    residual, 193
estudo de eventos, 83
eventos incontroláveis, 155
evolucionismo, 169
exames de rotina, 18
excesso de peso, 41
excesso de trabalho, 40
expectativa de vida, 27, 62
experiência pessoal, 155
exposições ocupacionais, 43–44

F

fadiga, 131
falência, 110
falta de feedback, 166
família, 40, 56
fator humano, 21
felicidade, 28
férias remuneradas, 126
flexibilidade, 144
flutuações de desempenho, 68
frações atribuíveis, 39
funcionários saudáveis, 96

G

gerenciamento de riscos, 17
gig economy, 14, 66
governo, 16
guerra por talento, 143
guolaosi, 120

H

hierarquia e saúde, 150
homicídios relacionados ao trabalho, 11
horários flexíveis, 24
horas de trabalho, 45, 121

I

ilusão de controle, 161
impacto humano, 21, 118
imunizações, 116
incivilidade, 150
indicadores, 130
inércia, 180
influência social informativa, 186
inovação, 85–86, 131
insatisfação, 13, 96
insegurança econômica, 53, 66, 211
insegurança no emprego, 45, 50, 71
instrução, 62
intervenção precoce, 210
intimidação, 40
isolamento, 164

J

joblock, 111–113

K

karoshi, 119–120

L

laissez-faire, 28
lazer, 66
lealdade, 114
liberdade de decisão, 161
literatura epidemiológica, 16
literatura gerencial, 198
locais de trabalho, 173, 196
  tóxicos, 13
longas jornadas, 130
lucratividade, 19, 84, 199

M

meio ambiente, 20
mentir, 142
metanálise, 43
microgerenciamento, 157–158
mobilidade profissional, 112–113
mortalidade, 33, 45, 49, 74–76, 201
  infantil, 27
mortes por excesso de trabalho, 119–126
movimento Balanced Scorecard, 214
movimento capitalismo consciente, 214
mulheres, 146

N

narrativas, 188–191
necessidade econômica, 175–176

O

Obamacare, 100

P

perda de produtividade, 13
perfis biológicos, 164
plano de saúde, 50, 94–96
poder de decisão, 45
políticas "pró-vida", 7
políticas públicas, 24–27, 89–90, 146
poluição, 4, 21, 57
  social, vii, 3, 142, 199
práticas progressistas, 128
preferências reveladas, 178–179
presentismo, 35
pressão, 40, 198
prestígio, 177
privação de sono, 125
problemas de saúde, 45, 76–78
  psicológicos, 137
processos legais, 17
produtividade, 30, 84, 113, 131, 163, 190, 196
propósito, 128
proposta de valor, 81
prova social, 186
psicologia social, 80, 215
psicoterapia, 12
punições, 154

Q

questões trabalhistas, 22

R

razão de possibilidades, 45
receitas insuficientes, 81
recessão, 10–11, 69
reciprocidade, 114
recrutamento, 144
recursos humanos, 6, 23
recusa de tratamento, 102
redução de desempenho profissional, 141
redução de pessoal, 69
reembolsos, 117
reforço positivo, 166
reforma da saúde, 106, 111

regalias, 149
regulamentação do mercado de trabalho, 146
regulamentações legais, 17
renúncia fiscal, 176
resíduos, 22
riscos
    de morte, 74
    ocupacionais, 40
    psicossociais, 4
rotatividade, 3, 13, 30, 96, 141, 187, 199

S

sacrifício altruísta, 190
salários, 35
salários baixos, 10–11
saneamento, 57
saúde, 8, 25
    financeira, 18
    física, 16, 18, 71, 203
    grupo de alto risco, 63
    mental, 16, 18, 71, 203
    populacional, 57–59
    prevenção, 63
    social, 18
segurança no trabalho, 215
segurança ocupacional, 16
seleção adversa, 113
senso de comunidade, 169
serviços médicos, 199
síndrome da segunda-feira, 13
síndrome metabólica, 152
sintomatologia, 12
sistema de saúde, 94, 205
sistema imunológico, 125
sistema just in time, 66–67
sob pressão, 68
sobrecarga de papéis, 141
suicídio, 9–10, 74
sustentabilidade
    ambiental, 3, 21, 22, 26
    humana, vii, 3–4, 8, 118, 196
    social, 16, 26

T

tabagismo, 46
tecnologia, 131
tédio, 131
tempo de lazer, 129
terapias alternativas, 18
tombamento histórico, 20
trabalho
    autônomo, 14
    criativo, 131
    infantil, 215
    por turnos, 24, 50, 126
    remoto, 144
    temporário, 14

V

valores organizacionais, 198
violência no local de trabalho, 11, 78–79

W

workaholism, 136